아무튼 응원봉이
지킨 헌법,
그리고 미래

이상성 권태영 씀

(사)전국민주화운동동지회
정무직공직자바로세우기운동본부
길위의 인문학

응원봉에게 보내는 랩소디

대략 15년 전이었습니다. 대학 졸업 예정자들에게 가장 믿지 못할 신문이 무엇이냐고 물었습니다. 그리고 다음에는 가장 가고 싶은 신문사가 어디인지 물었습니다. 두 질문에 대한 대답으로 똑같은 신문사가 1위로 나왔습니다. 그들은 대학을 졸업하고 가장 믿지 못하는 신문을 만드는 일에 종사하게 되었습니다.

이린 일도 있있습니다. 신축 아파트 입주자가 우연히 건설업자가 아파트 분양 면적을 속였다는 것을 알게 되었습니다. 분양 면적을 부풀린 것입니다. 그 사람은 입주자들과 이 일을 의논했습니다. 그런데 입주자들은 이를 그냥 덮기로 했습니다. 이런 일이 소문나면 아파트 가격이 떨어질 것을 염려했기 때문입니다. 그들은 분양 면적을 속이는 건설업자의 사기에 공범이 된 것입니다.

지난 군부독재 시절 잔혹한 고문에 의해 피멍 들고 다리를 저는 민주화운동가에게 유죄 판결했던 판사는 법이 그래서 어쩔 수 없었다고, 자신은 법대로 했다고 했습니다. 그러나 그들이 법대로 한 것 같지는 않습니다. 권력기관에 의한 인혁당 조작사건이었음에도 사형 선고를 하고 하루 만에

형을 집행하기도 했습니다. 국가보안법과 연관된 공안사건에서는 관례라며 자백이 유일한 증거였으며 이런 경우 자백이 고문에 의한 자백은 아니었는지를 묻는 판사는 없었습니다.

법조계에는 법적 효용성이란 말이 있습니다. 판사나 검사의 사소한 범법 행위는 거론하지 않는 것이 법적 권위를 위해 바람직하다는 말입니다. 법이라는 형식에 의해 법적 권위를 갖고 국민을 판단하겠다는 의미입니다. 국민은 법치의 대상으로 전락하고 말았습니다. 국민의 안위를 위해 판사나 검사의 사소한 범법 행위라도 더 엄하게 처벌하겠다는 사법계의 의지는 찾아보기 어렵습니다. 이미 판사나 검사의 법 왜곡은 사소한 범법 행위를 넘어 사법 농단 수준이 되어 버린 지 오랩니다. 법이 누구를 위해 존재하는지 명확하게 하지 못하면 민주주의는 약해지고 맙니다.

날이 갈수록 영유아를 위한 조기 교육의 필요성이 늘고 있습니다. 맞벌이 부모들은 유치원과 어린이집에 많은 관심이 집중되고 있습니다. 그러나 현실은 여러 문제가 얽혀 있습니다. 영유아들에 대한 교사의 폭행으로 문제가 불거지기도 하고, 유치원과 어린이집 교사의 자격이 정교사, 준교사, 보육교사로 각기 다릅니다. 같은 유치원에 정교사와 준교사가 혼재되어 있습니다. 사립 유치원의 엄청난 교육비로 사회의 원성을 사기도 합니다. 일찍이 대한민국 임시정부의 이념적 토대를 제공한 조소앙 선생은 세 가지 평등을 말했습니다. 정치적 평등, 경제적 평등, 교육의 평등이 그것입니다. 우리 사회는 100여 년 전 임시정부시절의 이념적 토대보다 더 후퇴하고 있는 것일까요?

흔히 우리는 민주주의가 약하다고 말합니다.

민주주의에 의한 법치가 독재자의 출현으로 쉽게 악용될 수도 있기 때문입니다. 또한 기득권 카르텔에 의한 특권과 반칙으로 민주주의에 의한 법치가 쉽게 왜곡될 수도 있기 때문입니다. 그러나 정작 약한 것은 민주주의가 아닙니다. 우리가 우리끼리의 약속을 지켜 나갈 힘이 약한 것입니다. 우리가 우리끼리의 약속을 지키지 않는 사람에게 약속을 지키게 만들 힘이 약한 것입니다. 우리끼리의 약속이 바로 헌법이며 실행법입니다. 우리가 사리사욕이나 물욕으로 우리의 헌법을 지킬 힘이 약해져 헌법을 어기기 시작하면 우리의 민주주의도 약해집니다. 우리가 우리의 헌법을 지키지 않는 사람에게 헌법을 지키게 할 힘이 약해지면 우리의 민주주의도 약해집니다.

아름다운 청년 전태일은 차비를 아껴 여공들 풀빵을 사주고 동생 손을 잡고 집까지 걸어갔다고 합니다. 동생 전태삼은 그 기억으로 청계천 전태일 다리에서 매월 13일 전태일 떡 나눔을 하고 있습니다. 전태일은 개선하라는 말을 차마 입에 올리기조차도 열악한 근로환경에 대해 근로기준법을 지키라며 분신했습니다. 성에 차지 않는 근로기준법이나마 지키라며 죽음으로 항거했습니다. 그의 죽음은 1970년 이후 우리사회의 기득권들을 향해 법을 지키라 끊임없이 요구하는 원동력으로 작동하고 있습니다.

가끔 지하철 노조가 준법투쟁을 하겠다고 선언하는 것을 봅니다. 법을 준수하여 규정대로 안전점검 실시하고, 역에 도착하면 정차 시간과 문을 여닫는 시간을 규정대로 하면 이용객들이 불편을 감수해야 합니다. 그래도 이런 방법을 통해 지하철 노조의 권리를 확보해 나가면서, 관련 법규들도 하나하나 개정해 나갑니다.

우리는 여의도와 남태령과 한남동에서 추위와 짙은 어둠에 정면으로 맞서고 칼바람과 눈보라를 이겨내는 응원봉과 함께 했습니다. 굴하지 않는 응원봉의 의지를 보았습니다. 계엄내란을 일으킨 윤석열을 탄핵하라 외쳤고, 공수처 조사에 응하지 않아 끝내 체포영장을 발부하게 만들고도 법을 지키지 않는 윤석열을 향해 공정하게 법을 지키라 요구했습니다. 공정함을 지키려는 응원봉이 바로 나비의 날갯짓이었습니다. 공정함을 지키려는 응원봉의 의지가 전 국민을 움직였습니다. 급기야, 갑갑하게 바라보기만 해야 했던 검찰공화국을 무너뜨렸습니다. 우리는 헬조선으로부터 우리를 벗어나게 할 희망봉이 바로 응원봉이라는 것을 확신합니다.

이제, 더 나은 세상을 위해 박근혜 탄핵 촛불 때보다 한 걸음 더 나아갑니다. 박근혜 탄핵 촛불 후, 앞으로 나아가지 못하고 오히려 뒷걸음 쳤으니, 뒷걸음 친 그만큼 더 나간 한 걸음을 나아갑니다. 응원봉이 함께 하니 훨씬 더 힘찬 발걸음입니다.

2025년 우리는 다시 중요한 시점에 섰습니다!

"윤석열만 파면하고 말면, 윤석열만 없는 도로 윤석열 세상 됩니다. 박근혜 탄핵 후에 기득권 카르텔을 허물지 못해서 결국 박근혜만 없는 도로 박근혜 세상 되었던 것을 또 다시 반복할 수는 없습니다"

일제의 장물을 적산불하의 형식을 빌려 미군정과 이승만 정부로부터 차지한 친일 부역자들은 실질적으로 일제와 공범인 장물아비가 아닌가요? 그것도 모자라 일제 부역자들은 그들에겐 익숙한 일제 식민지 시스템을 계속 작동시켰고, 그 시스템을 작동하는 관료의 길을 대를 이으며 뻔뻔하게 걸어오고 있습니다.

우리는 이제 벗어나야 합니다.
우리를 포박하고 있었던 20세기 일제의 식민지 시스템인 억압과 수탈의 시스템으로부터, 우리가 그동안 익숙해져 몸에 밴 이 기득권 카르텔의 포획으로부터 과감하게 벗어나야 합니다.

"고려 사람들은 천년 후의 후손들을 위해 바닷가 모래에 향나무를 심는 매향이라는 행사를 했다고 합니다... 지금은 21세기 초반입니다. 우리도 천 년 후의 우리 후손들을 위해 이제는 우리사회를 제대로 개혁해야 하겠습니다"

우리가 고립된 이데올로기의 섬나라로부터 벗어나 더 나은 세상을 향해 갈 수 있는 길은, 힘 있는 나라에 의존했던 지난날의 사대주의에서 벗어나 당당한 자주독립국가로서 천 년 후의 우리 후손들을 위한 국가전략을 세우는 것입니다.

윤석열 탄핵광장이 열려야 한다고 했었습니다.

시민단체들이 연대하지 않고 따로따로 집회하고 있어서라거나, 시민의 정치 무관심이 커져서라거나, 윤석열의 실정에 대한 저항이 아직 임계점에 도달하지 않아서라고 말하는 사람이 있는 반면에, 윤석열 같은 사람 다시 나올 텐데 탄핵해서 뭐하냐는 사람도 있었습니다. 심지어는 윤석열 정부가 잘 하고 있는데 도대체 뭐가 문제라고 그러느냐는 사람들도 많았습니다.

윤석열을 국회에서 탄핵하려 하여도 의석수가 모자라 탄핵소추안이 의결되기도 어렵고, 설혹 국회에서 탄핵소추안이 가결된다 하더라도 헌재에서의 파면 판결이 쉽지 않다고 했습니다. 어쩌면 이런 상황이어서 윤석열이 검찰과 경찰을 장악하고 독재를 꿈꾸며 따로따로 집회하는 시민단체가 연대하기 전에 국회를 무력화시키려고 계엄을 저질렀을 수도 있었겠다고 생각합니다. 어쨌거나 응원봉에 의해 윤석열이 파면되어, 백 년 묵은 체증이, 실로 백 년 묵은 체증이 쑥 내려가듯 속 시원한 지금 이 조기 대선정국이 실은 더 중요한 시점입니다. 우리사회의 문제가 윤석열 정권뿐만이 아니라, 윤석열 정권을 지탱하고 있는 기득권 카르텔이 문제이기 때문입니다.

검찰공화국이라 말하지만 문제의 본질은 해방 이후 계속되고 있는 기득권 카르텔입니다. 박정희, 전두환 군부독재 정권의 부역자였던 검찰이 군부독재가 물러간 후 전면에 나선 것입니다. 마치 일제가 물러가자 일제 부역자들이 전면에 나섰듯이 그렇게 말입니다. 일제 부역자의 시대였던 이승만 정부 다음이 군부독재였습니다. 박정희는 일제군인이었다가 미군정으로 갈아탄 미군정 군사영어학교 출신입니다. 기득권 카르텔은 그렇게 연결되고 있었습니다. 이렇게 이어지며 놀랍게도 해방 이후 지금까지 일제의 식민지 시스템인 억압과 수탈의 시스템이 그대로 작동되고 있었습니다.

해방 후 미군정은 행정편의를 내세우며 일제 식민지 체제를 유지했습니다. 그뿐이 아닙니다. 일제에 부역했던 친일파들도 행정 업무를 위해 필요하다는 명분으로 그대로 다시 중용했습니다. 그러더니 친일 부역자들이 일제가 남기고 떠난 어마어마한 규모의 일제 자산, 토지와 공장 등의 자산을 적산불하의 방식으로 미군정과 이승만 정부로부터 차지하면서 언터쳐블 관료의 길을 가게 됩니다. 미군정 하에서 만들어진 경찰과 군, 이승만 정부의 행정관료, 입법관료, 사법관료가 바로 그들입니다. 그들은 자연스럽게 일제 강점기 억압과 수탈의 시스템을 다시 작동시켰고, 박정희와 전두환 군부독재와 이명박과 박근혜 자본독재가 이 시스템을 그대로 이어 갔습니다. 문제는, 윤석열 정부와 관료독점자본을 중심으로 하는 거대 기득권 카르텔이 운영하고 있는 억압과 수탈의 시스템은 이제 그 수명이 다해 삐거덕거리면서도 여전히 작동되고 있다는 것, 문제는 정작 바로 이것입니다!

일제 36년간 백성들을 억압하고 수탈해서 생긴 모든 일제의 자산은 백성들에게 돌려주는 것이 맞지 않겠습니까. 이는 범죄행위에 의해 일제가 취득한 장물이기 때문입니다. 그런 일제의 장물을 적산불하의 형식을 빌려 미군정과 이승만 정부로부터 차지한 친일 부역자들은 실질적으로 일제와 공범인 장물아비가 아닌가요? 그것도 모자라 일제 부역자들은 그들에겐 익숙한 일제 식민지 시스템을 계속 작동시켰고, 그 시스템을 작동하는 관료의 길을 대를 이으며 뻔뻔하게 걸어오고 있습니다.

박정희, 전두환 군부독재 시절, 이에 적응하며 살아 온 사람들과, 이에 저항하며 살아 온 사람들은 나아가려는 방향이 다릅니다. 군부독재 시절이 합법적이었다고 말하기도 합니다. 그러나 합법적인 것이 절대적으로 옳은 것은 아닙니다. 일제 강점기에는 일제의 식민지 법이 합법적이라 했었습니다. 미군정 때에도 미군정의 포고령이 합법적이라 했습니다. 군부독재 시절 합법적이라며 버젓이 반인륜적 행동을 저지르기도 했습니다. 합법적인 것은 합법적인 것일 뿐 절대적으로 옳은 것이 결코 아닙니다.

우리는 항상 더 나은 세상을 향해 나아가려 하고 있습니다. 민주화운동가들이 군부독재의 국가폭력으로 조작된 범죄에 몰려 실형을 받았던 것에 대해 30~40년이 지난 지금에서야 법원의 재심에서 무죄를 선고 받으며 지난날의 억울한 옥살이에 대해 보상받고 있습니다. 그러나 무죄를 선고 받는 피해자는 있는데 가해자가 없습니다. 국가가 피해에 대해 보상하고 있을 뿐 가해자를 처벌하지는 않습니다. 이는 국가가 군부독재정부 시절로부터 벗어나지 못하고 있기 때문입니다. 더 정확하게는 국가가 기득권 카르텔로부터 벗어나지 못하고 있는 현상이라 하겠습니다.

합법적이었다고 주장했던 군부독재 시절의 국가폭력보다 더 악화된 상황이 지금의 윤석열 정부였습니다. 윤석열 정부는 반칙과 특권으로 그나마 있는 법도 지키지 않았습니다. 법을 지키지 않아서, 합법적이라 말도 못하는 일들이 벌어졌습니다. 직권남용이 비일비재합니다. 이를 단죄하지 못한다면 우리는 우리를 포박하고 있는 기득권 카르텔에서 결코 벗어나지 못합니다.

우리는 이제 벗어나야 합니다.

우리를 포박하고 있었던 20세기 일제의 식민지 시스템인 억압과 수탈의 시스템으로부터, 우리가 그동안 익숙해져 몸에 밴 이 기득권 카르텔의 포획으로부터 과감하게 벗어나야 합니다. 20세기의 굴레에서 벗어나, 21세기의 언어와 21세기 시스템에 의해 21세기 주류세력을 육성하고, 21세기를 향해 힘차게 나아가야 합니다!

더 이상 지체하기는 어렵습니다. 윤석열 파면으로 인한 조기 대선 국면임에도 계엄 내란 세력이 대국민 사과는커녕 큰소리치며 버젓이 활보하고 있습니다. 아직도 이념적 갈등을 조장하며 세를 결집하고 이를 통한 반사이익에 매달리고 있습니다.

이제는 국민 결단의 시간입니다!

가. 두 겹의 위기 바로 보기.

윤석열만 파면하고 말면, 윤석열만 없는 도로 윤석열 세상 됩니다. 박근혜 파면 후에 기득권 카르텔을 허물지 못해서, 결국 박근혜만 없는 도로 박근혜 세상 되었던 상황을 또 다시 반복할 수는 없습니다.

나라가 위기입니다.

윤석열 정부에서 기득권들의 특권이 되살아나면서 법치가 흔들리고, 부자 감세로 서민 경제가 곤두박질쳐졌으며, 대통령의 독단으로 우리의 민주주의가 위협 받는 국내 위기뿐만이 아닙니다. 국제관계 대처 미숙에 따른

위기를 동반했습니다.

　박근혜 정부 때에도 언론에서 매년 초, 북의 도발 징후를 보도하면, 그때마다 박근혜 대통령의 방미가 있었습니다. 미국에 전적으로 의존하는 상황이었습니다. 윤석열 정부 역시 세계가 질서 재편 과정에 있는 상황에서 중심을 잡지 못했습니다. 20세기 초 한반도에서 제국 열강의 침탈이 시작되었을 때 일제에 기댄 친일파들이 일본에 나라를 넘겼던 상황과 매우 닮아 있습니다.

　해방과 미군정 이후 우익으로 시작한 대한민국입니다. 상해임시정부 요인들은 개인 자격으로 입국해야 했으며, 독립군들은 무장 해제 상태에서 입국해야 했습니다. 전범국 독일이 분할되었듯이 전범국 일본이 분할된 것이 아니라, 한반도가 분할되었습니다. 분할된 남쪽을 점령했던 미군정은 일제가 식민지 통치에 사용했던 억압과 수탈의 시스템을 그대로 작동시켰을 뿐만 아니라, 그 시스템 작동에 부역했던 친일파들마저 그대로 중용했습니다. 일제만 없는 일제시대였습니다. 이후 대한민국은 자주독립국이라 하기 보다는 극단으로 미국에 의존했습니다. 그러다가 역시 극단으로 소련과 중국에 기운 북한과 이데올로기 대리전이라는 한국전쟁을 치러야만 했습니다. 그때는 힘이 없어 그럴 수밖엔 없었다 해도, 이제는 다릅니다. 우리나라는 세계에서 7개국 밖에 없다는 인구 5천만 명 이상, 국민소득 3만 달러 이상인 '3050 국가그룹'에 드는 강대국입니다. 그럼에도 불구하고 윤석열 정부는 왜! 자주독립국으로서 미중이라는 G2와의 균형을 잡지 못하고, 한쪽 편인 미국과 일본으로 기울어 버렸을까요?

조선시대에도 기득권 카르텔이 지금과 같이 주류 세력이었습니다.

당시는 신분사회를 기반으로 지금보다도 기득권 카르텔의 세력이 훨씬 더 드셌고, 진입장벽은 철벽이었습니다. 태어나면서부터 양반은 양반이고 상놈은 상놈이어야 했습니다. 상놈이 기득권으로 진입한다는 것은 언감생심 꿈도 꾸지 못했던 시절이었습니다. 상놈은 글을 배울 수도 없었습니다. 양반이 글을 독점했습니다. 지식인과 관료들이 기득권 카르텔인 사대부의 구성원입니다.

사대부들은 자신들의 지위를 유지하기 위해 중국과의 마찰보다는 안전 도모를 위한 사대외교를 당연한 관례라 했습니다. 명과 청의 교체기에 쇠락한 명에 대한 지지를 신의의 명분으로 삼기도 했습니다. 청의 침입으로 백성들은 전쟁으로 죽어 가는데도 말입니다. 병자호란으로 당시 조선 인구의 5% 정도인 40~50만 명이 노예로 끌려가 고통 받았음에도 국가 외교전략의 실패라는 관점에서의 반성은 없었습니다. 인조가 세 번 절하며 아홉 번 바닥에 머리를 찧었다는 삼전도의 굴욕에 대한 관심에 비하면 백성들이 죽어가는 고통쯤은 안중에도 없는 그런 실정입니다.

조선 사대부는 사람으로서의 도리를 지키려는 인성을 갖췄으며, 불의에 의한 외압에도 지조와 소신을 굽히지 않는 보수의 상징이라 말합니다. 그러나 신의 있다는 사대부가, 어제까지 '형, 동생'하던 사람을 모략과 술수에 의해 역적으로 몰아 귀양 가게 만들고, 형수라며 예우를 갖추던 여성을 첩이나 노비로 삼는 일에 서슴없었습니다.

조선 중기 실학자들은 농기구 설계도를 만들고 농경을 위한 책들을 썼습니다. 마치 농민을 위해 학문을 펼치고 농민을 위해 농기구를 개발한 것처럼 말합니다. 그런데 그 책이 한글이 아니라 한문으로 쓰여졌습니다.

농민들은 한문을 모르는데 과연 누구 보라고 한문으로 책을 썼을까요?

급기야 조선 말기에 이르러서는 동학혁명에 나선 농민들을 일본군과 손잡고 살육한 사람들이 조선 관료들 아니었던가요? 사대부만을 위한 사대부 기득권 카르텔 사회가 바로 조선이었습니다. 조선 사대부들이 사람으로서의 도리를 지킨다 할 때 상놈은 그 사람 안에 들지 않았습니다.

조선의 사대부들이 주류세력으로서 자신들의 지위를 유지하기 위해 중국과의 사대외교라는 폐습을 유지한 것과 해방 이후 일제 부역자들이 주류세력으로서 자신들의 지위를 유지하기 위해 일제가 이 땅에 심어놓은 억압과 수탈의 시스템을 그대로 작동시킨 것은 같은 맥락이 아닐까요?

기득권 위주의 이러한 가치관과 시각은 단순히 과거의 문제만이 아닙니다. 지금도 서울 잠실 송파 대로변에 있는 대청황제공덕비인 삼전도비를 거론하며 백성들이 당했던 고통은 말하지 않고, 국가가 강해야 한다는 점만을 강조하고 있습니다. 독재자들은 국가가 국민을 위해 존재한다는 사실이 아니라 단지 강력한 국가만을 역설합니다. 그리고는 독재 정부가 곧 국가라고 항변합니다.

노무현 정부 때 터진 1990년대 안기부 X파일(삼성 X파일) 사건은 삼성이 정계와 검찰에 전방위로 떡값을 줬다는 대단히 충격적인 내용입니다. 정경유착의 실체가 그대로 들어났습니다. 그랬음에도 노회찬 의원이 자료의 입수 과정에서 그리고 파일 발표에 있어 통신비밀보호법을 위반했다고 몰아쳐서, 결국 노회찬 의원은 의원직을 버려야 했습니다. 기득권 카르텔의 네트워크는 이토록 막강했습니다. 이후 김용철 변호사가 자신이 직접 돈을 돌렸다고 폭로했을 때 사람들의 반응은 이랬습니다. 기껏

삼성에서 월급 받고 잘 지내다가 그만 두고 나니까 폭로한다며, 비난의 화살을 김용철 변호사에게 돌렸습니다. 우리가 기득권 카르텔의 네트워크에 적응한 모습이 이랬습니다. 근래에는 삼성이 망하면 나라 망한다는 말도 들립니다. 정경유착에 의한 기득권 카르텔의 세뇌 조작에 의해 데마고기가 잘 먹혀든 사례라 하겠습니다.

왕조였던 조선시대 사대부 체제를 닮은 이러한 기득권 카르텔은 기존 체제의 형식에 방점을 둡니다. 박근혜 정부 초기 형식이 내용을 지배한다는 말이 나온 이유도 기존 체제 유지가 우선이기 때문이라 하겠습니다. 개혁은 형식을 허물어 체제를 위태롭게 만든다고 보고 있습니다. 그런데 우익들은 형식인 기존 체제의 정체성에 대해서는 그 정체성이 무엇이라고 절대 말하진 않습니다.

일제의 억압과 수탈의 시스템이 아직도 그대로 작동 중이며, 보수가 지키려는 것이 바로 일제가 이 땅에 심어놓은 억압과 수탈의 시스템이라는 것을 들어내려 하지는 않습니다. 그 시스템이 기득권 카르텔을 유지하게 하고 있다고는 더 더욱 말하지 않을 겁니다. 그저 북의 도발로부터 체제를 지켜야 한다고만 말합니다.

박근혜 정부의 국정농단이 밝혀져 기득권 카르텔의 맨 얼굴이 들어났지만, 이를 무난하게 연착륙시킨 문재인 정부도 수구보수 체제 유지의 공로자라 하겠습니다. 자칭 중도보수라 칭했던 문재인 정부도 보수라는 속성상 개혁보다는 체제를 지키는 성향이 강하다는 말을 하고 싶었을까요? 보수가 지키려는 것이 일제의 억압과 수탈 시스템이었다는 것을 자칭 중도보수라고 말한 문재인 정부가 알고 있었는지는 궁금합니다.

채 해병의 죽음 앞에서 억울함이 없게 하겠다한 박정훈 대령 사건은 윤석열 정부의 본질을 잘 드러내고 있습니다. 윤석열 정부는 억울함의 내용을 어떻게 처리할 것인가를 중시하기보다는, 박정훈 대령이 업무보고 체계를 어기고 지시에 항명했다는 조작을 통해 재판으로 몰고 간 것도 역시 형식인 기존 체제 유지에 중점을 두는 같은 흐름이라 하겠습니다. 물론 이 사건에는 대통령실이 당시 사단장의 구명 로비라는 비리에 연관되어 있다는 의혹도 있습니다.

윤석열 정부를 검찰공화국이라 부릅니다. 그러나 기득권 카르텔의 맨얼굴이라 할 수 있는 장모 최은순과 김건희의 네트워크에 대해서는 언급이 없습니다. 마치 최은순과 김건희가 기득권 카르텔 전체를 쥐고 흔들며, 나를 건드리면 가만히 있지 않겠다며 벼르는 형국 같습니다. 그래서 검찰이 알아서 기게 만들었다고나 할까요. 박근혜 국정농단 때는 바로 들어났던 기득권 카르텔의 면면들이 현 정국에서는 검찰의 방어로 수면 위로 잘 떠오르지 않고 있습니다.

검찰공화국이 기득권 카르텔의 모습을 가리고 있는 것처럼, 뉴라이트에서도 역시 비슷한 현상이 나타나고 있습니다. 뉴라이트들은 식민지 때 경제가 발전했다며 억압과 수탈의 일제 식민지 시스템을 두둔합니다. 그들은 이렇게 함으로써 억압과 수탈 시스템을 기반으로 하는 기득권 카르텔을 방어합니다. 다른 한 편으로는 이런 논리 전면에 일제 부역자들이 나섬으로써 뉴라이트의 또 다른 축인 친미 개신교가 들어나지 않게 하는 역할도 하고 있는 상황입니다.

우리사회에서는 다른 사회와 달리 종교간 분쟁이 없다는 말을 자주

듭니다. 중동이나 아프리카의 종교 전쟁을 보면서 한편으로는 다행으로 느껴지지만, 한편으로는 우리 사회에서 어떤 종교건 가리지 않고 종교계가 기득권 카르텔에 합류했기 때문이란 생각이 듭니다. 이는 일제 시스템을 기반으로 하는 기득권 카르텔 위에 종교계도 얹혀져있기 때문입니다.

이렇듯 위기가 두 겹으로 중첩되어 있습니다. 따라서 이 위기는 윤석열 파면만으로는 절반만의 위기 탈출인 셈입니다.

해방 후의 시대가 일제만 없는 일제시대였듯이, 박근혜를 탄핵했어도 박근혜만 없는 박근혜 세상이 되었듯이, 윤석열만 파면하면 다시 윤석열만 없는 윤석열 세상이 될 것입니다. 윤석열만 파면하고 말면 윤석열과 같은 사람들은 또 다시 나온다는 뜻입니다. 그런 세상에서는 민주화에의 소신과 민주화운동가로서의 자부심을 접고 기회주의 우익들에게 합류한 사람들만 민주화운동가라는 이름으로 불리게 될지도 모릅니다.

그러나 위기는 곧 기회이기도 합니다. 위기를 바로 보면 기회가 옵니다.

나. 공정하며 소신 있는 공직자의 공직 수행으로 근본적인 개혁 정국 열어 가기.

나라가 혼란합니다.
불안하기 짝이 없습니다.
계엄 내란을 뉘우쳐 반성하지 않고 있는 정치 집단이 조기 대선에서 목소리를 높이며 세를 결집하여 무슨 일을 벌일지 알 수 없는 상황이 매우 불안합니다.

윤석열 정부와 집권당이 박정희와 전두환 군부독재 시절만큼이나 국민이 위임한 권한을 마구 남용했습니다. 세계적으로 세력균형의 새 판이 짜여 지고 있는 시기에 윤석열 정부가 미중G2 간의 균형을 잃고 미국으로 기울어져 버림으로써 과거 일제에게 나라를 판 일제부역자시대로 역사를 되돌려 버린 상황입니다.

경제는 침체 국면을 벗어나지 못하고 있어서 자영업과 중소기업의 도산이 줄을 잇고 있으며, 뉴라이트의 등용으로 사회 가치관이 허물어졌고, 여기에 겹쳐 뜬금없는 마구잡이 의대 정원 확대 발표로 의료대란마저 일으켜 국민생명을 위태롭게 했으며, 이를 기회로 재벌들에 의한 의료 영리화의 조짐마저 커져 가고 있습니다.

국민이 위임한 권한을 남용하고 있는 윤석열 정부의 폭정에 대한 저항이 여기저기에서 터져 나오고 있었습니다. 이런 상황에서 자칫 놓치기 쉬운 현상에 주목합니다.

국정농단을 자행하다 탄핵되었던 박근혜 때와는 달리 저항의 물줄기가 하나 더 늘었습니다. 그 물줄기는 저항의 결이 다릅니다. 현재 우리사회에서 지속적으로 일어나고 있는 윤석열 정부의 실정에 지금까지 보지 못했던 결이 다른 저항은 바로 제도권인 공직사회에서도 저항이 일어났다는 점입니다.

박근혜 탄핵 때에는 시민단체들이 연대한 '박근혜 퇴진행동'이 박근혜를 탄핵하여, 특권을 앞세우고 반칙에 물든 제도권을 바로 세우려 했었습니다. 제도권을 바로 세우려면, 특권을 내세우며 반칙을 일삼고 있는 기득권 카르텔을 무너뜨려야만 비로소 가능해 집니다. 그래서입니다. 박근혜를 탄핵하며, 기득권 카르텔의 세상인 '박근혜'만 없는 '도로 박근혜 세상'이 되는 것을 막으려 했었습니다. 그래서 적폐 청산과 더불어 정계와 관료계의 인적 청산이 이루어져야 한다고 목소리를 높였었습니다.

그런데 광장에서 승리한 촛불이 입법부, 사법부, 행정부, 언론, 사학재단, 종교계 그리고 회사 앞에서 멈춰 섰습니다. 왜! 그런지 모두들 의아해 했었습니다. 이유는 명확했습니다. '촛불'이 박근혜 파면 이후, 적폐 청산과 인적 청산을 더 이상 추진하지 않고, 이를 정치권으로 넘긴 것이 화근이었습니다.

그래서입니다. 초선 국회의원, 평판사, 초임 사무관, 평검사, 신입 기자, 평교수, 평신도 그리고 신입 사원은 개혁을 위해 움직이지 않았습니다. 전혀 움직이질 못 했습니다.

그러나 지금은 다릅니다.

윤석열 정부의 권한 남용과 외압에 대한 저항이 시민단체에서뿐만 아니라 제도권에서도 일어났습니다. 경찰국 신설에 저항한 류삼영 총경을 시작으로, 간호조무사와 교사들의 시위, 정의를 바로 세우려는 박정훈 대령, 서해 공무원 월북 피살 사건을 정치화 하려는 감사원의 계속되는 기획정치 감사에도 소신을 굽히지 않은 윤성현 치안감, 백해룡 경정은 마약수사 외압에 맞서 저항했습니다. 권익위 김상년 국장은 부패와 비리 조사의 조기 종료 외압이라는 국가폭력에 양심을 지키려 목숨마저 던졌습니다. 윤석열 12.3 계엄 내란에 법무부 류혁 감찰관이 저항하며 사표를 던졌습니다. 경남 합천군 권영식 의원은 계엄 내란에 대한 항의 표시로 국힘당을 탈당했습니다. 현직의 공직자가 불의를 막으려 위험을 무릅쓰고, 심지어는 소중한 목숨마저 스스럼없이 던졌습니다. 공직자의 소신과 공직자로서의 자긍심이 되살아나고 있습니다.

돌이켜 보면 우리사회는 일제로부터 벗어났어도, 그동안 어쩔 수 없이 일제가 식민지의 억압과 수탈을 위해 작동시켰던 제도를 그대로 답습해야 했습니다. 그 제도에서 벗어나지 못하고 그 제도를 근간으로 사회가 유지되어 왔습니다.

우리사회가 공동체 의식보다는 사익 추구를 위한 욕망에 지배당해 서로 반목하며 증오하는 것도 바로 억압과 수탈을 위한 제도가 여전히 작동되고 있어 벌어진 당연한 결과입니다. 특권과 반칙으로 억압하고 착취하는 자와 이런 착취자에 부역하는 사람들 그리고 이들로부터 착취당했던 사람들 간의 반목과 증오는 비단 과거 일제시대의 이야기만이 아닙니다.

이러한 현상은 특히 정치권과 관료계에서 반복적으로 발생하고 있습니다. 우리사회는 해방 후 한 번도 정무직 공직자 인선에 투명한 제도가 없었습니다. 마치 일제에 부역했던 자들이 미군정과 이승만 정부에서 한 자리 차지했듯이, 그렇듯 국민의 권력을 빼앗은 정부의 주변에 몰려든 자들을 낙하산으로 관직에 앉혀졌습니다. 그들은 '엽관제'라며 합법적인 듯 말했지만, 그것은 그저 그들만의 잔치였습니다. 그들은 정책수립에서건, 경제개발에서건 그들에게 돌아올 이권과 혜택이 우선이었습니다. 국민은 항상 뒷전이었습니다. 선거 때마다 캠프에 정치꾼들이 몰리고, 이러한 현상으로 인해 정치는 이권의 진흙탕이 되어 갔습니다. 정무직 공직자의 인선이 정통성 없는 정부를 유지하는 수단이 되었습니다.

편법과 비리를 능력으로 치부하는 집단적 사회병리현상이 공동체의 건전한 가치관을 파괴했고, 부가가치의 창출보다는 개발정보를 자기들끼리만 공유해서 부동산과 아파트 시세차익으로 부를 축척하는 방식을 기득권들끼리 서로 부축이면서 도덕적 해이가 만연하게 되었습니다. 그 근간에는 바로 일제가 심어 놓은 약탈 자본주의라는 억압과 수탈의 시스템이 있었습니다.

이렇듯 기득권 카르텔의 특권과 반칙이 만연되어 있는 상황 속에서도 이를 비집고 일어나고 있는 제도권 내 공직자의 저항은 사회정의를 위한 보루이며 우리사회의 소중한 자산입니다. 특히나 기득권 카르텔이 2세, 3세로 대를 이으며 정계, 관료계, 사법계, 언론계, 재계, 교육계, 종교계 등지에서 기득권을 확대 재생산해 내고 있는 상황에서, 공동체의 사회정의를 지키려는 저항이 제도권에서 일어나고 있다는 것은 상당히 중요한 의미를 갖고 있습니다.

일제 순사 출신들의 경찰들 속에서 제주 4.3 발포 명령을 거부했던 문형순 서장과 군부의 집권 광기에 의한 광주 5.18 발포 명령을 거부했던 안병하 치안감은 경찰국 신설에 저항한 류삼영 총경과 마약 수사 외압에 저항한 백해룡 경정으로 되살아나고 있습니다. 유신의 심장을 쏜 김재규 장군과 국방부를 습격한 전두환 12.12 쿠데타에 맞선 장태완 장군은 불의에 맞선 해병대 박정훈 대령과 이용민 대대장으로 되살아나고 있습니다. 경술국치에 자결로 맞섰던 충정공 민영환과 중추원 의장 조병세가 바로 양심을 지키려 목숨을 버린 권익위 김상년 국장입니다. 정치화된 감사원의 집요한 회유에도 소신을 지킨 윤성현 치안감, 윤석열 12.3 계엄내란의 부당함으로 사직한 류혁 법무부 감찰관과 국힘당을 탈당한 경남 합천군 권영식 의원이 바로 사회정의를 지키려는 소신 있는 공직자들입니다.

그래서입니다.

우리사회가 더 나은 세상으로 향해 가는 길에 매우 중요한 일이 바로 공직자의 공정하며 소신 있는 공직 수행입니다. 윤석열 정부의 권한 남용과 외압에 의한 부당지시에 대해 일어난 제도권의 저항이 권력의 직권남용을 바로 잡을 것입니다. 이러한 저항이 사회정의를 세우는 구심력으로 작동할 것입니다. 그리고 거기에서 그치는 것이 아니라, 구태의연한 제도를 개혁하는 원심력으로 작용하게 될 것입니다. 공직자의 공정하고 소신 있는 공직 수행이 법을 무시하는 특권과 반칙에 저항하는 구심점이 될 것이며, 이 구심점은 제도 개혁의 원심력으로 작동함으로써 아직도 삐걱거리며 작동되고 있는 일제의 억압과 수탈의 시스템을 허물어 버리고 21세기를 향하는 새로운 시스템을 세우게 될 것입니다.

다. 어떻게 할 것인가!

민주당이 단번에 '윤석열만 없는 윤석열 세계'를 무너지게 만드는 방법이 있습니다.

민주당이 문재인 정부의 윤석열 검찰총장 인선 실패에 대해 대국민 사과하는 것입니다. 이로써 윤석열의 정체성은 근거를 잃습니다. 민주당의 사과는, 윤석열 같은 사람을 다시는 정무직 공직자로 등용하지 않겠다는 민주당 스스로의 다짐이자 대국민 맹세입니다. 윤석열 같은 사람을 등용하지 않아야, 비로소 기득권 카르텔을 허물고 새로운 시스템 위에서 건전한 주류세력을 육성하여 더 나은 세상을 열어갈 수 있습니다.

민주당이 사과해야 한다고 말하면, 잘못은 윤석열 정부에게 있는데 도대체 왜! 민주당이 사과하느냐? 민주당은 사과만 하느냐? 이렇게 민주당을 분열시키고 어떻게 포스트 윤석열 정부라는 정국을 끌고 나갈 수 있느냐? 이런 반론이 있습니다. 그러나 근본적인 개혁으로 향하려면 민주당이 인선 실패 사과로 새로운 사회시스템 구축의지를 밝혀야 합니다. 그래야 국민도 민주당을 믿고 나설 수 있습니다.

불량식품을 내놓았던 식당이 이제 다시 오시면 불량식품을 내놓지 않겠다고 말만하는 것에 믿음이 가겠습니까? 불량식품이 생기게 된 원료 공급체계를 과감하게 들어내고 철저한 불량식품 단절 시스템을 도입해야 믿음이 가지 않겠습니까?

우리는 이제 중요한 시점에 섰습니다.

우리는 지난 시절부터 매번 중요한 시점에 판단을 잘 못 해 왔습니다. 이승만 독재 때에는 권력의 시녀가 된 경찰만 문제인 줄 알았습니다. 해방 이후 4.3제주, 한국전쟁 전후로 마구 사람들을 죽이며 갖은 악행을 저질러 왔던 일제 순사 출신들의 경찰은 이승만 정권을 지키려 4.19혁명 때 국민에게 총격을 가했었습니다. 반면 군은 민중에 우호적인 태도를 보여서, 군이 정권을 지키려 민중에 총격을 가하지는 않을 것이라는 큰 오판을 했었습니다. 그러더니 박정희가 쿠데타를 정당화하려 일제 사관학교 출신들이 장악한 육사생도들을 동원했고, 전두환이 1980년 광주 학살에 군을 동원하면서 지속되는 일제 시스템에서는 군부도 문제가 있었다는 것을 확실하게 확인했습니다.

87년 6월 항쟁 때는 대통령 직선제만 이루면 다 될 줄 알았습니다. 그러나 대통령 직선제를 이루었어도 김영삼과 김대중의 분열로 결국 노태우를 합법적 선거에 의한 대통령으로 만들어 주고 말았습니다. 이후 재벌들이 해외에서 값 싼 이자의 자금을 마구 들여와 문어발식 확장을 꾀하며 흥청망청 거리다 국가부도 사태인 IMF를 초래했습니다. IMF 체제에서 대중들만 고통을 짊어지며 이를 극복해야 했습니다. 대중들은 실직하여 거리에 나앉아도 국가부채를 갚아야 한다며 장롱 속 아이 돌 금반지를 아낌없이 헌금함에 넣었습니다.

촛불 때도 그랬습니다. 정치민주화를 이루었으니 이제 경제민주화를 이루어야 한다고 했습니다. 그러나 20세기의 낡은 정치적 기반 위에서 권력기관들과 기득권 카르텔은 민주화에 의해서도 전혀 영향을 받지 않았습니다. 여전히 그들만의 철옹성에서, 치열한 경쟁을 뚫은 진입자의 사다리 걷어차기를 계속하며, 그들만의 세상에서 살고 있습니다. 문재인 정부가 개혁을 우회하며 기득권 카르텔의 위기를 연착륙시키자 그들은 윤석열을 내세워 다시 정권을 잡았습니다.

이런 모든 일들은 삐거덕거리며 아직도 작동 중인 일제 시스템을 허물어야 한다는 것을 간과하였기 때문에 일어난 일입니다. 군부독재에 이어 자본독재에 부역했던 검찰을 개혁하고, 기득권 카르텔을 허물어 새로운 시스템 위에서 건전한 주류세력을 육성해야 한다는 것을 간과했던 것입니다. 그 결과가 황당한 검찰독재 공화국이며 기득권 카르텔의 반칙과 특권의 부활 입니다. 윤석열 정부의 무능과 실정에 국민이 고통 받고 있음에도 기득권은 태평천국 입니다.

이런 상황에서 과연 윤석열만 끌어내면 되는 것일까요? 일단 급하니 윤석열 먼저 끌어내리고, 그런 다음에 기득권 카르텔을 허물면 되는 것일까요? 박근혜 때와 같이 시민단체들이 주도적으로 윤석열만 끌어내리면 되는 것일까요?

행여 이것이 지금까지 그래 왔던 실수를 다시 반복하는 것은 아닐까요!

우리사회는 2019년 개혁의 분기점에 서 있었습니다. 문재인 정부가 슬며시 개혁을 우회한 이후, 이제 다시 정말 중요한 시점에 다시 섰습니다.

대한민국은 해방 이후 기회주의 우파로 시작되어, 우파가 계속 주류세력이었습니다. 그러다가 2016년 촛불과 문재인 정부를 거치고 나서, 지난 대선에 이르러서야 비로소 진보세력은 자칭 중도보수와 주류세력인 기회주의 수구보수를 합친 세력과 대등한 세력을 형성해 가고 있는 중입니다. 21세기 초 세계의 세력재편 시기, 세계가 방향을 잃고 우경화하던 시기에 민주주의의 역사를 새로이 썼다는 평을 들은 '촛불'이었습니다. 그런 평을 들었음에도 국정농단으로 박근혜를 파면한 이후의 대선에서 문재인은 41.4%로 당선되었습니다. 자유한국당의 홍준표(24%)와 국민의당 안철수(21.4%)의 표를 합한 것보다 적었습니다. 만일 자한당과 국민의당이 단일 후보를 냈다면 어찌 되었을지 장담하기 어려웠다는 말이 됩니다. 해방 후 우익으로 시작한 우리사회에서 우익은 뿌리 깊은 주류세력입니다.

이러한 상황에서 급기야 지난 대선에 이르러서야 0.7% 차이로 비로소 진보와 보수의 세력이 다소 평평해진 겁니다. 비록 윤석열이 승리하긴 했으나 이는 기울어졌던 운동장에서의 단순히 기계적인 균형을 넘어선 획기적 사건이긴 했습니다.

민주당이 승리할 수도 있었으나, 문재인 정부가 개혁을 외면한 것에 실망한 사람들이 민주당에서 돌아서서 지난 대선에서 박빙으로 졌다거나, 생활수준의 향상으로 보수에 합류한 사람들이 늘어서 그렇게 되었다며 패배를 합리화하려는 분석은 별반 도움이 되지 않습니다. 지난 대선의 결과가 지금까지에 비해서는 획기적인 결과라 해도, 아직도 삐거덕거리며 일제 시스템이 그대로 작동되고 있고, 그 위에 세워진 제도에서 기득권 카르텔이 주류세력으로 제도를 유지하고 있기 때문입니다.

사회정의는 사회 신뢰관계의 기본이며 사회적 자산입니다. 이 말은 사회정의가 무너지면, 사회 신뢰관계도 무너져 서로를 못 믿게 되고, 해외 신용도도 떨어져 사회적 자산도 잃게 된다는 말입니다. 따라서 기득권 카르텔에 의한 특권과 반칙이 사회정의가 되어서는 안 됩니다. 사회정의를 바로 세우기 위해서는 기득권 카르텔의 기반인 바로 그 일제의 억압과 수탈 시스템을 허물어야 합니다.

그래서 입니다.
우리는 이제 중요한 시점에 섰습니다.

우리의 판단 실수는 일제가 남긴 체제를 보존하려는 기득권들의 데마고기에 속아 넘어 가서 그랬습니다. 박정희와 전두환 군부독재 시절의 데마고기는 조작된 간첩사건으로 대중을 옭아매려는 선동이 주를 이루었습니다. 신자유주의와 결합한 이명박과 박근혜 자본독재 시절의 데마고기는 부자가 먼저 잘 살아야 한다는 '트리클 다운' 이론이 주를 이루었습니다. 매우 허술했으나 그런 허술한 데마고기에 넘어 간다는 것은 우리 또한 지금까지도 일제의 억압과 수탈 시스템 위에 세워진 제도에 익숙해져, 그 제도 속에서의 경쟁이 마치 공정하고 정당한 것인 양 여기고 있었기 때문입니다.

양당제가 문제라고 말하는 사람들도 있습니다.

표면상으로는 마치 양당제의 문제인 듯 보입니다. 그래서 다당제로 향하는 것이 방법일 수도 있겠다는 생각이 들 수도 있습니다. 국힘당 의원을 뽑은 국민도 있기 때문에 민주당이 국힘당을 상대로 정치를 할 수밖엔 없지 않느냐고 말할 수도 있습니다. 이래서 민주당 지지 지역의 집토끼가 아니라 상대 당 지지 성향의 사람을 신경 쓰고, 상대 당 지역에서도 역시 어려운 여건 속에서도 민주당에게 표를 준 사람이 아니라 상대 당 지지하는 사람을 신경 씁니다. 이는 마치 고기 덩어리를 물고 다리를 건너던 개가 물에 비친 개가 물고 있는 고기를 빼앗으려고 짖다가 입에 문 고기 덩어리를 떨어드리는 격이기도 합니다. 뉘우쳐 반성하지 않은 국힘당을 상대로 민주당이 초당적 차원의 협치를 하겠다는 것으로 방향을 잡게 되면, 국힘당이 필요악이라 생각되기 시작합니다. 그 다음은 자연스럽게 국힘당을 순망치한의 한 몸으로 여기게 되는 단계에 이르게 됩니다. 이렇게 되면 개혁은 멀어지게 됩니다.

양당제가 문제가 아니라 보다 근본적인 문제가 있습니다. 양당제가 딛고 서 있는 시스템의 문제입니다. 결국 민주당이나 국힘당이나 일제의 억압과 수탈 시스템이라는 같은 기반 위에 서 있기 때문입니다. 그래서입니다. 일제의 억압과 수탈 시스템 위에서는 양당제나 다당제나 매한가지 입니다. 이런 시스템을 개혁해야만 사회정의가 바로 설 수 있습니다. 사회정의가 타협의 대상이어서는 더 나은 세상으로 향하는 것이 요원해 집니다.

시민단체가 동력을 잃었다고도 말합니다.

정당인 1000만 명 시대이기 때문이라고 합니다. 지난 '촛불'이 대거 민주당으로 들어갔다고 합니다. 민주당으로 들어가 민주당을 근본적으로 개혁하는 것이 답일지도 모릅니다. 시민단체들의 연대인 '박근혜 퇴진행동'에 의해 국회가 박근혜를 탄핵하도록 견인하고 헌재가 파면했던 방법이 아니라, 민주당을 바꿔 민주당이 내란 세력을 단죄하게 만드는 것이 답일지도 모릅니다.

민주당이 윤석열 검찰총장 임명한 것에 대해 대국민 사과하고, 공직자들이 공정하고 소신 있게 공직에 임하게 만드는 것이 기득권 카르텔을 허무는 방법일지도 모릅니다. 그렇게 해서 권력의 외압을 바로잡고, 나아가 권력이 외압을 행사할 수 있게 만든 기득권 카르텔을 개혁함으로써 기득권 카르텔의 근간인 일제 시스템을 허물어 버리는 것이 맞는 방향일 수도 있겠습니다.

그러나 민주당이 윤석열을 검찰총장에 임명한 것에 대해 대국민 사과를 하고, 민주당원들이 민주당을 근본적으로 개혁하는 방법은 필요하나 충분하진 않습니다.

이재명이 문재인과 다르더라도 일제의 억압과 수탈 시스템 위에서는 더 나아갈 수 없습니다. 이는 마치 노무현 대통령이 한나라당 국무위원들에 둘러싸여 국무회의를 해야만 했던 모습의 반복일 뿐입니다. 기득권 카르텔의 시스템을 무너뜨리고 새로운 시스템을 세워 21세기의 주류세력을 육성해야만 합니다.

새로운 시스템의 구축은 두 마리 토끼를 잡는 일입니다.

아직도 삐거덕거리며 작동 중인 일제의 억압과 수탈 시스템이 우리를 포획하고 있습니다. 이를 허물고 새로운 시스템으로 21세기를 향해 나아가야 합니다. 우리를 포획하고 있는 또 하나는, 바로 일제의 억압과 수탈 시스템에 적응한 우리들 자신입니다. 문재인이건, 윤석열이건 모두 20세기 체제의 한계이며, 문재인 지지자이건, 윤석열 지지자이건 모두 20세기 시스템에 적응한 우리들입니다.

20세기 시스템을 허물고 새로운 시스템을 구축하여 21세기로 나아가기 위해 준비해야 할 것들이 있습니다. 이런 여건들이 준비되어야 비로소 필요하고도 충분한 개혁 상황이 됩니다. 이런 여건들이 준비되어야 비로소 기득권 카르텔을 무너뜨리고 더 나은 세상으로 나아갈 수 있습니다.

- 정무직 공직자 바로 세우기!

정치권은 해방 이후 우리가 한 번도 해본 적 없는 정무직 공직자 인선 방안을 만들어 이를 투명하게 공개하고 실행해야 합니다. 대통령이 임명하는 정무직 공직이 무려 3000여 개라고 합니다. 인사는 대통령의 고유권한이라 단정 짓고, 아예 외면해서는 안 됩니다. 제대로 된 사람을 제대로 된 자리에서 소신을 갖고 일할 수 있게 해야 합니다. 지금처럼 대선 캠프나 총선 캠프에 사람을 동원하면서 그들에게 '열정 페이'를 당연한 듯 요구하고, 그 대가로 공직을 주는 엽관제는 지양해야 합니다. 민주당은 공개적이고 투명한 정무직 공직자 인선 방안과 더불어 국가 인재를 지속적으로 관리하는 국가인재정보위원회를 설립해야 합니다.

윤석열 파면 정국에서 민주당이 국가운영준비를 하는 것이 마치 정권을 잡은 양 자만해 보여 역풍 맞을 일이라며 외면하는 것은 이미 지적했듯이 상대 당 지지성향의 사람들 눈치 보기일 뿐입니다. 이는 지금까지의 특권과 반칙에 대해 반성하지 않고 사과하지 않고 있는 국힘당과의 협치를 기정사실화 하는 것일 뿐입니다.

올바른 인재를 올바른 자리에 인선하여 소신껏 공적 업무에 매진하게 해야 합니다. 민주당이 먼저 실행해야 다른 정당들도 따라합니다. 이런 경향은 누가 대통령이 되어도 노무현 대통령이 말했듯 대통령의 인사권을 국민에게 돌려주게 됩니다.

- 국회와 언론을 견제하고 견인할 시민단체에 대한 공적 후원!

민주주의의 근간인 삼권분립이 기득권에 의해 삼권야합으로 변질되어 민주주의가 무너졌습니다. 무너진 민주주의를 바로 세우려면 국회를 견제하고 견인해야 합니다. 현재의 선거제도에서는 기득권에 의해 조종되는 언론이 대중을 호도해서, 선거가 왜곡된 결과에 의해 국회가 구성되고 있습니다. 이런 상황에서는 아무리 국회의원을 대폭 물갈이해도 국회가 기득권 카르텔의 입맛에 맞는 입법 활동을 할 수밖에 없고, 국회의 국정감시 기능은 제한적일 수밖엔 없습니다.

국회에 대해 비판적 입장을 취해야 하는 언론도 마찬가지입니다. 기득권 카르텔의 2세들이 이른바 '언론고시'를 통해서 언론계를 장악하고 있는 상황에서는 근본적인 개혁 방안이 마련되어야 할 것입니다. 영국의 대처 수상 이후 영국 사회의 근본적 문제를 외면하고 영국 기득권을 위한 신자유주의 전도사가 된 영국 언론은 영국 발전의 정체에 큰 책임이 있습니다. 언론이 이른바 입법, 행정, 사법의 3부 다음의 제4부로서의 역할 수행을 외면하고 기득권화의 길을 걷고 있는 상황에서는 시민사회가 언론과 국회부터 바로잡는 것이 순서입니다.

따라서 시민단체에서 중추적으로 활동한 사람이 국회와 언론을 바로잡는 현실 참여라는 명분으로 제도권으로 이동하는 것은 자제해야 할 일이라 생각합니다. 지난 문재인 정부 때 시민단체에서 활동했던 사람들이 대거 제도권으로 이동함으로써 정치권력을 견제하고 견인해야 할 비판세력에 공백이 생겨 문재인 정부를 비판하지 못한 일은 시민단체에 그 책임이 있다 하겠습니다.

시민단체가 제 역할을 다 할 수 있도록 시민들의 후원이 활발하게 이루어져야 할뿐만 아니라, 시민단체를 공적으로 후원하고 지원하는 제도도 적극 검토되어야 합니다. 신문사 등에 광고를 분배하는 제도가 있듯이, 시민단체를 지원하고 후원하는 공적 기구가 설립되기를 희망합니다.

- 국가폭력 가해자 인명사전 만들기!

과거 군부독재 시절, 민주화운동가들에 대한 국가폭력 피해에 대해 국가가 재심을 통해 무죄를 선고하며 보상하고 있습니다. 비록 오랜 시간이 지난 후이지만 그나마 다행스런 일이라 하겠습니다. 그러나 피해자는 있으나 가해자는 없는 국가의 보상은 문제가 있습니다. 이런 상황이라면 가해자는 아무런 책임을 지지 않게 되어 가해자가 끊임없이 양산될 수밖에 없습니다. 가해자가 반듯이 법적 책임을 지게 해야 사회정의가 바로 설 수 있습니다.

민족문제연구소에서 친일인명사전을 만들었듯이, 과거 군부독재 시절의 가해자들에 대한 사실을 객관적이며 공정하게 기술하여 후대에 남김으로써 국가폭력을 방지하고 국가폭력을 뒷배 삼아 자행된 폭력을 근절할 수 있습니다.

국가폭력 가해자 인명사전, 반드시 필요합니다.

- **대한민국 국가전략 세우기!**

세계 모든 국가에는 국가전략이 있습니다. 미국은 주구장창 세계 패권국임을 주장하는 팬 아메리카 전략을 세웁니다. 러시아는 남진하는 유라시아 전략을 갖고 있고, 중국은 아프리카 대륙을 식량 창고화하려 대륙으로 영향력을 늘려가는 일대일로 전략을 꾸준히 추진하고 있습니다. 심지어 일본도 최근 인도 태평양 전략을 세워 미국을 등에 업고 동남아시아로 향하고 있습니다.

우리나라만 아직도 사대주의 외교로 기득권들의 지위를 보장하려는 전략을 취해서야 더 나은 세상으로 갈 수 있겠습니까?

억압과 수탈의 일제 식민지 시스템에서 일제를 대체한 기득권 카르텔을 무너뜨려야 합니다. 21세기의 언어로 새로운 제도를 만들어 내야 합니다. 공급자 위주, 기득권 위주의 제도에서 소비자 위주, 민중 위주의 제도로 바꾸어야 합니다. 물건을 만들어 내는 사람이 가치 창조자가 아닙니다. 물건을 만들어 내게 만드는 소비자가 가치 창조자라는 발상의 전환이 필요합니다.

고려 사람들은 천년 후의 후손들을 위해 바닷가 모래에 향나무를 심는 매향이라는 행사를 했다고 합니다. 세계대전을 두 차례나 치룬 이데올로기의 극한 대립과 제국주의 시대였던 20세기는 지나갔습니다. 지금은 21세기 초반입니다. 우리도 천 년 후의 우리 후손들을 위해 이제는 우리 사회를 제대로 개혁해야 하겠습니다.

● 이제 응원봉에게 보내는 렙소디를 마무리 하려 합니다.

우리 후손들이 살아 갈 세상은 21세기 언어의 21세기 비전의로 새로운 주류세력을 위한 시스템을 요청하고 있습니다!

지난 20세기 이데올로기 냉전 시대의 산물로 우리나라가 고립된 이데올로기의 섬나라가 되었습니다. 우리가 고립된 이데올로기의 섬나라로부터 벗어나 더 나은 세상을 향해 갈 수 있는 길은, 힘 있는 나라에 의존했던 지난날의 사대주의에서 벗어나 당당한 자주독립국가로서 천 년 후의 우리 후손들을 위한 국가전략을 세우는 것입니다.

가장 한국적인 것이 가장 세계적인 것입니다.

응원봉에 의해 윤석열을 파면함으로써 백 년 묵은 체증이 쑥 내려간 지금, 우리 대한국민은, 신라시대가 북동중앙아시아를 비롯하여 중동 아랍 문명이 모두 모이는 문명의 중심국이었듯이, 고려시대 의천이 중국으로 건너가 심지어는 일본까지 다녀오면서 당대의 불경책이란 불경책은 모두 모아 돌아옴으로써 불교문화가 팔만대장경으로 탄생했듯이, 이런 저력에 의해 천 년 후인 오늘날 K팝을 필두로 K드라마, K뷰티, K푸드,

한글 등이 K컬처를 이루며 K민주주의가 세계적으로 대세가 되어 가듯이, 그렇듯이, 우리 대한국민은 이제 널리 인간을 이롭게 한다는 홍익인간의 정신으로 인문학의 르네상스를 이루어 내리라 확신합니다!!!

민주주의여 만세!!!

(사) 전국민주화운동동지회

(사) 전국민주화운동동지회

(사)전국민주화운동동지회는

1960년대 이후 우리나라의 민주화를 위해 헌신했던 동지들의 모임입니다.
*창립일은 2020년 8월 22일, *사단법인 등록인가는 2021년 4월 20일입니다.
*현재의 회원은 전국 230여 명, 지부는 5개(서울, 부산, 울산, 경남, 제주)

*(사)전국민주화운동동지회 목적

본회는 민주화운동 동지 및 단체들의 뜻을 모아 민주화운동의 정신이 역사적으로 올바르게 자리 매김되게 하고, 민주화 투쟁에 헌신한 민족민주 열사를 추모기념하며, 그 정신을 계승하여 민족자주와 통일, 민족민주운동의 발전과 생활민주주의 진전으로 대동세상을 이룩함을 목적으로 한다.(정관 제3조)

*(사)전국민주화운동동지회의 사업

1. 민주화운동의 정당한 역사적 평가 작업
2. 민주화운동 유공자법 제정 및 민주화운동보상법 개정을 위한 지원활동
3. 민주화운동 관련 연구 및 db구축 사업
4. 민주화운동 계승 사업

*함께 하는 사람들(임원)

고문 윤광장(전 광주전남 민주교사협의회장), 정현찬(전 대통령직속 농어촌위원장), 박상도(현 부마민주항쟁기념재단 이사장), 조규대(전 경상남도 의원), 상임고문 이부영(전 전교조 위원장), 이사장 허진수(전 부마민주항쟁기념사업회장), 운영위원장 권태영, 서울지부장 노웅희, 부산지부장 신병륜, 울산지부장 정병모, 제주지부장 홍명환, 연대사업위원장 신미자, 교육연수위원장 오홍재, 법률제정특별위원장 박창규, 사무처장 이광희

사무소 : 서울 영등포구 국회대로 38길 8, 4층 403호 A-462호
전화 : 010-7547-6788(사무처장 이광희) 전자우편 : ghyi0615@gmail.com

⟨민주주의를 위한 총궐기를 촉구하는 시국선언문⟩

**"이제는 총궐기다.
2017년 촛불혁명에 이어 2024년 국회를 지킨 시민혁명,
민주주의는 깨어있는 시민의 힘으로 지켜진다."**

2024년 12월 3일부터 4일까지는 대한민국의 역사에 잊을 수 없는 밤이었다. 심판의 밤이었다. 황당한 비상계엄 쿠데타를 원상복귀 시킨 밤이었고 민주주의가 승리한 밤이었다. 깨어있는 시민과 국회가 민주주의를 지켰다. 우리사회는 수많은 민주열사들의 피와 땀으로 지켜온 민주주의의 역사를 이번에도 명예롭게 지켜내었다.

그러나, 이 쿠데타의 주범이 아직 뻔히 두 눈을 뜨고 살아있다.
국회의 결정에 따라 계엄령을 해제하면서도 죄송하다거나 심려를 끼쳤다거나 하는 말은 하나도 없고 오직 남 탓만 하고 야당이 잘못해서 그랬다는 말 뿐이다. 그냥 두면 또 비상계엄을 시도할 가능성이 있다. 고삐 풀린 미친 짐승이 칼을 물고 있다. 마땅히 그 칼을 빼앗고 미친 짐승에게 족쇄를 채워야 한다. 하루빨리 국군통수권 자리에서 끌어내려야 한다.

윤석열정권, 이제는 오천만이 거부한다.
불공정, 거짓과 사기, 폭력, 무능과 무책임, 국민 무시, 사리사욕, 부패, 인권탄압, 검찰권 오용의 친일매국독재정권, 이제는 비상계엄 쿠데타를 일으킨 윤석열을 온 국민의 총궐기로 몰아내자!

언제까지 이들을 보고 있어야 한단 말인가!
하루가 멀다 하고 쏟아져 나오는 현 정권의 비리와 부패, 민심을 조작하고 작당하여 권력을 탈취한 사실들의 폭로들, 상식을 가진 인간이

라면 하지 말아야 할 짐승 같은, 아니 짐승보다도 못한 행위들로 국민을 속이고 윽박질러 권력을 유지하고 사리사욕을 채우는 저들의 비열한 행위를! 민생을 도탄에 빠뜨려 놓고 저들이 잘하는 것은 오로지 거짓이요, 위선이요, 전 정권 등 남 탓이요, 자기 합리화요, 언론의 자유를 탄압하는 민주주의 훼손이요, 야당지도자에 대한 탄압이다!

우리는 불 보듯이 예견한다.
하루라도 빨리 이 정권을 중단시키지 못하면 그 동안 피땀으로 이루어놓은 대한민국의 민주주의와 서민경제가 붕괴되고 국민들의 민생이 도탄에 빠지고 만다는 것을, 거짓과 위선으로 외세에 아부하고 배를 불리려는 족속들만 활개 치게 된다는 것을, 선진국으로 발전하였던 우리 대한민국이 부패와 전쟁에 의해 후진국으로 돌아가고 만다는 것을. 우리는 결단한다. 이제 총궐기하자.
돌멩이라도 들고 일어날 각오로 이 정권을 몰아내기 위해 나서야 한다. 자고로 민생을 지키고 민주주의의 수호하는 것은 들고 일어난 시민들이요 민중들이다. 함께 일어나서 독재를 몰아내고 우리들의 권리와 우리들의 나라를 지키자.

이제 국민 총궐기다!

1. 민주주의와 민생을 위하는 국민들은 모두 나서서 윤석열 정권을 타도하자!
1. 국회는 윤석열 일당들을 탄핵하고, 내란 반란주범들을 구속하도록 총력을 다 하라!
1. 모든 민주세력과 야당은 새로운 민주질서의 실현에 지혜와 역량을 총 집결하자!

2024년 12월 5일
사)전국민주화운동동지회

2024년 3월 11일 서울 마포. 함운경의 '민주화운동동지회' 명칭 도용 규탄 집회

2024년 10월 12일. 이천민주화운동기념공원. 고 장기표 선생의 열사 기념공원 안장 반대, 이를 주도한 이재오 민주화기념사업회 이사장 사퇴 요구

2024년 12월 22일. 2025년 총회, 서울 노무현시민센터 회의실.

2025년 2월 15일 안국역 촛불집회. 초록교육연대, 동학실천시민행동과 함께 탄핵김치전 나눔 행사. 집회 참여 시민들의 뜨거운 반응이 있었다.

2025년 3월 23일. 울산 동지회 총회. 이날 일제 강점기 독립운동가 김재봉과 울산 출신 이관술의 활동에 대해 류승완 부운영위원장 의 강연이 있었고, 이관술기념사업회에서 참 여하여 독립운동가들의 뜻을 기렸다.

2025년 3월 27일 김건희 구속, 윤석열 파면, 국힘당 해체 광화문 집회. 울산과 김해의 동 지회 동지들이 상경하여 함께 참여했다.

2025년 3월 13일부터 4월 4일까지 23일간의 윤석열 파면 촉구 광화문 천막 시위.

2025년 4월 29일 국회의원회관 교육대개혁 에 대한 정책 제안 참여

2025년 5월 6일. 국회의원회관 제1세미나실. 유기, 수용시설 피해아동 등의 권리회복을 위한 '특별법 추진위' 참여

(사) 전국민주화운동동지회 회원카드

성 명 :　　　　　　(한자 :　　　　　)
생년월일 :

현 직 :

E-mail :

자택주소 :
직장주소 :
개인전화(휴대폰 및 유선전화) : 010-9587-0580

경 력 (자유로이 기술)

*회비 : (월, 년)　　　원 (연회비: 10만원)
*납입방법 : (계좌납입, 자동이체)
*본회 계좌 : 농협 301-0279-1356-11 (사)전국민주화운동동지회

　상기인은 전국민주화운동동지회의 취지와 목적에 찬동하고 회원의 의무와 권리를 다할 것을 약속하며, 가입을 신청합니다.

20 년 월 일

(사)전국민주화운동동지회 귀하
보내실곳 : 사무처장　전화 : 010-7547-6788(이광희)
메일 : ghyi0615@gmail.com

정무직 공직자 바로 세우기 운동본부

- '대통령 인사'의 성공을 위하여

□ 대통령의 인사
- 역대 대통령은 모두 '대통령 인사'에서 실패했다.
- 정당은 집권과 국가운영 2가지 임무가 있다.
- 여야 모두 집권하기 위해서는 전력을 다한다.
- 그러나, 국가운영을 위한 정무직 인재 등용에 있어 합당하고 공평한 기준에 의한 인재 관리에 의해 국가를 공정하게 운영하는 과제는 철저히 방기되고 있다.

□ 왜! 대통령의 인사에 실패하는가?
- 대통령이 직간접적으로 임명하는 자리가 3천 개가 넘는다.
- 일시에 몰려드는 인사 수요를 감당하기 어렵다.
- 정무직 지망자들도 전혀 경력관리가 되어있지 않다.
- 국가행정기관에 대한 학습이 부재한 것이 현실이다.
- 결국, 대통령 측근들이 인사를 전횡하게 된다.

□ 어떻게 할 것인가?
- 정무직 공직자 후보들을 미리미리 준비해 놓아야 한다.
- 강력하게 추진해야 한다.
1. 국가행정기관 학습
   : 원 내외 인사들은 국회 상임위 정보를 공유한다.
2. 경력 관리
   : 선호하는 상임위를 선택, 집중 학습하게 하는 등 경력을 관리한다.
3. 인사담당 예정자
   : 인사수석, 비서관. 후보자 군을 선정해서 학습한다.
4. 경제드림팀 구성

: 경제 발전계획, 양극화 극복방안 및 분배구조 개혁을 준비한다.
5. 권력기관을 지속적으로 관리한다.
   : 검찰총장, 감사원장, 국정원장, 국세청장 후보 군을 관리한다.
6. 개방직 확대, 참여담당관 제도 도입, 실행한다.
7. 국가 인재 인터뷰 및 지속적 관리
   : 국회의원, 고위관료 등으로부터 인사 정보를 제공받아 '인터뷰'를 진행하고 지속적으로 관리해야 한다.
8. 민주당 및 각 정당에 '플럼북 준비위원회' 설치하여 국가인재 인터뷰를 통해 인사 자료를 정리한다.

※ 플럼북(Plum Book)에 대하여
- 플럼북은 1952년 20년 만에 탄생한 공화당 출신 아이젠하워 대통령이 정무직 공직자를 임명하기 위하여 전 정권에 연방정부의 직위 리스트를 요청한 것에서 유래하였음
- 미국 대통령은 장, 차관 포함, 각종 위원회와 자문위원 등 대략 3만여 개의 관직에 인재를 임명한다.

☐ **시민단체의 정무직 공직자 후보 추천제 도입**
- 시민단체가 정무직 공직자 후보를 집권당과 정부에 추천할 수 있게 한다.
- 정부와 정당은 시민단체가 정무직 공직자 후보를 발굴할 수 있도록, 재정 지원 및 후보자 인터뷰 요청 등을 지원할 수 있는 제도적 장치를 마련한다.
- 집권당은 시민단체에게 윤석열 정부 실태 조사를 위한 정무직 공직자 백서 제작을 위한 제반 지원을 제공하고 백서 제작 후 시민들에게 이를 배포한다.

촛불시민 대토론회

문재인 정부는 과연 성공할 수 있을까?
- 정책감사와 개혁과제를 중심으로 -

개회
국민의례
인 사 말 : 오영훈 더불어민주당 국회의원
       : 윤후덕 더불어민주당 국회의원

좌장 : 이광택 국민대 명예교수·한국ILO협회 회장

발제 1 : 정책감사의 이론과 개혁과제

김용석 연세대 졸업 · 참여정부 대통령 인사비서관 역임
국가인재정보센터 소장

발제 2 : 문재인 정부는 과연 성공할 수 있을까"
- 문재인 정부 30개월의 성과와 당면 개혁과제 -

허상수 고려대 박사·성공회대 교수· 대통령자문 정책기획위원 역임
한국사회과학연구회 이사장

토 론 : 양춘승 서울산업대 경제학 박사 · 한국사회책임투자포럼 상임이사

윤성복 한국노동연구원 감사·사회학 박사

임진철 청미래재단 이사장·문화인류학 박사

문경환 전 서울시 한일월드컵 기획담당관·
제주남북평화축전 남측실무대표 역임·
민족문화체육교류연합 이사장

2019년 8월 28일. 국회 도서관 지하 소회의실에서 문재인 정부가 과연 성공할 수 있을 지에 대한 토론회 개최. 많은 사람들이 문재인 대통령의 인사 문제에 관심을 표명했다. 이는 그만큼 정무직 공직자 인선에 문제가 있음을 말해 주고 있는 것이다.

윤석열 정부 들어 무너진 사회정의에 대해 소신 있는 공직자들이 저항함

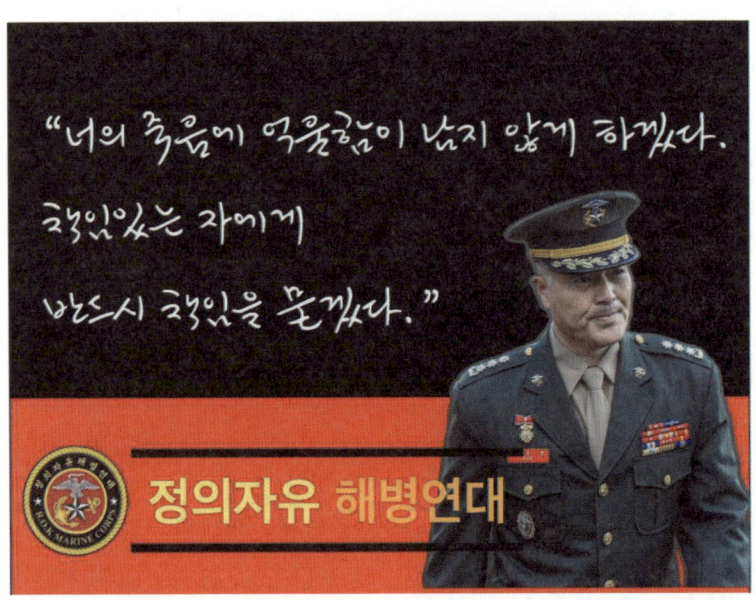

정무직공직자바로세우기운동본부
국가인재! 국민중심, 국가운영.

채 해병의 어처구니 없는 죽음에 대해 책임 있는 자에게 반드시 책임을 묻겠다 한 **박정훈 해병대 대령** / 서해 공무원 사망 사건을 빌미로 벌어진 무자비한 윤석열 정부 감사원 조사에도 소신을 굽히지 않은 **윤성현 치안감** / 마약 수사에 가해진 윤석열 정부의 황당한 정치적 외압에도 굴하지 않은 **백해룡 경정** / 윤석열 정부의 김건희 부패조사 중단 압박에 목숨을 던져 양심을 지킨 **김상년 부패방지국 국장** / 12.3 계엄 내란에 저항하여 공직자 중 유일하게 사표를 던진 **류혁** 전 법무부 감찰관...

> **노무현 대통령 ;**
> "대통령의 인사권을 국민들께 돌려 드리겠습니다"

고위 공직자와 정무직 공직자를 똑바로 세워야 합니다. 공직자가, 국민 위에 군림하여 갑질하며 비리를 저지르지 않고, 국민에게 봉사하게 만들어야 비로서 우리사회는 더 나은 세상으로 향할 수 있습니다.

※ 윤석열 정부에서는 도대체 누가 어떤 자리에 있었을까요?
 윤석열 정부 공직자 백서를 제작하여 국민들께 배포하려 합니다.

후원계좌 : 농협 301-0350-5351-51
(정무직공직자바로세우기운동)

정무직공직자바로세우기운동본부 회원가입신청서
국가인재! 국민중심, 국가운영.

※ 회원가입 신청서를 작성하시고 사진 찍은 후(010-5895-0580)으로 문자 발송해 주시기 바랍니다.

기본정보

이 름		생년월일	
연락처		주 소	
이메일			
후원금액		희망이체일 5일( ), 15일( ), 20일( )	

후원정보 (CMS 등 위탁처리 기관 제공용)

은행명		계좌번호	
예금주		생년월일	

본인은 상기와 같이 정무직공직자바로세우기운동본부에 회원가입을 신청하며, 회원으로서의 후원금을 납부하는 것에 동의합니다.

☐ 자동이체 등의 방법으로 직접 입금하겠습니다.
☐ 위 기본정보 등을 위탁처리기관에 제공하여 CMS등에 의해 후원금이 이체되는 것에 동의합니다.

20   년   월   일   신청인(예금주)   (서명 또는 도장)

※ 회원가입이 확인되면 '내란범 처벌 시민모임' 단톡방에 초대되어 활동하시게 됩니다.

후원계좌: 농협 301-0350-5351-51
(정무직공직자바로세우기운동)

정무직공직자바로세우기운동본부 회원으로 가입해 주세요!
월 1만원 후원의 기적!
여러분의 관심과 성원으로 우리가 함께 더 나은 세상을 만들어 갑니다!

정의자유해병연대

우리는 요구한다!

　작년 여름 전국적인 폭우 사고가 일어나자 구조 수색에 나선 해병대 채수근 해병이 목숨을 잃었고, 나중에 밝혀진 바에 의하면 이는 급류의 한 가운데서 구명조끼나 기초적인 안전 장구도 갖추지 않은 무모한 수색 작업 중에 일어난 사고였음이 밝혀졌다. 윤석열 정부는 바로 직전에 일어났던 이태원 참사의 발생과 이후 처리 과정에서 국민 안전에 대한 무능 무책임으로 집권 초기부터 국민의 신뢰를 잃어버렸다.

　사고 한 해 전 여름에 일어났던 물난리에 해병대 병력이 도심지 복구작업에 투입되어 여론의 호평을 받았고, 이를 계기로 대통령과 해병 사단장 사이에 인연이 생겼다고 추론할 수 있었다. 왜냐하면 해병 사단장은 이듬해의 급류 구조 수색 작전에서 일선 지휘관들의 건의를 묵살하고 무리하게 위험지역 투입을 명령했기 때문이다. 병사들에게 구명조끼를 입힐 필요가 없으며 그것을 입히면 해병대의 상징인 붉은 셔츠가 보이지 않는다는 사단장의 명령은 이를테면 보여주기식 작전임을 드러내는 것이었다. 급류 수색 작업의 중단을 요구한 현장의 의견은 묵살되었으며 이것이 해병 사단장의 공명심에 의한 것이 아닌가 하는 의구심을 지울 수 없다.

　국민은 채수근 해병의 죽음을 안타까워하면서 이러한 사고의 재발을 막고 지휘 책임을 묻기 위해서도 철저한 진상 규명 및 조사와 처벌이 있어야 한다는 여론이 일어났고 여야를 막론한 정치권도 공감하고 있었다. 이에 수사를 맡은 박정훈 대령은 진상 규명으로 채 해병의 죽음이 헛되거나 억울한 일이 되지 않도록 현장 지휘관에서 사단장에 이르기까지 책임과 잘못을 묻게 될 조사를 철저히 하여 경찰에 이첩

하였지만, 대통령이 국방부장관에게 '이런 일로 사단장까지 처벌하게 되면 대한민국에서 누가 사단장을 할 수 있겠는가'라는 격노의 지적이 있었고 이는 국군통수권자인 대통령이 직접 수사에 개입하여 가이드라인을 제시한 명백한 사례로 기록되었다. 정의로운 수사로 판결하고 논공행상해야 할 정부는 오히려 수사에 대한 개입과 억압을 넘어서 수사단장 박정훈 대령을 항명 수괴 죄로 몰아세웠다. 이후 윤석열 대통령의 대통령실은 사건의 은폐와 왜곡을 위하여 각 부서의 관계자들을 특진 또는 공천 또는 해외 부임 등으로 무리한 임시방편의 수로 사건을 키워 왔다.

국가의 근본을 떠받치는 국민의 4대 의무 중 국방의 의무는 그야말로 국민의 생명과 재산을 지키기 위하여 목숨까지 담보로 내놓을 만큼 위중하고 신성한 것이다. 정부는 누구에게나 공평하고 정의롭게 이 의무를 마칠 수 있도록 보장하고 신뢰를 주어야 할 것이다. 그리고 국군은 어느 위정자의 사병이나 어느 장군의 출세 수단이 아니라, 국민의 아들딸이며 국민의 생명과 안전을 지키는 국민의 군대이다. 이러한 정부와 국민 간의 신뢰를 저버린 대통령이나 일선 지휘관은 마땅한 처벌을 받아야 하고 정치 사회적인 책임을 져야 한다. 이것은 여당 야당 또는 보수 진보의 진영을 가르는 문제가 아니다. 민주국가의 정부와 국민 사이의 정의 신뢰 문제는 나라를 떠받치는 기본 토대라는 점에서 반드시 지켜져야 할 것이다.

우리는 이제까지 정부를 이끌어 오며 이루 헤아릴 수도 없는 실정과 무능을 보여준 윤석열 대통령의 즉각 사임을 요구하며, 이후 특검을 위하여 상정하고 거부당한 사건들을 차례로 규명하여 이를 저지른 자들은 물론 동조하고 방임했던 모든 관계자의 책임을 물어야 할 것이다.

2024년 4월 25일 작가 황석영(해병 180기)

2023년 9월 23일. 용산 대통령실 앞 해병 집회. 박정훈 대령 사건 이후 최초의 해병 집회. 집회에서 전도봉 전 장군이 발언 중 박정훈 대령에게 책임이 있다는 등 예정에 없는 망언으로 해병들로부터 항의를 받고 발언이 중단되는 사건이 있었음. 필자(해병 408기)는 뒷줄 맨 왼쪽. 그 옆이 483기 우하영 해병.

2023년 11월 30일. 국회 본관 앞 해병특검 촉구 기자회견. 기자회견 주최는 당시의 해병대예비역전국연대였음(필자는 뒷줄 왼쪽에서 4번째).

2023년 12월 7일. 박정훈 대령 항명죄 재판에 해병대사관81동기회와 함께했음. KBS2 방송 편집.

2023년 12월 18일 ~ 20일. 민주당 전용기 의원의 국회 본관 앞 해병 국회국정조사 요구 천막 농성에 합류했을 때 농성장을 찾은 이재명 민주당 당대표와의 대화.

2024년 3월 22일. 뉴스타파 리영희홀에서의 정의자유해병연대 발대식. 임인출과 가족 사물놀이 동동의 비나리, 민주당 이재명 대표의 축사(피습 상처로 발언이 어려워 동영상을 보내오지는 못했음), 민주당 박주민 의원이 축하 동영상을 보내왔다. 해병 252기 김영 인하대 명예교수의 해병아카데미 특강도 있었음.

2024년 3월 29일 충무로 하제의숲 공연장에서 박정훈 대령 응원 토크쇼를 열었다. 안진걸 소장의 사회로 최진봉 교수, 김정민 변호사, 임태훈 소장의 토크쇼와 가수 김원중, 이지상의 노래 공연이 있었다.

2024년 4월 7일. 해병대사관81동기회가 박정훈 대령의 무죄를 주장하며 김포 애기봉에서 출발하여 행진을 이어감. 4월의 행진은 국회에서 출발해서 시내로 향했다. 연세대 앞에서 합류해서 연세민주동문회 등 대학민주동문회와 행진에 동행했다.

2024년 4월 25일. 국회 소통관에서 민주당 박주민 의원과 함께 지식인 종교인 해병들의 해병특검 촉구 기자회견이 있었다. 해병 180기 황석영 작가는 윤석열 대통령의 즉각 사퇴를 요구했다.

2024년 5월 13일. 국회 본관 앞에서 민주당 초선 당선인들이 해병특검을 요구하며 농성 중이어서 지지 방문했다가 마침 기자회견 후 본관으로 오던 해병대예비역전국연대와 함께 했다.

한강진역에서 2024년 4월부터 7월말까지 매주 토요일 오후 서울의소리 백은종 선생님과 함께 김건희 구속, 윤석열 탄핵 집회를 이어갔다. 많은 시민들이 모여 집회 후 이태원과 용산까지 행진했다. 637기 이길재 해병, 534기 서왕천 해병.

해병대예비역연대의 집회에 참여

해병대예비역연대가 주최한 야5당 참여 한강 진역 해병특검 촉구 집회

한강진역에서 집회 후 이태원역을 돌아오는 행진 길

한강진역에서 윤석열 탄핵 집회 후 용산 대통령실까지 행진. 행진 코스 중간, 이태원 참사 현장에서의 참배 집회.

야5당과 함께 한 해병대예비역연대. 집회 후 용산까지의 행진. 쏟아지는 비를 맞으며 용산 대통령실 앞까지 행진했다.

민주당과 공동집회로 진행됐던 남대문 집회. 집회 후 해병들은 용산까지 행진했다. 그러나 삼각지역에서 경찰의 제지로 행진을 더 진행하지는 못했다.

2024년 7월 10일. 국회 방문, 국회의장에게 해병 국회국정조사를 요청하고 있다. 윤석열 대통령이 해병특검에 거부권을 행사해서, 국회가 국정조사를 할 수밖에 없음에 국회의장이 공감했다. 해병대예비역연대와 함께 했다.

해병들의 집회와 집회에 참여한 해병들

경남 남해 559기 박옥섭 해병. 남해동학실천시민행동에서 활동하고 있다. 사회활동과 봉사 활동도 열심히 하는 농부다. 토요일 광화문 집회에 올라왔을 때의 모습.

416기 김장훈 해병. 건설현장 감리로 맹활약 중이다. 한강진 집회에 참석했으며, 광화문 천막 시위장에 전국민주화운동동지회 회원들과 함께 했다. 맨 앞은 355기 김태인 해병. 김태인 해병은 굳은 일 마다 않고 많은 해병활동에 참여 했다. 김 해병은 기독교 율법 개념을 바로 알리려 평생을 씨름하고 있는 목사다.

444기 신성복 해병. 미국 LA 윤석열 퇴진 집회.

878기 김상균 해병. 광화문 천막 시위장 방문해서. 지자체 의원으로 활동 중이다.

534기 서왕천 해병. 2025년 3월 광화문, 노무현 대통령이 말했던 대통령의 정무직 공직자 인선권을 국민에게 돌려주자고 홍보하고 있다.

436기 원종록 해병. 수원에서 생활하면서 매주 토요일 저녁 촛불 집회에 참여했다.

왼쪽 법혜 스님은 해병 572기다. 광화문 1인 시위에 여러 번 참여하여 아무 말 없이 채 해병의 극락왕생을 위한 불공을 올렸다.

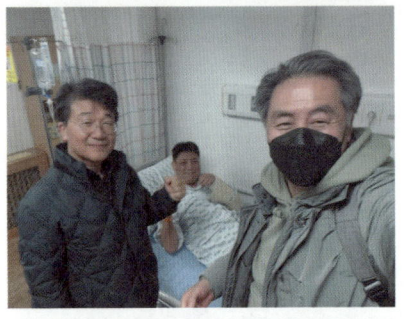

473기 안동혁 해병. 해병특검 촉구, 윤석열 탄핵 집회에 열성적으로 참여한 안동혁 해병은 올해 3월 광화문 천막 시위 과정에서 심한 바람으로 훼손된 천막을 수리하다가 테이블 위에서 미끄러지며 넘어져 손목이 부러지는 부상을 당해 수술했다. 문병을 같이 간 355기 김태인 해병. 그해 시위 천막은 3차례 대파되었었다.

몽양 여운형사업회와 문화계에서 많은 활동을 하고 있는 377기 임경일 해병. 해병 180기 황석영 작가로부터 소설 객지의 70년대 판에 저자 사인을 받고 있다.

인천에서 무료 급식 봉사하는 서영남 대표의 민들레국수집을 방문한 해병들. 가운데가 인천에서 목회 활동을 하고 있는 해병 해간 60기 이진 목사다.

광화문 민주당과 거부권거부행동 집회

박정훈 대령 재판 전 집회에 참여하고 있는 해병 252기 김영 인하대 명예교수. '민주주의를 위한 지식인 종교인 네트워크'를 조직하여, 건전한 사회를 만들기 위한 지식인과 종교인의 적극적인 역할을 강조하는 활동을 하고 있는 열혈 청년이다.

채 해병 1주기 추모집회

한강진 집회장의 채 해병 1주기 추모장에는 시국회의 시민사회 원로들께서 참배해 주셨다. 함세웅 신부님께서 방명록에 서명하시는 것을 지켜보시던 조성우 선배님께서는 그해 겨울 윤석열 퇴진 활동에 무리를 하셔서 윤석열 파면을 못 보고 돌아가셨다.

대전 현충원 채 해병 묘지. 채 해병 1주기 참배 온 해병대사관81동기회와 함께 했다.

채 해병의 영혼을 달래주는 불교의식을 하고 있는 진우 스님. 진우 스님은 해병대 군법사로 복무한 인연으로 여러 해병 집회에 참여하였고, 사회정의가 살아나도록 부처님의 말씀을 실천하고 있다. 부처는 밥에 평등하면 법에도 평등하다 했다.

김민웅 목사가 채 해병을 추모하며 격정적으로 윤석열 정부를 질타했다. 윤석열 퇴진을 위해 활동하는 시민단체 중에서 가장 진정성 있는 활동가라 생각한다. 그의 활동에 마음을 다하여 존경과 경의를 표한다.

종각역 추모집회에서 채 해병 추모사를 하고 있는 최재영 목사. 최재영 목사는 김건희 디올백 사건 등으로 검찰로부터 지속적인 조사를 받으면서도 추모집회에 참여해 발언해 주셨다.

해병대예비역연대는 광화문 소라광장에 분향소를 준비했다. 많은 사람들이 채 해병의 넋을 위로했으며, 박정훈 대령의 무죄와 복직을 기원했다.

2024년 7월 19일 종각역에서 열린 '채 해병 1주기 추모집회'에는 많은 분들이 참여하셔서 다시는 이런 일이 벌어지지 않도록 다짐하는 자리를 가졌다.

윤석열 탄핵 1인 시위. 여름에서 겨울까지. 여의도, 광화문 원표공원

광화문 원표공원

여의도 국회 앞

촛불행동 권오혁 대표와 구본기 대표가 국회 방문 후 1인시위를 함께 했다.

광화문 원표공원

광화문 이순신 동상 앞

광화문에서의 1인시위는 윤석열의 12.3 계엄 쿠데타로 중단했다.

2024년 12월 10일. 한남동에서 윤석열 체포 1인 시위를 하고 있는 김남주 변호사를 지지 방문했다.

전태일 떡 나눔 행사

부산에서 올라 온 전국민주화운동동지회 오홍재 동지가 윤석열 파면 광화문 시위천막에서 전태일 떡 나눔 봉투를 시민들에게 나누어 주고 있다.

전태일 떡 나눔에 참여하기 위해 대기 중인 광화문 집회 참여 시민들.

전태일 떡 나눔 행사를 주도한 전태삼 선배. 전태삼 선배는 형인 전태일의 기억으로 매월 13일 청계천 전태일 다리에서 떡 나눔을 하고 있다.

조선일보 폐간 시민실천단, MBC 지키자 시민모임 참여

조선일보의 왜곡 보도와 조작 보도에 항의하는 조선일보사 앞 집회, 양재동 행정법원 앞에서 열린 MBC 이사진 불법 임명 소송에 대한 공정 판결 촉구집회.

광화문 동화면세점 앞에서 열린 이진숙 방통위원장 사퇴촉구 집회에 참여한 전국대학민주동문회협의회 김남수 회장과 언론시국회의 엄주웅 선배, 광화문 윤석열 탄핵 집회에 참여한 자유언론실천재단 현상윤 선배.

2024년 11월 21일. 박정훈 대령 재판 전, 자유언론실천재단 이부영 명예 이사장님께서 참여하셔서 박정훈 대령의 재판에서 윤석열 정부에 의해 훼손된 사회정의가 회복되기를 촉구하는 발언을 해 주셨다.

2025년 1월 9일. 군사법원은 박정훈 대령에게 무죄를 판결했다.

12.3 계엄 내란을 통해 드러난 한국국방의 문제점을 진단하는 국회도서관 소회의실에서의 토론회 참여. 한국국군의 뿌리가 일제 만주괴뢰국 군이나 해방 후 미군정 경비단에 있는 것이 아니라, 독립군과 광복군에 한국국군의 뿌리가 있다는 것을 명확하게 하자는 부승찬 의원의 입법 활동에도 참여하고 있다.

우리사회 공익 제보자에게 시상하는 호루라기상 수상식. 좌측으로부터 해병대사관81동기회 김태성 회장, 박정훈 대령, 정의자유해병연대 상임의장 권태영(해병 408기), 임은정 검사, 백해룡 경정(해병 하후 210기, 마약수사 외압 사회고발). 우리사회의 의인들과 함께 한 소중한 시간이었다.

해병이 바로 서면, 우리사회가 바로 선다. 우리사회에 정의가 살아나고 자유가 넘쳐흐르도록 정의자유해병연대의 활동은 계속된다. 해병은 안 되면 될 때까지!!!

해병대의열단

해병대의열단은 영원한해병들의모임(영해모)의 일원으로써
의협심이 특히 강한 해병들의 모임이다.
결속력 강하고 사회정의를 지키려 불의에 참지 않는다.

앞줄 좌측으로부터 905기 김진욱 해병, 497기 반만수 해병, 421기 이강경 해병, 408기 권태영 해병, 415기 조태성 해병, 458기 이현인 해병, 773기 박태환 해병, 421기 차지윤 해병, 822기 전병흔 해병, 753기 박지수 해병. 뒷줄 좌측으로부터 829기 지웅 해병, 620기 임경원 해병, 648기 천세승 해병, 473기 안동혁 해병, 831기 허건 해병, 520기 강구섭 해병, 937기 정우석 해병, 773기 정덕교 해병.

용산으로 행진하고 있는 해병대의열단과 뒤따르고 있는 서울의소리 백은종 선생님. 북을 치며 행진하는 해병대의열단 선두는 520기 강구섭 해병.

2024. 10. 05. 윤석열 정부의 탄핵을 요구하면서 행진해서 윤석열 정부에 의해 훼손된 사회정의를 바로 세우겠다는 해병대의열단의 강한 의지를 시민들에게 알렸다. 이날 한강진역에서 용산 대통령실까지 일사불란하게 행진했다. 이날 행진에는 전국민주화운동동지회도 동행했다.

2024.11.16. 한강진에서 용산까지 행진 후 다시 강행군하여 가을비가 소나기처럼 오던 날 비를 흠뻑 맞으며 촛불행동집회에 합류했다. 꼬마숙녀해병들과 뒤편 양옆은 829기 지웅 해병의 부인해병과 처제해병(똑같이 생겨서 어느 쪽이 부인인지 모른다!), 가운데는 753기 박지수 해병 부인해병이다. 전천후 해병들보다 더 무적 해병들이다.

용산 대통령실 앞에서 연설하고 있는 520기 강구섭 해병, 열혈 부인해병과 처제해병 속에서도 꿋꿋하게 전천후 해병으로 살아가고 있는 829기 지웅 해병.

사진 좌로부터 408기 권태영 해병, 767기 배호성 해병, 534기 서왕천 해병, 773기 정덕교 해병, 831기 허건 해병, 620기 임경원 해병, 773기 박태환 해병, 648기 천세승 해병, 앞줄 좌로부터 520기 강구섭 해병, 421기 차지윤 해병, 473기 안동혁 해병.

시청 앞에서 광화문까지, 비가 오는 속에서도 북을 치며 행진해 많은 시민들에게 해병의 강한 신뢰감을 주었다. 행진 선두는 520기 강구섭 해병.

2025. 1월 한남동 윤석열 구속 촛불행동 집회에 참여한 모습.

국회도서관 회의실에서 열린 조선의열단 105주년(사진 좌로부터 767기 배호성 해병, 831기 허건 해병, 473기 안동혁 해병, 408기 권태영 해병, 520기 강구섭 해병, 753기 해병대의열단 단장 박지수 해병), 서대문 임시정부기념관에서 열린 항일혁명가기념단체연합 집회에 참여한 모습(사진 가운데가 해병 180기 황석영 작가다).

2025년 01. 15. 국회도서관 회의실에서 열린 뉴스토마토K국방연구소 주최의 한국 국방 과제에 대한 토론회에 참석.

2025. 01. 09. 박정훈 대령은 무죄 판결을 받았다. 이날의 재판 전 집회는 박정훈대령후원회가 주최하고 해병대의열단이 집회 진행을 맡았다. 집회에는 MBC지키자시민모임도 함께 했다.

2024년 겨울 광화문에서 매주 열렸던 집회에 참여했으며, 2025년 3월부터 윤석열 파면 광화문 천막 농성에 합류해서 맹활약을 했다. 사진은 민주당 김병주 의원.

광화문 윤석열 파면촉구 천막 시위장 뒤편. 사진 좌측 408기 권태영 해병 옆이 712기 박수희 해병.

2025년 3월 광화문 윤석열 파면 촉구 집회에 참석한 해병대의열단

해병대의열단이 해병대의 정의를 바로 세우면 우리사회의 정의가 바로 선다.
독립군과 광복군이 뿌리인 대한민국 군대가 세계평화를 위한 군대가 되는 그 날까지.

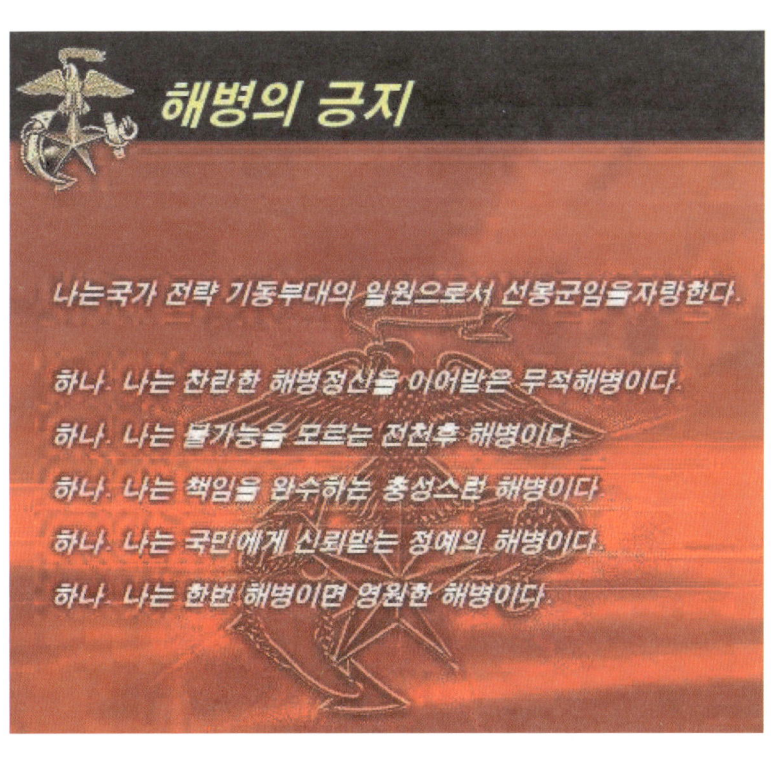

아무튼 응원봉이
지킨 헌법,
그리고 미래

이상성 권태영 씀

(사)전국민주화운동동지회
정무직공직자바로세우기운동본부
길위의인문학

목 차

기획자의 말 / 5

1부 응원봉이 지킨 헌법

1. 윤석열 대통령의 계엄 선포와 국회의 계엄해제 의결   13
2. 계엄의 의미, 해방 후의 무수한 계엄들에 대한 개요   44
3. 윤석열 대통령 탄핵 의결,
   그 험난한 과정: 광화문, 여의도   71
4. 윤석열 대통령 구속과 헌재 탄핵심판: 남태령 대첩,
   한남동 기적   104
5. 내란 지속세력: 극우 개신교의 역사적·교리적 배경   134
6. 윤석열 대통령은 파면되고... 아무튼 응원봉이 지킨 헌법   150

2부 헌법, 과거·현재·미래

1. 세계 각국의 헌법 제1조   167
2. 대한민국 헌법의 역사: 대한민국 임시정부   185
3. 대한민국 헌법의 역사: 대한민국 정부   202
4. 대한민국 헌법과 관련한 당면 과제들_개헌과 관련하여   242

에필로그   303

응원봉에게 보내는 렙소디

기획자의 말

윤석열 계엄 내란을 시민들이 심야에 맨몸으로 국회 앞에서 막아냈습니다. 이어 응원봉이 합류하면서 대통령 윤석열을 파면시켰습니다. 헌법을 중단시키고 자기들 마음대로 독재하려던 윤석열 내란집단으로부터 헌법을 지켜냈습니다.

이 극적인 이야기를 응원봉들에게 선물하려 합니다.
아무튼 응원봉이 윤석열 정부의 계엄 쿠데타 내란으로부터 헌법을 지켰습니다. 2030은 우리 미래입니다. 응원봉이 바로 적폐 헬조선 탈출의 희망봉입니다.

대한민국은 대한국인들이 태극기 하나로 일제의 총칼에 맞서며 새로이 세운 나라입니다. 후손들이 뒤를 이어 무수한 희생을 치루며 지켜 온 민주주의입니다. 윤석열 계엄 내란에 맞서 맨손으로 계엄군을 국회 앞에서 막아내어, 쿠데타로 헌법을 중단시키고 윤석열 마음대로 독재하려는 시도를 사전에 차단했습니다.

지난 군부독재 이후 우리사회가 민주화되었다고는 하나 아직도 검찰과 행정관료, 사법관료 등의 관료들, 재벌들, 언론들이 권력을 쥐고 흔들고 있습니다. 그들이 마치 '일제시대'나 '군부독재시절' 처럼 국민 위에 군림하고 있습니다. 그들이 그렇듯, 헌법에도 군부독재의 흔적이 아직도 남아 있습니다. 심지어는 수탈자본주의를 작동했던 일제 조선총독부 체제의 그림자가 남아 있기도 합니다. 버려야 합니다. 이를 지워야 합니다.

새로운 시대적 사명의 담론들인 직접민주주의, 성 평등, 동일노동 동일임금, 기후위기 등 새로운 시대적 요청도 우리 헌법에 담겨져야 합니다. 선진국의 위상에 걸맞게 세계평화를 위한 우리사회의 역할도 헌법에 명시해야 합니다.

소크라테스는 악법에 의한 판결을 피할 수도 있었으나, 악법도 법이라며 기꺼이 독배를 마셨다고 합니다. 악법도 법이기는 하나 우리가 일제 강점기에 일제의 법을 따랐던 것을 준법정신이라 하지는 않습니다. 그렇듯이, 군부독재시절 유신헌법의 잔재를 따르는 것이 준법정신인지 자문해 봐야 합니다. 헌법을 중지시키고 마음대로 독재하려는 계엄 내란을 아무튼 응원봉이 막아냄으로써 헌법을 지켰습니다.

응원봉이 헌법을 지켰으니, 우리는 그동안 미루고 미루어 왔던 군부독재 유신헌법의 전면적 개헌을 이제는 갈무리해야 합니다.

헌법은 유구한 역사를 지닌 우리민족의 염원인 홍익인간 정신의 구현을 위한 이정표입니다. 전문가들의 영역이 아니라, 우리 국민들 간의 약속입니다. 국민 누구나 헌법에 대해서 말할 수 있고 의견을 제시할 수 있습니다. 국민들의 의견을 잘 정리해서 논리 정연하게 반영하는 것이 전문가의 할 일이라 생각합니다.

아직도 일제 강점기의 잔재가 남아 있고, 유신헌법의 골격을 유지하고 있는 헌법을 개헌해야 합니다. 이 책이 전면적 개헌의 필요성에 대한 여론 형성에 일조함으로써 범국민적 논의가 진행되기를 희망합니다.

고려 사람들이 천년 후의 후손들을 위해 바닷가 모래밭에 향나무를 묻었듯이, 전면적 개헌으로 대한민국 천년의 초석이 마련되기를 희망합니다!

2025. 05. 01.
노동절을 맞아, 노동이 존중 받는 세상을 기원합니다!

응원봉.
윤석열 탄핵에서부터 윤석열 파면으로!

2025년 4월 4일
대한민국 국민의 이목이 집중된 가운데 윤석열 탄핵에 대한 헌재 판결문을 읽어 내려가던 문형배 헌법재판소장 권한대행은 헌재에 걸려있는 시계를 흘끗 쳐다보는 듯 했다. 그리고는 판결문을 마무리했다.

"피청구인을 파면함으로써 얻는 헌법 수호의 이익이 대통령 파면에 따르는 국가적 손실을 압도할 정도로 크다고 인정됩니다. 이에 재판관 전원의 일치된 의견으로 주문을 선고합니다. 탄핵 사건이므로 선고시각을 확인하겠습니다. 지금 시각은 오전 11시 22분입니다. 주문 피청구인 대통령 윤석열을 파면한다. 이것으로 선고를 마칩니다."

1부

응원봉이 지킨 헌법

1.
윤석열 대통령의 계엄 선포와 국회의 계엄해제 의결

2024년 12월 3일 밤 10시를 조금 넘긴 시간, 나는 뉴스를 보려고 TV를 켰다. 화면에 윤석열이 보여서 재수 없다 생각하고 다른 채널로 돌리려는데, 난데없이 담화문을 발표하고 있어 더 들어보자 하고 채널 돌리려던 손가락을 리모컨에서 뗐다. 그런데 윤석열이 "계엄을 선포합니다." 라고 말하는 게 아닌가! 그때 내가 본 시계는 10시 28분을 가리키고 있었다. 마치 내가 꿈을 꾸고 있는 것 같았다.

검찰 정권이 계엄이라니...

윤석열 대통령의 계엄 선포 담화문은 이랬다.

존경하는 국민 여러분,
저는 대통령으로서 피를 토하는 심정으로 국민 여러분께 호소 드립니다.

지금까지 국회는 우리 정부 출범 이후 22건의 정부 관료 탄핵 소추를 발의하였으며, 지난 6월 22대 국회 출범 이후에도 10명 째 탄핵을 추진 중에 있습니다. 이것은 세계 어느 나라에도 유례가 없을 뿐 아니라 우리나라 건국 이후에 전혀 유례가 없던 상황입니다.

판사를 겁박하고 다수의 검사를 탄핵하는 등 사법 업무를 마비시키고, 행안부 장관 탄핵, 방통위원장 탄핵, 감사원장 탄핵, 국방장관 탄핵 시도 등으로 행정부마저 마비시키고 있습니다. 국가 예산 처리도 국가 본질 기능과 마약 범죄 단속, 민생 치안 유지를 위한 모든 주요 예산을 전액 삭감하여 국가 본질 기능을 훼손하고 대한민국을 마약 천국, 민생 치안 공황 상태로 만들었습니다. 민주당은 내년도 예산에서 재해대책 예비비 1조원, 아이돌봄 지원 수당 384억 원, 청년 일자리, 심해 가스전 개발 사업 등 4조1,000억 원을 삭감하였습니다. 심지어 군 초급간부 봉급과 수당 인상, 당직 근무비 인상 등 군 간부 처우 개선비조차 제동을 걸었습니다. 이러한 예산 폭거는 한마디로 대한민국 국가 재정을 농락하는 것입니다. 예산까지도 오로지 정쟁의 수단으로 이용하는 이러한 민주당의 입법 독재는 예산 탄핵까지도 서슴지 않았습니다.

국정은 마비되고 국민들의 한숨은 늘어나고 있습니다. 이는 자유 대한민국의 헌정 질서를 짓밟고, 헌법과 법에 의해 세워진 정당한 국가기관을 교란시키는 것으로써, 내란을 획책하는 명백한 반국가 행위입니다. 국민의 삶은 안중에도 없고 오로지 탄핵과 특검, 야당 대표의 방탄으로 국정이 마비 상태에 있습니다. 지금 우리 국회는 범죄자 집단의 소굴이 되었고, 입법 독재를 통해 국가의 사법·행정 시스템을 마비시키고, 자유민주주의 체제의 전복을 기도하고 있습니다. 자유민주주의의 기반이 되어야 할 국회가 자유민주주의 체제를 붕괴시키는 괴물이 된 것입니다. 지금 대한민국은 당장 무너져도 이상하지 않을 정도의 풍전등화의 운명에 처해 있습니다.

친애하는 국민 여러분,
저는 북한 공산 세력의 위협으로부터 자유 대한민국을 수호하고 우리 국민의 자유와 행복을 약탈하고 있는 파렴치한 종북 반국가 세력들을 일거에 척결하고 자유 헌정 질서를 지키기 위해 비상계엄을 선포합니다. 저는 이 비상계엄을 통해 망국의 나락으로 떨어지고 있는 자유 대한민국을 재건하고 지켜낼 것입니다.

이를 위해 저는 지금까지 패악질을 일삼은 망국의 원흉 반국가 세력을 반드시 척결하겠습니다. 이는 체제 전복을 노리는 반국가 세력의 준동으로부터 국민의 자유와 안전, 그리고 국가 지속 가능성을 보장하며, 미래 세대에게 제대로 된 나라를 물려주기 위한 불가피한 조치입니다. 저는 가능한 한 빠른 시간 내에 반국가 세력을 척결하고 국가를 정상화시키겠습니다. 계엄 선포로 인해 자유 대한민국 헌법 가치를 믿고 따라주신 선량한 국민들께 다소의 불편이 있겠습니다마는, 이러한 불편을 최소화하는 데 주력할 것입니다. 이와 같은 조치는 자유 대한민국의 영속성을 위해 부득이한 것이며, 대한민국이 국제사회에서 책임과 기여를 다한다는 대외정책 기조에는 아무런 변함이 없습니다.

대통령으로서 국민 여러분께 간곡히 호소 드립니다. 저는 오로지 국민 여러분만 믿고 신명을 바쳐 자유 대한민국을 지켜낼 것입니다. 저를 믿어주십시오.

감사합니다.

계엄 선포 30분 후 박안수 계엄사령관의 계엄포고문이 발표되었다.

다음은 계엄포고문이다. 듣는 순간 어안이 벙벙해 진다. 한 마디로 어처구니없다.

자유대한민국 내부에 암약하고 있는 반국가 세력의 대한민국 체제 전복 위협으로부터 자유민주주의를 수호하고, 국민의 안전을 지키기 위해 2024년 12월 3일 23:00부로 대한민국 전역에 다음 사항을 포고합니다.

1. 국회와 지방의회, 정당의 활동과 정치적 결사, 집회, 시위 등 일체의 정치활동을 금한다.
2. 자유민주주의 체제를 부정하거나, 전복을 기도하는 일체의 행위를 금하고, 가짜뉴스, 여론조작, 허위선동을 금한다.
3. 모든 언론과 출판은 계엄사의 통제를 받는다.
4. 사회 혼란을 조장하는 파업, 태업, 집회 행위를 금한다.
5. 전공의를 비롯하여 파업 중이거나 의료 현장을 이탈한 모든 의료인은 48시간 내 본업에 복귀하여 충실히 근무하고 위반 시는 계엄법에 의해 처단한다.
6. 반국가세력 등 체제전복 세력을 제외한 선량한 일반 국민들은 일상생활에 불편을 최소화할 수 있도록 조치한다. 이상의 포고령 위반자에 대해서는 대한민국 계엄법 제 9조(계엄사령관 특별조치권)에 의하여 영장 없이 체포, 구금, 압수수색을 할 수 있으며, 계엄법 제 14조(벌칙)에 의하여 처단한다.

계엄사령관 육군대장 박안수

나는 여러 사람들이 윤석열 계엄 얘기를 할 때 코웃음을 쳤다. 검사가 계엄이라니, 가당치도 않다고 생각했다. 계엄 쿠데타는 정권을 잡으려는 군부나 정권을 잡은 군부정권이 강압적으로 정국을 주도하려 저지르는 짓거리지, 검찰정권이 계엄 쿠데타 한다고 하면 어떤 군인이 거기에 따를까?

물론 박근혜 탄핵 정국에서 박근혜가 계엄을 획책한 정황은 있었다. 그러나 박근혜가 누구인가? 군사정권의 최고봉인 박정희의 딸이 아닌가! 박근혜가 계엄 선포하라고 하면, 당시 이에 따르고 도와줄 군인들과 군인 출신들이 상당수 있었다. 왜 그러냐 하면, 박정희 밑에서 군 요직을 맡았던 전두환이 다시 군사반란을 일으켜 정권을 잡았고, 그 뒤를 노태우가 이었는데, 그때 당시 위관급이나 영관급이었던 장교들 중에는 박근혜 정부에서 장군이 되었거나 박근혜 정부 군부에 줄을 대고 있는 사람들이 꽤 있었을 테니, 그들을 규합하면 계엄을 시도할 엄두 정도는 낼 수 있다고 보았다. 그럼에도 불구하고 박근혜의 계엄 쿠데타 선포 가능성은 별로 높지 않다고 보았다.

이렇듯 박정희의 딸인 박근혜마저도 계엄 쿠데타의 선포 가능성이 희박한데, 군대에 사병으로도 가 본 적 없는 윤석열 검찰 정권이 쿠데타라고? 상상도 못할 짓이라고 생각했다.

그렇게 생각한 근거는 이렇다.
대게 쿠데타는 군부의 핵심 권력층이 비밀결사조직을 통해 도원결의 수준의 결집을 해야 가능하다. 과거 전두환 군부의 하나회처럼 정치군인들이 향후 대한민국의 모든 권력과 이권을 두고두고 나누어 먹는다는 기대와 그 기대를 담보로 하는 결의와 충성심으로 똘똘 뭉칠 때 비로소 쿠데타는 가능하게 된다.

따라서 아무리 검찰권력이 정권을 잡았기로서니 독재 권력을 위한 군부 쿠데타를 일으키려 해도 군부를 동원하기 어려워서 이는 이미 실패가 예견된 쿠데타가 될 가능성이 높다.

아무리 친위쿠데타라도 쿠데타는 쿠데타다. 실패하면 목숨이 위태로울 수 있다. 쿠데타는 필히 내란죄로 처벌되는데, 내란죄의 처벌 조항을 보면 살벌하다. 그냥 사형이다. 적어도 무기징역형은 각오해야 한다. 단순 가담자라도 5년 이상의 징역형이다. 옛날 왕조시대 같으면 3족이 멸족 당할 그런 짓이 쿠데타 아닌가! 친위쿠데타라 하더라도 내란죄라서 목숨을 걸고 하는 쿠데타라 필히 대가가 내란죄 처벌에 필적해야 한다. 즉, 검찰정권에 합류되어 자손대대로 잘 먹고 잘 살 수 있는 부와 권력이 보장되어야 한다.

그런데 검찰정권에서 군부가 친위쿠데타를 일으키게 되면 권력과 권세는 당연히 강화된 검찰의 몫이 될 것임으로, 군부는 그냥 동원된 하수인에 불과하게 된다. 물론 쿠데타에 가담하는 군부 일부 세력에게는 큰 보상이 주어지겠지만, 그나마 지휘부에 한정하는 것이고 쿠데타에 병력을 동원하거나 적어도 이를 묵과해주는 수많은 지휘관, 장군들, 장교들에게 상당한 수준의 혜택이 돌아가기는 불가능하다

그러니까, 일부 군인들은 포섭할 수 있다고 해도(육사 출신 일부 장군들이 계엄에 가담했음은 밝혀졌다) 계엄령을 통해 친위쿠데타를 일으키려면

수 천 명의 병력 동원이 가능해야 한다. 그러려면 사단 규모의 병력 동원이 가능해야 하고, 사단 규모의 병력을 동원하려면 진압군의 발진 가능성까지 염두에 두어 적어도 1개 군단 정도를 움직일 수 있는 지휘관들을 포섭해야 한다. 군단장 이하 예하 1-2개 사단장, 그리고 그 사단장 밑의 영관급 지휘관들까지 모조리 포섭이 되어야 가능하다. 특히 영관급이 중요한데, 그들이 실제로 현장에서 군 병력을 통솔하는 일선 지휘관급이기 때문이다.

그런데 육사 출신도 아닌 검사 출신이 어떻게 이런 규모의 군부 조직을 포섭할 수 있다는 말인가? 결코 친위쿠데타에 필요한 병력을 동원할 수는 없을 것이라 판단했다. 따라서 검찰정권은 애초에 쿠데타는 꿈도 꾸기 어렵다고 생각했다.

윤석열의 계엄이 말도 안 된다고 생각하게 된 이유는 또 있다.
우리나라 국민이 어떤 국민인가? 중국으로부터의 침입이 잦았던 고려시대까지 갈 것도 없다. 일제 강점기 이후 무수한 고난을 이겨낸 국민이다. 취미가 고난 극복이라며 웃을 수 있는 정도라면 말 다 한 거 아닌가? 해방 이후 계엄도 지긋지긋하게 겪었다. 그런 계엄을 다 극복한 국민이다. 국정농단 박근혜도 세계가 놀랄 정도로 질서정연하게 탄핵한 국민이다. 수 백 만이 모였던 광화문 광장 집회에서는 그 많은 사람들이 모였음에도 해외소식에서 보는 약탈이나 방화는 물론이고, 휴지조각 하나 나뒹굴지 않았었다. 박근혜 탄핵은 세계가 민주주의의 방향을 잃고 우경화할 때 민주주의의 역사를 다시 썼다는 평마저 들었었다. 이런 국민인데 아무리 검사로서 평생 기득권을 누리며 지내다 운 좋게 검찰총장 자리에 오르더니 정당을 바꿔 대통령이 되었다고 해도, 계엄 쿠데타를 저지르지는 못할 거라 생각했다.

그럼에도 불구하고 평소에 심각하게 걱정되던 것이 있긴 했다. 윤석열과 김건희의 무모할 정도의, 아니 무모를 넘어서 도대체 제정신일까 싶을 정도의 막무가내 국정과 스캔들이 그것이었다.

윤석열 본인 입으로도 그랬다. 5년짜리 권력이 겁이 없다나 어떻대나 하여간 문재인 정부를 두고 그런 비슷한 말을 한 적이 있었다. 그래서 본인도 알 것이다. 5년 후면 자신도 대통령이라는 권력에서 내려와야 한다는 것을...

그런데 겁 없이, 정말 겁 없이 온갖 추잡한 짓을 다 하고 있었다. 김건희의 도이치모터스 주가조작 사건은 말할 것도 없고, 버젓이 온 국민 보는 앞에서 양평 고속도로 노선을 자기 가족 소유의 땅 근처로 지나가게 휘게 하는 등 하루라도 그냥 지나가면 혀에 가시가 돋는지 어떤지 온갖 추잡한 짓은 다 하고 있었다. 해외에 나가서는 명품 매장을 아예 전체를 통제하면서 쇼핑에 열을 올리기도 했다. 전용기에 지인을 태우고 함께 야외 나들이라도 가듯 데리고 가기도 했다. 특히나 마약과의 전쟁을 선포한 윤석열 정부에서 마약범을 붙잡은 영등포 경찰서 백해룡 경정에 대한 수사외압이 벌어졌다는 것은 도무지 이해하기 어려운 일이었다. 이런 상황에서 터져 나온 명태균 사건은 실로 윤석열 정권이 스스로 주저앉을 수 있는 명태균 게이트라

불려도 손상이 없을 정도의 사건이었다.

    도무지 이런 황당한 짓거리를 나중에 어떻게 감당하려고 저러나 하는 의문이 끝없이 일곤 했다. 이 황당한 행태를 방어하려면 단순히 국힘당의 정권 연장으로는 턱도 없고, 본인과 본인 가족이 권력을 계속 이어가는 수밖에 없다고 판단했다. 그래서 김건희가 다음 대통령 후보로 나올 준비를 하고 있을 수도 있겠다는 데까지는 생각을 했다. 어떻게 그런 생각을 할 수 있을까 싶었지만, 대통령실, 특히 대통령실 홈페이지의 갤러리를 보면 현직 대통령은 윤석열이 아니라 김건희인가 하는 착각이 들 정도로 사진들은 김건희 중심이었다. 이런 정황은 현재도 실질적인 대통령이 김건희이고, 다음 대선에 김건희가 출마할 준비를 하고 있다고 의심하기에 충분한 조짐이었다.

    그래서 나는 윤석열이 어떻게 해서든지 김건희를 띄우고, 김건희를 앞장세워 다음 정권을 이어가고, 그 과정에서 무슨 수를 써서라도 개헌을 통해 자신이 재집권하거나 김건희가 장기집권을 하거나 그런 계획을 세우리라 짐작했다. 아무리 그래도 계엄이라니...

    "비상계엄을 선포합니다." 라는 말에 정신이 혼미해오다가 갑자기 정신이 번뜩 들었다. 이거 큰일이다. 도대체 지금 어떤 상황이 벌어지고 있는지는 모르지만 과거 박정희 시대와 전두환 시대를 온 몸으로 느끼며 살아온 나로서는 지금 어떤 상황이 벌어지고 있을지 상상이 되기 시작했다. 나는 박정희가 5·16 쿠데타를 일으켰을 당시 초등학교 1학년이었다. 1학년 중이었는지 2학년이 되어서였는지 기억은 희미하지만 우리는 어느새 매일 수업 전에 전체 학생들이 교실에서 혁명공약을 외우고 있었다. 이쯤에서 혁명공약이 어떤 내용인지 보고 가자.

1. 반공을 국시의 제일의로 삼고 지금까지 형식적이고 구호에만 그친 반공태세를 재정비 강화한다.
2. 유엔 헌장을 준수하고 국제 협약을 충실히 이행할 것이며 미국을 위시한 자유 우방과의 유대를 더욱 공고히 한다.
3. 이 나라 사회의 모든 부패와 구악을 일소하고 퇴폐한 국민 도의와 민족 정기를 다시 바로잡기 위하여 청신한 기풍을 진작시킨다.
4. 절망과 기아선상에서 허덕이는 민생고를 시급히 해결하고 국가 자주 경제 재건에 총력을 경주 한다.
5. 민족적 숙원인 국토 통일을 위하여 공산주의와 대결할 수 있는 실력 배양에 전력을 집중한다.
6. 이와 같은 우리의 과업을 조속히 성취하고 새로운 민주 공화국의 굳건한 토대를 이룩하기 위하여 우리는 몸과 마음을 바쳐 최선의 노력을 경주한다.

박정희 군부독재의 3선 개헌과 대학생들의 한일협정 반대 시위, 위수령, 유신 계엄과 유신헌법, 대학가의 데모에 대한 진압과 매캐한 최루가스 냄새, 급기야 부마사태와 박정희 암살, 전두환의 12·12 군사반란, 광주항쟁 등을 다 겪으면서 자랐다. 게다가 대한민국 육군으로 33개월 가까이 군 복무도 한 경험이 있었다.

내 머리 속에는 계엄을 선포한 이 시점에는 이미 군대가 동원되어 서울 시내 요소요소를 군 병력이 장악하고 있고, 국회는 담장 밖으로 군 병력이 장갑차와 탱크를 동원, 살벌한 포위망이 쳐져 있을 것이라 생각했다. 아니나 다를까 TV화면에는 국회에 출동한 군 병력들의 모습이 실시간으로 중계되기 시작했다. 세상에 계엄 쿠데타가 실시간으로 중계되는 상황이라니! 그런데 이상했다. 저럴 수가 없는데... 하는 생각이 들었다.

보는 순간 특수부대가 투입된 것은 바로 알 수 있었다. 아무리 우리나라가 돈이 많아도 일반 병사들에게 저런 야간투시경, 그것도 렌즈가 네 개나 있는 최신형 야간투시경을 지급할 수는 없다. 야간투시경의 최초 구형모델들은 렌즈가 하나다. 광 증폭 장치가 시원찮아서 별빛이나 달빛 등이 희미하면 보조적인 빛이 있어야 야간에 시야가 트인다. 렌즈가 두 개부터는 광증폭기 성능이 획기적으로 좋아지기 시작해서 정말 칠흑 같은 깊은 밤에도 시야가 확보된다. 그런데 국회에 투입된 707 특수임무단이 헬멧에 장착하고 나온 저 야간투시경은 GPNVG-18이라는 모델로서 대당 가격이 4만 달러(현재 환율로 대략 5,800만 원)를 넘어선다. 야간투시경 만으로도 저 부대가 특전사 부대임을 알 수 있었다.

그런데 그런 특전사가, 일반 육군 병사들과는 차원이 다른 전투력을 가진 병력들이 국회 본관 앞에서 민간인들과 뒤섞여서 우왕좌왕하고 있는 것이다. 이런 장면은, 지금까지 겪은 계엄에 비추어 보건데, 왜 했는지 모를 윤석열의 비상계엄 발동 못지않게 도저히 설명하기 어려운 초현실적인 광경이었다.

나는 특전사 병력들이 폭동진압 대오를 갖추고 집총을 한 채 접근할 줄 알았다. 특전사 병력들이 제대로 전투태세를 갖추고 민간인을 진압하려고 한다면 10여 명만 와도 국회는 장악 가능하다고 본다. 그리고 민간인이 근처에 오지도 못하게 바로 무력을 발동할 것이라 예상했기에 민간인과 특전사 병력이 서로 뒤섞여 마치 춤을 추듯 출렁거리며 우왕좌왕하리라고는 상상도 못했다. 비록 평범한 육군 병사였지만 내가 현역일 때 출동해도 저 정도 군중은 일개 분대만 가도 제압하고 장악할 수 있으리라 싶었는데, 특전사 병력이 말도 안 되는 행동을 보여주고 있었던 것이다.

국회 본관 앞은 본관으로 진입하려는 계엄군과 이를 막으려는 시민들이 뒤엉켰다.

그 순간 느낌이 왔다. 이 계엄은 실패할 수밖엔 없다는 것을…

첫 번째로 국회에 출동한 특전사 병력들 중 그 누구에게서도 민간인을 무력으로 제압할 의사가 전혀 없다는 것을 동영상을 보면서 알아챘다. 민간인을 무력으로 제압할 의사가 없는데 어떻게 국회 본회의장으로 진입해서 국회의원들을 제압하고 계엄해제 결의를 막을 수 있을 것인가? 불가능하다. 더욱이 국회 본관 안에는 이미 국회의원들 외에도 보좌관, 유튜버 등에 더해 많은 민간인들이 막아서고 있었기 때문이다. 이들이 결코 순순히 길을 비워주지 않을 것이 아닌가?

국회 본관 안에서는 국회의원 보좌관과 국회 직원 등이 의자와 집기류로 대형 유리창 앞에 바리케이트를 치며 계엄군의 진입을 막고 있다.

국회 본관 안으로 진입한 계엄군을 향해 국회의원 보좌관 등이 소화기를 뿌리며 저지했다.

　초긴장 상태로 상황을 지켜보던 중, 유리창을 깨고 건물 안으로 들어가는 병력들을 보면서는 어쩌면 저들이 성공할지도 모르겠다는 생각을 했다. 건물 안에 진입한 후 본회의장으로 향하는 것을 방해하는 사람들이 나타날 때 공포탄이라도 한 발 쏘면 군인들과 싸울 전의를 상실하고 모두 도망갈 것이다. 그렇게 되면 본회의장 문을 아무리 안에서 잠그고 있어도 본회의장 문 잠금장치 부근에 C4 폭약을 설치하고 폭파해버리면 본회의장 안으로 진입하는 것은 식은 죽 먹기보다 쉽기 때문이다.
　그런데 민간인들이 고작 의자와 기물들을 장애물이라고 쌓아 놓고 소화기를 분사하는 것에 군인들이 더 이상 전진하지 않고 복도에서 왔다 갔다 하면서 시간을 보내는 것을 보면서, 역시 이들이 무력으로 본회의장을 점령하고 야당 국회의원들을 끌어 낼 의사가 전혀 없다고 판단했다. 그 위치가 바로 본회의장 정문 근처였는데, 저 때 공포탄 한 발만 쐈어도, 천정을 향해 10발만 연사를 했어도 바로 장악했을 것이다. 그러나 그들은 고지를 눈앞에 두고서도 내 눈에는 그냥 놀고 있는 것으로 보였다.

전두환 신군부가 광주5·18 학살을 일으킨 지 45년이 지난 시기다. 우리나라에서 다시는 그러한 불행한 일이 있어서는 안 된다는 국민적 공감대가 널리 퍼진 상황이고, 군의 대국민 인식 역시 많은 변화가 있었다. 설령 전두환 때처럼 광주 시민을 폭도로 몰며 계엄군을 보내 시민들에게 총격을 가하라 명령한다고 해도, SNS가 대세인 지금의 상황에 그런 말은 씨도 먹히지 않는다. 군 역시 국민에게 사격 명령을 내린다고 해서 국민에게 총을 쏠 군인이 있을까? 아니나 다를까 국회가 계엄해제를 의결한 후 상부의 명령이 없었음에도 철수한 계엄군도 있었고, 철수하면서 국회 안에 있었던 시민들에 연신 허리를 굽히며 죄송하다며 사과하는 계엄군도 있었다.

계엄 쿠데타가 실패할 것이란 느낌을 갖게 된 두 번째 이유로 계엄 발표 후 한참 지나서야 군 병력이 국회에 도착했다는 점이다. 국회가 계엄해제 의결 이후 밝혀진 사실은 군이 명분 없는 계엄 출동 명령에 저항했다는 것이었다. 심지어는 계엄군의 헬기 출동 사유가 명확하지 않다며 허락하지 않은 군인마저 있었다. 그러나 당시에는 왜 늦어졌는지 몰랐던 나는 무슨 계엄을 이렇게 엉성하게 계획하나 하고,

윤석열 정부는 뭐하나 제대로 하는 것이 없어 오히려 다행이구나 하며 속으로 실소를 금할 수 없었다. "비상계엄을 선포합니다."라고 했을 땐 이미 우원식 국회의장과 이재명 민주당 대표, 박찬대 민주당 원내 대표 정도는 체포된 줄로 알았다.

윤석열이 계엄을 발표한 후에도 병력이 국회로 계속 오고 있는 중이라 계엄 소식을 들은 정치인, 국회의원, 국회의원 보좌관, 기자들, 유튜버들, 일반 시민들이 국회로 모일 시간은 충분했다. 이재명 민주당 대표는 배우자인 김혜경 여사가 운전하는 차 안에서 실시간 유튜브 방송으로 시민들에게 국회로 모여 달라고 호소를 했다. 나중에 들은 야당 대표와 국회의원들의 증언에 의하면 국회에 가면 대부분 현장에서 체포되어 어딘지 모를 장소로 압송될 각오를 하고 달려갔다는 것이다. 이재명 대표도 정청래 법사위원장도 목숨을 걸고 국회로 갔다고 한다. 그런데 이들을 가로 막은 건 군인이 아니라 국회 정문을 폐쇄한 경찰이 전부였다. 이런 상황이라서 야당 당대표도, 심지어 국회의장도 날렵하게 국회 담을 넘어서 들어갈 수 있었다.

우원식 국회의장은 경찰이 국회 정문을 폐쇄하면서 진입을 막고 있어 국회 주위를 돌다가 경찰이 눈에 뜨이지 않는 곳에서 담장을 넘었다.

국회 앞에서 맨손으로 계엄군에 맞선 시민들

이때에 국회 밖에서는 심야에 계엄 선포 소식을 듣고 몰려 온 시민들에 의해 여기저기에서 다시 민주주의가 일어서는 극적인 장면들이 전개되고 있었다.

밤 10시 30분 즈음에 시민들이 국회 앞으로 몰려들기 시작하면서 삽시간에 국회 앞 도로가 시민들에 의해서 점거되었다고 한다. 국회 앞에 모였던 시민들은 국회 정문을 폐쇄하려는 경찰과 대치 상태에 들어가며 실랑이를 벌였다. 여기저기에서 고성이 오고 갔다. 그리고 시민들은 국회에 도착하는 계엄군들을 맨손으로 붙들며 국회로의 진입을 막았다. 곳곳에서 계엄군을 설득하며 붙들고 서로 뒤엉켰다.

국회 앞 대로는 윤석열의 계엄 선포 소식을 듣고 달려온 시민들로 순식간에 가득 찼다.

이날 그 시각, 국회 앞에 모인 시민들 속에는 '해병대의열단' 단원들도 있었다. 지난 23년 여름 어이없는 채 해병의 죽음이 있었다. 수해복구 대민지원 작업 때였다. 해병대 사단장은 해병대란 글자가 보여 해병대가 홍보되어야 한다는 이유로 아무런 보호장구도 없이 해병대 글자가 보이는 티만 입은 해병대원들을 강물 속으로 투입시켰다. 수해로 행방불명된 사람의 수색작업이었다. 해병대원들은 명령에 의해 장갑차도 버티지 못하고 나온 강물 속으로 들어갔다. 채 해병은 그때 참변을 당했다. 해병대 박정훈 대령은 수사단장이었다. '너의 죽음에 억울함이 남지 않게 하겠다. 책임 있는 자에게 반드시 책임을 묻겠다'며 원칙대로 채 해병의 어이없는 죽음을 철저히 수사했다. 그리고 경찰에 사건을 이첩했다. 그랬던 박정훈 대령이 윤석열 정부에 의해 칭찬 받지는 못할망정 오히려 '항명'죄로 몰려 재판 받게 되자 이에 강력하게 항의하며 결성된 해병들의 모임이 해병대의열단이다. 해병대의열단은 헌법을 어긴 윤석열의 계엄 내란에 의분을 참지 못하고 심야에 국회 앞으로 달려갔다.

윤석열 계엄 소식을 듣자마자 국회 앞으로 달려간 753기 박지수 해병(해병대의열단 단장이다), 그리고 반헌법적 계엄의 부당함을 알리고 있는 767기 배호성 해병, 520기 강구섭 해병, 648기 천세승 해병. 그들이 이 시대 민주주의를 지킨 의인들이다.

청년 김동현 씨는 국회 근처에서 무장한 군용차가 오는 것을 보고 그대로 달려와 막아섰다. 이 모습을 본 또 다른 청년 김다인 씨 등이 합류했다. 그날 김영 인하대 명예 교수(해병 252기)도 국회 근처에서 계엄군 차량 앞을 막아서며 큰 길에 주저앉았다. '우리 노인들은 이제 살만큼 살았으니 우리가 계엄군을 막읍시다.' 그의 결연한 의지가 전해져서 주위가 숙연해 졌다고 한다. 유튜브 방송에는 유서를 쓰고 국회 앞으로 갔다는 사연이 소개되며 많은 사람들에게 민주주의의 소중함을 새기게 하는 시간이 되기도 했다.

청년 김동현 씨가 국회 근처에서 무장하고 출동한 계엄군 군용차를 맨손으로 가로막고 있는 모습.

계엄군 차량을 김동현 씨가 가로막자 이를 본 근처의 시민들이 합류하고 있다.

국회 대로에서 계엄군 차량 앞을 가로막고 앉은 김영 인하대 명예교수(해병 252기).

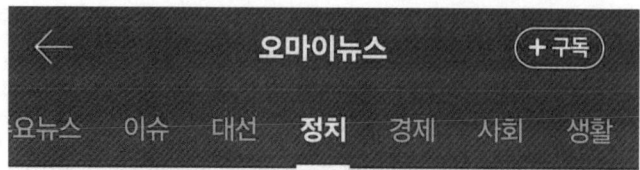

"유서 써놓고 나와... 딸 부탁하고 울면서 국회로"

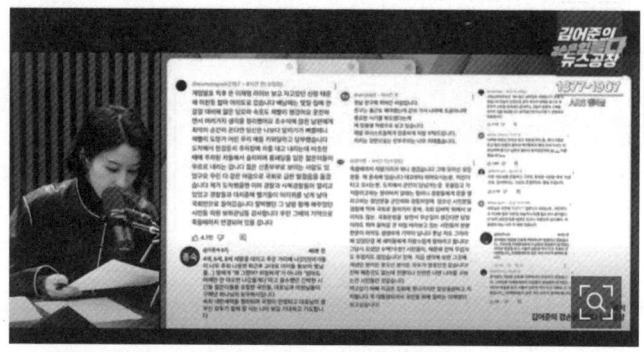

▲ 지난 11일 이재명 대표의 <겸손은 힘들다> 유튜브 방송 출연에 12.3일 계엄 당시 여의도 국회 현장을 찾아 맞섰던 시민들의 글들이 공개되며 깊은 울림을 전하고 있다.
ⓒ 겸손은힘들다 갈무리

    윤석열의 계엄 선포 소식을 듣고 국회 앞으로 달려 간 시민들은 80년 광주5·18을 떠올렸을 것이다. 전두환 신군부의 명령을 받고 계엄 하의 대한민국의 군인이 출동하여 대한민국 국민을 학살한 헌정 후 최대의 비극이었다. 무수한 광주 시민들이 계엄철폐와 민주주의를 수호하다 참변을 당했다.

    국회 앞으로 달려간 시민들은 80년 광주5.18과 같은 그런 참극은 반드시 막아야 한다는 생각뿐이었을 것이다. 죽을 수도 있다는 생각을 하지 않은 사람이 있었을까? 당시 경기도에서 택시를 잡아 타고 국회 앞으로 갔던 해병 한 명은 택시 안에서 아내와 딸로부터 돌아오라는 전화를 계속 받으며 국회로 갔다고 말했다.

〈사진 출처〉 광주5·18민주화운동기록관

경찰이 국회의원들을 막은 것은 분명히 범죄행위이다. 경찰의 범죄행위이긴 했어도 국회의원들이 경찰을 따돌리고 담을 넘어 국회로 들어갈 수 있는 정도였고, 실제로 많은 야당 국회의원들이 담을 넘어 국회로 들어갔다. 수 천 명의 병력을 동원해서 계엄을 발표할 때 국회가 이미 경찰에 의해 장악되어있었다면 결코 계엄은 해제되지 못했을 것이다. 윤석열은 국회를 완전 장악할 충분한 경찰력과 군 병력을 동원을 하지 못했고 그것이 실패의 결정적 원인이었다.

이날 경찰도 계엄에 있어서의 역할에 충실히 하지는 않았다. 경찰청장과 서울경찰청장, 그리고 국회경비대장이 계엄사령부의 지시를 따랐음에도 불구하고 경찰청장과 서울경찰청장 사이의 묘한 알력으로 명령체계 상 혼선도 있었고, 실행 상의 비토도 있어 잠시 국회의원들에 대한 정문 통과를 허용하는 등 계엄 측 시각으로는 문제가 있어 야당 국회의원들의 국회 결집이 좀 더 수월하게 이뤄지기도 했다. 대규모 인원 동원이 가능한 경찰이 제대로 마음먹고 국회 담을 완벽하게 봉쇄, 의원들의 출입을 막았다면 아마도 계엄 해제는 성공할 수 없었을 것이다.

사실 경찰 쪽에서 가장 나쁜 인간은 국회경비대장이라고 생각한다. 국회를 경비하라고 배치해 놓았더니 국회를 배신하고 국회의원들의 진입을 막았다. 경찰청에서 아무리 요구해도 우리 국회경비대의 임무는 국회와 국회의원들 보호라고 하면서 항명했어야 했다. 군인들도 항명하는데 하물며 경찰이야... 계엄이 성공하면 한 자리 차지하려고 나라를 위기로 몰아넣은 국회경비대장은 반드시 엄벌에 처해야 한다.

나는 지금이라도 국회로 달려가야 하지 않을까 안절부절 하지 못하면서도 계엄 진행 상황에 대한 궁금증 때문에 TV에서 눈을 떼지 못하고 있었다. 어느새 시간은 11시를 넘어서고 있었고, 국회에는 야당 국회의원들이 속속 도착해서 본회의장을 채우고 있었다. 신속하게 국회의원들이 본회의장에 도착하는 것을 보면서 나는 국회로 달려가는 것을 포기하기로 작정했다. 준비하고 나가서 차를 몰고 여의도에 도착하면 적어도 한 시간 이상 걸릴 텐데 그때면 이미 계엄 해제 결의안이 통과되고 난 후가 될 것 같았다. 내 나이도 이제 70인데, 너무 무리하지 말자 하는 생각에 주저앉고 말았다. 나의 이 결정을 나는 지금도 후회하고 있다. 역사적 사건의 현장인데 반드시 갔어야 했다. 가서 현장 사진도 찍고 사람들 모습도 보고 군인들과 경찰들 사진도 많이 찍을 걸 하고 크게 후회하고 있다.

국회 본회의장 출입문 근처에서는 특전사 병력과 국회 내부 민간인들 사이의 대치가 소강상태로 접어들었지만 언제 저 군인들이 치고 나올지 모른다는 긴장감에 제발 빨리, 국회의원 150명만 되면, 계엄 해제 의안 상정하고 바로 표결해서 해제시키기를 빌고 있었다. 그런데 150명이 넘어섰는데도 우원식 의장은 표결에 부치지 않고 있었다. 답답했다. 왜 저러나? 1분 1초가 급한데. 계엄 해제 의안은 사무처 직원들이 순식간에 만들어서 의원들 모니터에 이미 띄워 놓았을 텐데 개회 선언하고 안건 상정하고 가부 물어 토론 생략하고 표결하면 불과 몇 분이면 통과시킬 수 있을 텐데 답답하게 시간은 가고 회의 진행은 안 되고 있었다. 어느 순간에 군인들이 들이닥칠지 모르고, 본회의장으로 들이닥치고 나면 이미 모든 것은 늦고 계엄

해제는 수포로 돌아갈 텐데 느긋해도 너무 느긋하다 싶었다.

나중에 밝혀진 바로는 국힘당 원내대표인 추경호가 그 시간에 의장에게 방해공작을 벌이고 있었다. 표결을 미뤄달라고, 국힘당 의원들이 입장할 때까지 미뤄달라고 요청하고 있었다는 것이다. 의장 입장에서는 구미가 당기는 제안이다. 계엄 해제를 야당만이 아니라 여당 의원들까지 합세해서 결의하면 그 결의의 정당성은 하늘을 찌를 것이기 때문이다. 그러나 이런 긴급한 상황에서는 그까짓 정당성 조금 더 높이겠다고 시간을 끄는 건 절대 아니다. 정당성이 일정 정도만 확보되면 안전이 최우선이다. 다시는 우원식 의장이, 저런 사악한 정치공작에 넘어가는 일은 없기를 바란다. 일초가 긴급한 상황에서 저렇게 시간을 보내는 건 정말 위험한 처사였.

물론 우원식 의장이 4일 오전 1시 30분까지 기다려 달라는 추경호의 요청을 묵살하고 1시에 표결에 들어간 것은 다행 중 다행이었다. 추경호는 국힘당 의원들이 입장할 때까지 표결을 미뤄달라고 말했으나, 그들은 그때 국힘당 당사에 있었던 것으로 알려졌다. 이로써 추경호와 국힘당은 내란 공범이었음이 밝혀졌다. 이런 추경호의 방해 공작을 물리치고 표결을 결정한 우원식 의장의 결정에 찬사를 보낸다. 그래도, 그때까지 한 시간 가량 속이 타던 것을 생각하면 정말 등골이 서늘하다. 이미 밝혀진 바로는 707 단장 김태현이 단전하기 위해 돌아다니고 있었고, 1시 8분에 지하실은 계엄군이 실제로 단전을 했다. 만약 30분을 늦췄다면 지하로부터 시작해서 1층, 본회의장이 있는 2층과 3층 분전함도 찾아내서 단전시켰을 수도 있다.

　12시 30분쯤에 이미 야당 의원들 수가 150명을 넘어섰으니 그때 바로 표결했어야 했었다는 생각은 지금도 변함이 없다.

　최근에 밝혀진 이상현 특전사 1공수 여단장이 예하 반모 대대장에게 전화로 지시한 녹취록에서도 긴박했던 상황은 확인된다. 녹취록의 내용은 다음과 같다.

12월 4일 0시 20분 경: "의원회관으로 가서 끄집어내라."
0시 30분 경: "의원회관 말고 의사당으로 가라. 담 넘어가."
0시 40분 경: "본관으로 가서 애들이 지금 의결하는 모양이야. 그 문짝을 부숴서라도 의원들 끄집어내."
0시 49분 경: "국회 앞쪽은 사람들이 많으니 뒤로 가서라도 넘어가라. 가서 문짝 부숴서라도 의원들 끄집어내."

　저 때 특전사 병사들이, 혹은 대대장이 공포탄이라도 쏘면서 진입하라고 지시해서 본회의장으로 난입했다면, 국회의원들이 목숨 걸고 담 넘어 국회로 들어와 계엄 해제 결의를 하려던 시도가 참혹하게 무산되었을 것이다. 아무리 바빠도 바늘허리에 실 묶어 쓰지 못하지만, 그렇다고 실을 바늘귀에 꿰느라 한나절 보내면 언제 바느질 하겠는가! 촉각을 다투는 때에 바늘귀에 실은 꿰지 않고 실에 침만 묻히고 있어서는 화를 면하지 못한다.

　하늘의 도움인지 마침내 10시 28분에 선포된 계엄은 일단 국회에서 해제 의결이 되어 1차 고비는 넘겼다. 새벽 1시 2분에 진행된 표결은 190명 출석, 190명 전원 찬성으로 의결되었다. 190명 중 국민의힘 국회의원 명단은 다음과 같다.

곽규택, 김상욱, 김성원, 김용태, 김재섭, 김형동, 박수민, 박정하, 박정훈, 서범수, 신성범, 우재준, 장동혁, 정성국, 정연욱, 주진우, 조경태, 한지아 의원 등 총 18명이다.

우원식 국회의장은 계엄해제 결의안 가결을 선언했다. 가결 선언할 때 맸던 연두색 넥타이는 고 김근태 의원의 유품으로 그가 중요한 결정을 할 때 맸던 넥타이라 한다.

국회에서 해제 의결하면 대통령은 즉시 계엄을 해제해야 하므로 법적 고비는 넘겼다. 그러나 법적 조처가 되었다고 그대로 따라할 인간이라면 계엄을 하지도 않았을 것이다. 국회를 쳐들어간 것 자체가 불법인데, 그런 중차대한 불법을 저지른 자가 계엄 해제와 관련해서도 불법적으로 행동하지 않을 이유가 없다.

그래서 계엄 해제가 의결되었음에도 불구하고 나는 계속 TV를 보지 않을 수 없었다. 계엄법이 문제가 있는 게, 계엄 선포를 대통령이 하는데 국회가 해제를 의결할 경우 역시 대통령이 해제 선언을 해야 완전 해제가 된다는 점이다. 국회가 아무리 해제 의결을 해도, 대통령이 해제 선언을 하지 않으면 계엄은 지속된다는 것이 현행 계엄법이다.

법의 이런 맹점 때문에 나는 윤석열 저 인간이 과연 계엄을 해제하나 안 하나 초조할 수밖에 없었고, 대통령 입에서 계엄을 해제한다는 말이 나올 때까지 기다려야만 했다. 그리고 그 말은 국회가 계엄 해제 의결한 뒤 3시간 반이나 지난 새벽 4시 30분경에 나왔다. 국회 의결로 계엄을 해제하려고 하나, 그것도 국무회의 의결을 거쳐야 하는데, 아직 정족수가 채워지지 않아 정족수를 만족하는 대로 해제하겠다고 발표한 것이다. 다음은 윤석열의 계엄해제 담화문이다.

존경하는 국민 여러분,
저는 어제 밤 11시를 기해 국가의 본질적 기능을 마비시키고 자유민주주의 헌정 질서를 붕괴시키려는 반국가 세력에 맞서 결연한 구국의 의지로 비상계엄을 선포하였습니다. 그러나 조금 전 국회의 계엄 해제 요구가 있어 계엄 사무에 투입된 군을 철수시켰습니다. 바로 국무회의를 통해 국회의 요구를 수용하여 계엄을 해제할 것입니다. 다만 즉시 국무회의를 소집하였지만 새벽인 관계로 아직 의결 정족수가 충족되지 못해서, 오는 대로 바로 계엄을 해제하겠습니다. 그렇지만 거듭되는 탄핵과 입법 농단, 예산 농단으로 국가의 기능을 마비시키는 무도한 행위는 즉각 중지해 줄 것을 국회에 요청합니다.
감사합니다.

드디어 계엄은 해제되었지만 그것으로 끝난 것은 아니었다. 이제 윤석열 탄핵 과정이 앞에 놓여 있었다. 윤석열을 탄핵해서 직무정지 시켜 놓지 않으면 언제 또다시 계엄을 선포할지 아무도 모른다. 2024년 12월 초입에 벌어진 공포극은 계엄해제로 끝난 것이 아니라 그것은 단지 시작에 불과했다.

여기서 하나 짚고 넘어가야 할 부분이 있다. 그것은 계엄을 선포한 날짜와 시간에 관한 것이다. 민주당의 노종면 의원이 계엄 날짜와 시간에 관해 한 이야기가 흥미로워 여기 소개한다.

노종면 의원에 의하면 계엄 날짜와 시간에 있어서 중요한 숫자가 하나 등장하는데 그것은 1,000과 8,000이라는 두 숫자라고 한다. 1,000은 윤석열이 대통령이 된 2022년 3월 9일로부터 2024년 12월 3일이 정확하게 1,000일이 되는 날이라는 것이다. 그리고 계엄 작전명이 충성8000작전이라고 한다. 그런데 이 1,000과 8,000은 일본 국가와 매우 큰 관련성이 있다는 것이다. 일본 국가인 기미가요에는 두 개의 숫자가 나온다. 천황 할 때의 그 천과, 천황이 8천년 동안, 조약돌이 흙이 되는 기간인 그 기간 동안 만세를 누린다는 내용에서의 8천이다. 그리고 원래 계엄을 선포할 예정이었던 시간이 밤10:00였다. 이것 역시 풀어놓으면 1,000이다. 이렇게 윤석열은 계엄 선포 날짜와 시간까지 일본 정신에 젖어서 한 것이라고 노종면 의원은 주장한다.

계엄 선포 날짜와 시간에 관해서는 또 다른 설이 있는데, 그것은 한자 '王(왕)'자와 연관이 있다. 윤석열은 대선경선전이 한창이던 때인 2021년 10월 1일에 손바닥에 '王(왕)'자를 쓰고 나와서 TV화면이 그것을 보여주었다. 그런데 계엄이 선포된 날짜를 한자로 표기한 뒤 조합하면 '王'이 된다. 즉 '12월3일 10시30분'을 한자로 표기하면 十二월(王), 三일十시(王), 三十분(王)'에서 보듯이 날짜와 시간에서 王이 세 번 나오게 된다. 이로부터 만약 윤석열이 2차 비상계엄을 시도했다면 그 날짜는 다시 왕이 세 번 나오게 되는 12월 12일 10시 2분(十二월 十二일 十시 二분)이 되었을 것이라는 말까지 나왔다. 이 날짜와 시간도 王이 세 번 나오게 되기 때문이다.

    이러한 주장들은 명확한 근거가 없는, 하나의 유추에 불과하다. 그러나 이러한 유추가 공연히 나온 것이 아니라 그의 집권 기간 동안 보여준 친일적 언사와 무속적인 행태에서 나온 것이므로 이런 말이 나오게 만든 것도 자업자득이라 하겠다.

2.
계엄의 의미, 해방 후의 무수한 계엄들에 대한 개요

윤석열이 뜬금없이 선포한 계엄은 국회의 의결로 해제되었다. 계엄이 해제되는 과정에서 우리는 극적인 장면들을 목격했다. 계엄 선포 소식을 듣고 심야에 국회 앞으로 나온 시민들이 온몸으로 무장한 계엄군과 실랑이를 벌이고, 더불어민주당 대변인이면서 '겸손은 없다' 뉴스공장의 김어준과 함께 진행도 맡고 있는 안귀령은 계엄군의 총부리를 붙잡고 대결(?)하고, 국회 정문과 담벼락 곳곳에서 국회 진입을 막고 있는 경찰과 시민들이 대치하거나 밀고 당기고 있는 모습을 볼 수 있었다.

국회 본관 앞에 진입한 계엄군은 무장을 하고 최신형 야간 투시경까지 착용하고 있어 이것만으로도 특수부대임이 확연했다.

국회 본관 앞에서 민주당 안귀령 대변인이 계엄군의 총부리를 잡고 실랑이를 벌이는 이 모습은 유튜브 방송으로 실시간 전파되고 있었다.

그러나 이 모든 모습들 중에서 가장 극적인 모습은 국회의원들이 국회로 모이는 모습이었다. 우원식 국회의장은 계엄 선포와 더불어 곧장 국회의원들에게 국회로 모여 달라고 소집령을 내렸고, 이재명 당시 민주당 대표는 국회의원들뿐만 아니라 시민들에게 국회로 모여 달라고 호소하는 유튜브 생방송을 하면서 국회로 달려가 국회 담을 넘는 모습을 연출했다.

그리고 많은 국회의원들이 계엄 해제 후 다양한 매체를 통해 그날 얼마나 열심히 어떤 각오로 국회로 달려갔는지 증언했다. 그들의 증언은 비장했다. 하나같이 목숨의 위험도 각오해야 했다고 국회의원들은 말한다.

이재명 대표의 경우에는 아내인 김혜경 여사가 운전해서 국회로 갔는데, 유튜브 생방하는 중에 김혜경 여사가 연신 코를 훌쩍거려서 직접 보이지는 않았지만 울고 있는 것으로 짐작할 수 있었다. 정청래 법사위원장도 국회 담을 넘어 본관으로 가면서 죽을지도 모른다는 생각을 했다고 증언했다. 담을 넘어 들어가면서 국회 진입을 막고 있던 경찰의 눈을 피하느라 숨기도 하고, 보좌관을 척후병으로 앞장세워 상황을 파악하기도 하면서 조심스럽게 본관으로 갔다. 이들은 왜 이랬을까?

젊은 국회의원들도 있지만 대부분의 국회의원들은 과거 계엄을 직접 겪어본 세대들이다. 그들은 계엄이 얼마나 무서운 것인지 뼈저리게 안다. 계엄이 선포되고 군인들이 총칼을 들고 돌아다니며 사람들을 검속해서 아무도 모르는 곳으로 끌고 가서는 무자비하게 폭행을 가하고 경우에 따라서는 시민들을 상대로 학살극까지 벌이는 것이 계엄이고 계엄군이라는 것을 알기 때문이다.

지금의 20대, 30대, 그리고 40대는 계엄을 처음 겪었다. 무려 45년 만의 계엄이니 심지어 50대 말이라도 겨우 청소년 때 계엄을 겪은 것이다. 계엄이 무엇인지 제대로 알 나이가 아니다. 보좌관들은 엉겁결에 그랬는지 소화기 하나 가지고 계엄군과 대결이 가능하다 생각했는지 의자와 집기 따위를 쌓아 놓고 소화기를 뿌리며 저항했다. 어쩌면 계엄과 계엄군이 얼마나 무서운지 몰랐기 때문에 계엄군을 용감하게 저지했을 수도 있겠다. 군부독재 이후의 세대들에게는 계엄을 선포할 하등의 이유가 없는 상황에서 계엄군이 국회로 온 것을 도저히 공정한 공무수행이라고 생각할 수 없었기 때문이었을 것이다. 여기에 군부독재 이후 민주화된 사회에서 성장하여 군 복무 중이었던 계엄군 역시 부당한 공권력의 행사라는 생각에 의한 소극적 대응이 맞물려서 계엄이 저지되었다고 볼 수 있다.

이쯤에서 우리는 과연 계엄이 무엇인지, 우리나라 계엄의 역사가 어떤 비참한 역사적 상흔을 남겼는지 살펴 볼 필요가 있다.

1) 계엄이란?

'계엄'이라는 용어는 일본에서 만들어진 용어이다. 영어로는 martial law다. 그 어원이 라틴어 "lex martialis"에서 유래한다.

"lex martialis"는 전쟁 시 군대 명령의 권위를 뜻하는 말이었다. 계엄은 그래서 전시 상황에서 질서 유지를 위해 꼭 필요할 때만 선포할 수 있는 것으로 정의되고 있다. 계엄이 선포되면 그 지역의 사법권과 행정권 전부 또는 일부를 계엄 사령관이 행사한다. 따라서 헌법은 중단된다. 헌재의 탄핵 재판 과정에서 윤석열은 2시간짜리 계엄이 어디 있느냐는 황당한 항변을 했다. 그 2시간 동안 대한민국의 헌정이 중단되었다는 중차대한 사실이 윤석열에게는 안중에도 없었던 것이다.

미국 헌법에는 martial law에 대한 규정이 없다. 그래서 연방정부는 계엄령을 내릴 법적 근거가 없다. 그러나 주정부 헌법에는 계엄령에 대한 규정들이 더러 있는데, 그래서 미국의 계엄령은 전부 지역 단위로 내려졌었다. 실례로 1812년 남북전쟁 중에 앤드류 잭슨이 뉴올리언스 일대에 계엄을 내린 적이 있었고, 하와이 주가 일본의 진주만 침공 때 내렸었다. 그리고 폭동이나 자연재해가 발생했을 때에도 주지사가 선포한 적이 더러 있었다. 주지사는 계엄령 선포권이 있는데 대통령에게는 없는, 좀 희한한 상황이다. 그럼에도 불구하고 미국의 일부 법학자들은 관습법의 원리(the common law doctrine of necessity)에 의해 대통령도 선포가 가능하다고 주장하기도 한다. 어찌되었건 미국 역사상 연방정부가 일부 혹은 전국적으로 계엄령을 선포한 적은 단 한 번도 없었다.

2) 미군정 하의 계엄

　해방 후 미군정을, 일제가 물러가고 대한민국 정부가 들어서기 전의 과도기에, 그저 수동적으로 질서나 잡고 대한민국 정부수립을 도와준 정도로만 알고 있을 수 있는데, 아니었다. 미군이 남한으로 들어오면서 발표한 맥아더의 포고령에는 미군이 남한의 점령군임을 명확히 했었다. 이런 상황 하에서 미군정 기에 미군정이 계엄까지 선포한 적도 있다. 해방 후 최초의 계엄은 미군이 내렸다. 그것은 1946년 대구 10·1 항쟁으로 인한 것이었다.

　당시 미군정의 행정적 미숙으로 인해 전국적으로 쌀값이 폭등하여 심각한 식량난을 초래했다. 이에 대구 지역에서 대규모 시위가 발생했는데, 이 시위를 무력으로 진압하면서 막대한 인명피해가 발생했다. 대구에서 폭발하기 전 이미 5월부터 전국적으로 미군정에 대한 산발적인 시위가 있었는데 이 시위들은 비단 식량난에 대한 불만만이 아니었다. 북한에서는 일제 지주들의 토지를 몰수해서 경작자에게 배분하는 일이 이루어지고 있던 반면에, 미군정의 남한에서는 토지개혁이 지지부진했었다. 뿐만 아니라, 친일파의 중용으로 인해 친일파들이 여전히 득세하고 있는 것에 대한 불만도 그 원인이었다.

　10월 1일 대구에서의 시위에서 경찰이 발포하여 2명이 사망했다. 이로 인해 시위가 격렬해지고 다른 지역으로 확산되었다. 시위가 확산되자 미군정은 탱크와 장갑차를 출동시켜 시위를 막으려했다. 탱크와 장갑차는 시위대를 그대로 밀어버렸고, 시위는 순식간에 진압되기 시작했다. 그날 오후에 계엄령을 선포한 미군정은 대구에서 시민들에게 발포한 경찰을 철수시키고 다른 지역에서 차출한 경찰에게 시위대를 향해 조준사격을 하게 했다. 이로 인해 많은 시민들이 사살되었다. 이 사태로 인해 경찰과 시위대 합하여 170명이 숨지고 180명이 부상을 입은 것으로 집계되었지만 실제 피해는 이보다 훨씬 많았을 것으로 짐작되고 있다.

대구에서의 시위는 곧 진압되었지만 다른 곳으로 시위는 번져나갔다. 지금의 구미인 당시 선산군에서 박정희의 형인 박상희도 그곳에서의 시위에 참여했는데, 곧 경찰의 투입으로 진압되었다. 그는 남로당 간부로서 지역의 우익인사들과 만나고 있다가 경찰이 오자 도망을 쳤는데, 도망가는 도중에 총에 맞아 숨겼다. 그는 지역에서 상당히 명망 있는 유지여서 우익 인사들이 우리가 잘 말해줄 텐데 왜 도망가느냐고 소리를 지르기도 했다고 전해진다.

당시의 민심은 미군정의 행정 무능으로 인한 쌀값 폭등 외에도 콜레라의 창궐, 친일파의 득세 등으로 흉흉했다. 면사무소에서는 일제 강점기 때 기세등등하던 면서기가 여전히 기세등등해하고 있었다. 분노한 군중은 이들 친일파 공무원과 친일파 경찰들의 집을 습격하고 약탈하기도 했다.

그럼에도 불구하고 몇몇 곳에서는 경찰서장의 효과적인 대응으로 상호간에 큰 피해 없이 넘어가기도 했다고 한다. 경찰서장이 미리 좌익 인사들과 만나 불만을 듣고 양보할 수 있는 데까지 양보하여 폭력사태가 벌어지지 않았던 곳이 있었고, 이런 곳들은 나중에 경찰 응원대가 와서 진압할 때에도 경찰 쪽에 큰 피해가 없어 인적 피해 없이 진압되기도 했다는 것이다.

대구에서는 일찍 시위가 진압되었지만, 시위는 전국적으로 확산되어 11월까지는 거의 모든 도시에서 시위가 발생했다. 시위가 발생하면 군과 경찰은 무력으로 진압하여 최종적으로 민간인 1,000여 명과 경찰 200여 명이 사망하는 비극을 초래했다.

3) 대한민국의 계엄

아래 표는 대한민국 정부가 조직된 이후 선포된 계엄령을 모두 보여주고 있다.

사건	계엄 종류	선포일	해제일
여수·순천 항쟁	비상계엄	1948년 10월 21일	1949년 2월 5일
제주 4·3 항쟁	비상계엄	1948년 11월 17일	1948년 12월 31일
6.25 전쟁	비상계엄	1950년 7월 8일	1950년 12월 6일
6.25 전쟁	경비계엄	1950년 11월 10일	1950년 12월 6일
6.25 전쟁	비상계엄	1950년 12월 7일	1951년 4월 7일
6.25 전쟁	경비계엄	1951년 3월 23일	1952년 4월 7일
6.25 전쟁	비상계엄	1951년 12월 1일	1952년 4월 7일
부산 정치 파동	비상계엄	1952년 5월 25일	1952년 7월 28일
4·19 혁명	경비계엄	1960년 4월 19일	1960년 4월 19일

사건	계엄 종류	선포일	해제일
4·19 혁명	비상계엄	1960년 4월 19일	1960년 6월 7일
5·16 박정희 군사 정변	비상계엄	1961년 5월 16일	1962년 5월 27일
5·16 박정희 군사 정변	경비계엄	1961년 5월 27일	1962년 12월 5일
6·3 항쟁	비상계엄	1964년 6월 3일	1964년 7월 29일
10월 유신	비상계엄	1972년 10월 17일	1972년 12월 13일
부마민주항쟁	비상계엄	1979년 10월 18일	1979년 10월 27일
10·26 전두환 군사반란	비상계엄	1979년 10월 27일	1981년 1월 24일
12·3 윤석열 쿠데타	비상계엄	2024년 12월 3일	2024년 12월 4일

위의 표에서 보듯이 대한민국 정부 수립 77년 역사에서 계엄령이 무려 17회나 선포되었다. 평균 4.5년마다 한 번씩 선포된 셈이다. 그리고 최근 45년 동안 계엄이 없었다는 것을 고려하면 1980년까지는 32년 동안 무려 16번, 2년에 한 번 꼴로 계엄이 선포되었던 것이다. 이로써 해방 후 정부수립 되고 들어선 정권들이 얼마나 독재에 목말랐던 정권들인지 한 눈에 알 수 있는 지표이다.

대한민국 정부가 수립되기도 전에 미군정 하에서의 계엄에서 이미 1,200명을 넘어서는 인명이 희생되는 참사가 빚어졌다. 그렇다면 그 이후 계엄에서는 어떤 일들이 벌어졌을까?

여수·순천 항쟁 계엄

여수·순천항쟁은 그 발단이 제주 4·3항쟁이었다. 그럼에도 불구하고 4·3항쟁보다 먼저 계엄령이 발동된 것은 4·3항쟁 진압을 위해 출동하라는 상부의 지시에 해당 부대가 불응하고 반란을 일으켰기에 이에 대한 계엄령이어서 이 항쟁에 의한 계엄령이 먼저 선포되었다.

여순항쟁 과정과 피해 규모를 간략하게 소개하자면, 1948년 10월 19일 제주 4·3항쟁에 대한 진압을 위해 출동하라는 명령에 여수에 주둔하고 있던 14연대 약 2천여 명의 병사가 이 명령을 거부하고 반란을 일으켰으며, 반란군은 경찰 74명과 우익 인사 및 그 가족 150여 명을 살해했다.

이에 이승만 정부는 10월 21일, 이 지역에 계엄령을 선포하고 1만여 명의 10개 대대병력으로 소탕작전을 벌였다. 그 과정에서 대략 3,384명(행방불명 825명 포함)의 민간인이 희생되었고, 진압군 180여 명이 전사했다. 반란군은 공식 기록에 의하면 392명이 사살되고 2천 명 이상이 투항했다. 투항자들의 상당수도 투옥되었다가 이후 발생한 한국전쟁 시에 감옥에서 처형되었을 것으로 보는 것이 합당하다. 이들 반란군들 중 일부는 지리산으로 숨어 들어가 마지막까지 저항했는데 이들이 바로 지리산 빨치산들이다. 마지막으로 남았던 빨치산 995 부대도 1953년 토벌군에 투항하면서 지리산 빨치산의 역사는 막을 내렸다.

이처럼 계엄령이 내려지면 무차별적인 살상이 벌어졌다. 민간인 희생자 3천 4백여 명 중 극히 일부 우익 인사와 그들의 가족을 제외하면 대부분이 국군이 작전하면서 적과의 내통 혐의 등으로 살해한 사람들이다. 계엄군이 출동하여 작전을 전개할 때에는 그 작전 지역의 민간인은 무조건 적지의 민간인으로 취급했다. 그래야 안전하다고 생각하는 탓일까, 그렇게 계엄군은 민간인들을 학살했다.

제주 4·3 항쟁 계엄

제주 4·3 항쟁은 한국 전쟁 전 최대 민간인 희생자가 나온 사건이었다. 제주 4·3항쟁 진상조사보고서의 제주4·3항쟁의 정의는 이렇다. "1947년 3월 1일 경찰의 발포사건을 기점으로 하여, 이듬해인 1948년 경찰·서북청년단의 탄압에 대한 저항과 단선·단정(남한 단독 선거, 단독 정부) 반대를 기치로 1948년 4월 3일 남로당 제주도당 무장대가 무장봉기한 이래 1954년 9월 21일 한라산 금족지역이 전면 개방될 때까지 제주도에서 발생한 무장대와 토벌대간의 무력충돌과 토벌대의 진압과정에서 수많은 주민들이 희생당한 사건"이다.

이 사건의 발단은 1947년 3월 1일 삼일절 발포 사건이다. 3월 1일, 기마경찰에 의해 5세 어린이가 부상을 입었다. 이로 인해 군중이 경찰에 항의 시위를 벌이고, 이를 경찰이 폭동으로 오인하여 발포했는데, 이 발포로 6명이 사망하고 8명이 부상을 입었다. 사태는 점점 악화되어 1947년 3월 10일 제주도내 민·관 총파업이 단행되고, 1947년 3월 20일 박경훈 초대 제주도지사가 사임하기에 이르렀다. 이어서 육지에서 응원경찰 및 서북청년단이 제주도로 파견되어 파업에 동참한 사람들을 탄압하기 시작했다. 곧 이어 부임한 유해진 도지사의 비호를 등에 업고 서북청년단은 더욱 심하게 날뛰었다. 서북청년단은 정규 급여가 없었기에 이들은 자신들의 소득을 테러와 약탈로 충당해야 했다. 이들은 우익단체인 조선민족청년단 단원들도 빨갱이라는 이유로 학살했는데, 이들이 자신들과 경쟁 상대였기 때문이었다.

　이들의 탄압과 만행은 갈수록 점점 심해지고, 미군정청은 유해진 도지사의 문제점을 알고도 방치했다. 드디어 1948년 4월 3일 서북청년단의 사회주의 세력에 대한 탄압에 반발한 남로당 제주도당 무장대의 무장 반란으로 제주 4.3 사건이 발발하게 되었다.

　무장반란이 일어나자 이승만 정권은 본격적으로 반란을 진압하기 시작했다. 마침내 1948년 11월 17일 제주도 전역에 계엄령을 선포하고 무장반란에 대한 진압을 본격화하였는데, 이 진압작전은 초토화 작전으로서 일본군의 교리를 그대로 답습한 것이라 민간인에 대한 학살이 자행되어 무고한 제주도민들이 수 없이 학살당했다. 일본군은 작전을 행할 때 작전지역의 민간인들도 모두 적이라 간주하고 인적 물적 자원을 모조리 파괴하는 작전을 전개했다. 따라서 제주 4·3 학살 사건으로 인한 사망자의 대부분이 이 시기에 피해를 입었다. 이 사건을 통 털어 공식적인 사망자만 1만 1천 여 명에 달했고, 행방불명자도 3천 명이 넘었다. 그러나 미국의 한국전쟁 전문가 브루스 커밍스 교수에 의하면 당시 임관호 제주도지사가 미국 정보당국에 사망자는 6만 명에 달한다고 보고했다고 한다. 일설에 의하면 사망자 수는 8만 명일 수도 있었다고 한다.

　제주 4·3 사태는 1948년 12월 31일 제주도에 내려진 계엄령이 해제되고, 1954년 9월 21일 한라산 금족령이 해제되며, 1957년 4월 2일 마지막 무장대원이 체포되면서 완전히 끝이 났다. 그러나 계엄령과 그로 인한 무자비한 토벌로 초래된 참상 및 그 상흔은 80년에 다 되어 가는 지금도 아물지 않고 아픈 상처로 남아 있다.

6·25 전쟁 계엄(5회의 계엄 선포)

한국전쟁 중 비상계엄은 1950년 7월 8일 선포되고 그해 12월 6일 해제되었다가, 바로 그 다음날인 7일 다시 선포된 후 1951년 4월 7일까지 지속되었다. 그리고 1951년 12월 1일에 다시 선포되고 1952년 4월 7일 해제되었다. 그 이후로 비상계엄이 다시 한 번 더 선포되는데 이 계엄은 전쟁을 핑계로 자신의 정치적 이익을 위해 선포한 것이므로 부산정치파동 계엄에서 별도로 기술한다. 이승만은 비상계엄만 선포한 것이 아니라 경비계엄도 선포했는데 1950년 11월 10일 최초로 선포되었다가 1950년 12월 6일 비상계엄과 함께 해제되었고, 다시 1951년 3월 23일 선포되었다가 1952년 4월 7일 비상계엄과 함께 해제되었다.

한국전쟁 중 이승만이 저지른 만행은 말로서 형용할 수 없을 지경이었다. 보도연맹 학살로 수십 만 명이 희생되었고, 거창 양민 학살 사건, 노근리 학살 사건(이 사건은 미군이 저지른 양민 학살 사건이다), 금정굴 학살사건 등 곳곳에서 양민 학살이 자행되었다.

부산정치파동 계엄

부산정치파동 계엄은 이승만이 재선을 위해 대통령 간선제를 직선제로 바꾸기 위한 개헌을 위한 계엄이었다. 따라서 전쟁이 명분이었지만 실제로는 국회의원들 협박용으로 선포했다. 국회의원들이 탄 버스를 강제로 견인하거나 군인들을 동원하여 국회 회의장을 포위하는 등 국회의원들에게 위협적인 행동은 했으나 다행히 사람을 해치는 선까지는 가지 않은 계엄이었다. 이 책의 '2부 3장 대한민국 헌법의 역사: 대한민국 정부' 편을 참고하기 바란다.

4·19 혁명 계엄(2회 선포)

3·15 부정선거로 마산에서 대규모 시위가 일어났는데, 이를 최인규 내무부장관이 무자비하게 탄압했다. 이 탄압으로 김주열 열사는 최루탄을 눈에 맞으면서 관통하여 사망한 시체로 발견되었는데 이를 계기로 전국적으로 시위가 확산하고 4월 19일 서울에서 대규모 시위가 발생했다. 이에 놀란 정부가 이날 오후 3시 서울 지역에 계엄령을 선포하고 오후 늦게 다시 유혈 사태가 벌어진 부산·대구·광주·대전에도 계엄령을 선포했다. 송요찬 계엄사령관을 필두로 계엄군이 서울에 진주하면서 시위는 일단 가라앉았으나, 이날 하루의 시위로 서울에서만 1백여 명, 부산에서 19명, 광주에서 8명 등 전국적으로 186명의 사망자와 6,026명의 부상자가 발생하는 엄청난 사태가 벌어졌다. 이날 함께 내려졌던 경비계엄은 당일로 해제되었으나 비상계엄은 6월 7일에야 해제가 되었다. 참고로 이승만은 4월 26일 하야를 발표하고 하와이로 망명길에 올랐다.

5·16 박정희 군사 정변 계엄(2회 선포)

　박정희는 1961년 5월 16일 쿠데타를 일으키고 곧바로 비상계엄을 선포했다. 그리고 다음해 5월 27일에 해제했다. 박정희는 또 1961년 5월 27일에 경비계엄도 선포했는데 이 경비계엄은 1962년 12월 5일에야 해제되었다. 박정희의 쿠데타로 인한 직접적인 인명 피해는 그리 크지 않았다. 쿠데타 군에서 8명의 부상자가, 진압군 측에서 10명의 부상자가 발생했고, 사망자는 한 명도 없었다. 그러나 이 쿠데타를 시작으로 그 후 많은 사람들이 죽거나 다치고 대한민국의 민주주의가 오랫동안 실현되지 못하는 계기가 되었다.

6·3 항쟁 계엄

　6·3 항쟁은 1964년 6월 3일, 당시 박정희 정권이 추진하던 한일 협상에 반대하여 일으킨 학생운동이었다. 박정희 정부는 1964년 초부터 한일 간의 국교정상화 교섭을 비밀리에 추진하여 조속히 타결하려는 계획을 조용히 진행하고 있었다. 박정희는 대일청구권을 3억 달러의 보상으로 타협하고 그 대신 어민들의 생명선과도 같은 평화선을 폐지하기로 작정하고 있었던 것이다. 평화선은 이승만 정권이 그은 선으로 일본 어선들이 이 평화선 안으로 들어오지 못하게 막은 경계였다. 이 평화선으로 인해 우리나라 어부들은 일본의 현대적인 어선들로부터 어업을 보호받고 있었던 것이다.

　이러한 계획에 대해 재야와 야당이 일제히 들고 일어나 반대운동을 펼쳤다. 이들은 '대일굴욕외교반대 범국민 투쟁위원회'를 결성하고 저항에 나섰다. 5월 30일 서울대학교 문리대 학생들이 단식농성에 들어갔고, 이를 계기로 학생들의 참여가 늘어나면서 다른 대학으로 번졌다. 6월 초에는 당시 김종필 공화당 의장이 협상을 위해 일본으로 가자 6월 3일 정오를 기해 학생들이 거리로 쏟아져 나왔다. 서울 시내에 1만 2천여 명의 학생들이 도심에서 시위를 벌인 것이다.

학생들의 데모가 격렬해지자 박정희 정부는 이날 오후 6시 30분을 기해 서울 전역에 비상계엄령을 선포하였다. 그리고 시위 금지와 진압, 언론 검열, 주동자 체포, 대학 휴교령 등의 조처를 취하기 시작했다. 이날 검거된 사람은 총 1,120명이었고, 이명박, 이재오, 손학규, 김덕룡, 현승일, 이경우 등 348명이 내란 및 소요죄로 서대문형무소에서 6개월간 복역하게 된다. 이렇게 하여 서울 시내에서의 대학생들의 시위는 7월 28일 완전히 진압되었고, 계엄은 7월 29일 해제되었다. 박정희 정부가 계엄령을 선포하여 당시 절정에 이른 한일국교정상화회담 반대 시위를 무력으로 진압한 것이었다. 이 계엄으로 인명피해는 없었으나 대학은 문을 닫았고, 많은 사람들이 체포 구금되었다.

10월 유신 계엄

1972년 12월 17일, 박정희는 비상계엄을 선포하고 유신체제의 시작을 알렸다. 계엄을 선포한 박정희는 헌법적 권한이 없는 국회해산을 하고 모든 정치 활동을 금지시켰다. 박정희 본인이 3선을 하려고 개정했던 당시의 헌법에는 대통령의 국회해산권이 없었다. 그럼에도 불구하고 박정희는 국회를 강제로 해산시키는 등 불법적으로 헌정 질서를 중단시키고 스스로 입법, 사법, 행정권 등 3권을 단독으로 행사하면서 김기춘, 한태연, 갈봉근 등이 기초한 유신헌법을 비상국무회의의 의결을 거쳐 공포한 후 국민투표에 부쳐서 투표율 91.9%, 찬성 91.5%로 통과시켰다.

10월 유신 계엄은 분명히 예방적 계엄이었다. 시민들이 들고 일어날 기회를 주지 않기 위해 유신헌법을 발의하기 전에 미리 계엄을 선포하여 정치인들과 시민들이 꼼짝 못하도록 만들기 위한 예방적 계엄이라 당장에는 인명 피해가 없는 그런 계엄이었다. 그러나 모든 계엄, 특히 친위쿠데타적 성격이 있는 계엄은 필히 그 다음 순서로 독재 정치가 뒤따른다. 독재를 통해 장기집권을 하려고 일으키는 친위쿠데타이므로 그렇게 될 수밖에 없다. 그리고 그러한 장기집권과 독재는 반드시 체포, 고문과 살해 등 심각한 인권유린과 강압적 사회를 만들어 간다. 그러한 사회적 부조리와 불안은 궁극적으로 독재 정권의 몰락과 심각한 국가적 사회적 피해를 가져오게 된다. 10월 유신 계엄은 이러한 종착점을 향한 박정희 정권 몰락의 시작점이었다.

부마민주항쟁 계엄

박정희는 유신헌법을 통과시키고 본격적으로 영구집권의 길로 들어갔다. 동시에 이 길은 박정희 몰락의 길이기도 했다. 박정희는 유신체제를 '한국적민주주의'라고 포장했으나, 심지어 박정희 지지자들까지도 인정하지 않을 정도로 민주주의는 훼손되었다.

1974년이 되자 박정희에 대한 저항은 더욱 강해져갔다. 학생들은 전국민주청년학생연합(민청학련)을 조직하여 전국적인 연대투쟁에 돌입했으며, 야당정치인과 종교인 등이 연합하여 '민주회복국민회의'를 결성하고, 언론인들도 '자유언론수호투쟁위원회'를 조직하는 등 저항이 강해져갔다. 그리고 1979년, 마침내 박정희로 하여금 종말을 고할 사건이 터졌다.

1979년 YH무역주식회사 노동자들이 신민당 당사로 들어가 농성하는 YH사건이 터졌다. 이 사건을 계기로 박정희는 유정회 국회의원과 여당 국회의원을 동원하여 김영삼 신민당 총재를 제명하기에 이르렀다. 이에 김영삼 지지 지역인 부산과 마산에서 격렬한 저항이 일어났다. 10월 16일, 부산대학교 학생들 5천 여 명이 '유신정권 물러가라'를 외치며 교내에서 시위를 하다가 저녁때 시내로 진출했다. 다음날도 시위가 계속되었는데 퇴근시간 후 시민들이 합세하면서 시위는 걷잡을 수 없이 확산되었다.

다음날인 18일 0시를 기해 박정희 정부는 부산에 계엄령을 선포하고 계엄군을 투입했다. 1,058명이 연행되고 66명을 군사재판에 회부했다. 19일에는 시위가 마산 지역으로 확산되어 공화당 당사와 파출소가 타격을 입었다. 20일에는 근로자와 고등학생까지 시위에 합세하기에 이르렀지만 마산에 위수령을 선포한 후 이 지역에서는 일단 평온을 되찾았다. 그러나 부산에서의 시위 분위기는 잦아들지 않았고, 박정희 정권은 공수부대를 투입했다. 그리고 탱크와 장갑차까지 동원해서 공포분위기를 조성했다.

부산에서의 시위가 가라앉을 기미가 안 보이자 박정희와 차지철은 부산 마산 시민들을 학살할 계획까지 세웠다. 김재규의 증언에 의하면 박정희가 "자유당 때는 최인규나 곽영주가 발포명령을 하여 사형을 당하였지만, 내가 직접 발포명령을 하면 대통령인 나를 누가 사형하겠느냐?"라며 큰소리쳤고, 이에 차지철은 캄보디아를 언급하며 "부산·마산 시민 100~200만 명쯤 희생시켜도 괜찮지 않겠느냐?"는 망언까지 서슴지 않았다는 것이다. 광풍으로 치닫던 박정희 정부는 부마민주항쟁을 맞아 김재규에 의한 박정희와 차지철 처형으로 그 막을 내리게 되었다. 만일 박정희가 그렇게 죽지 않았다면 부산과 마산에서 어떤 대 참극이 벌어졌을지는 아무도 알 수 없는 일이었다.

10·26 전두환 군사반란 계엄

부마 민주항쟁으로 선포되었던 비상계엄은 박정희의 죽음으로 해제되었다. 그러나 박정희가 10월 26일 죽자 그 다음날인 27일 당시 최규하 대통령 권한대행에 의해 다시 비상계엄이 선포되었다.
이 계엄은 1981년 1월 24일까지 무려 1년 3개월 동안 지속되었다. 대한민국에서 가장 긴 계엄이었다. 이 시기 동안 우리 국민들은 정말 끔찍한 일들을 겪었다.

비상계엄은 최규하 권한대행에 의해 선포되었으나, 군대 내에서 하나회라는 사조직을 키워온 전두환 신군부가 실권자였다. 그들이 당시의 대한민국을 좌지우지하고 있었다. 최규하 권한대행이 12·12 군사반란 당시 정승화 계엄사령관의 체포 결재관계로 전두환에게 뺨을 맞았다는 소문마저 돌 정도였다. 전두환 신군부는 12·12 군사반란으로 전군을 장악하면서 정국의 전면에 나서기 시작했다. 이듬해인 1980년 봄은 군부독재의 종식을 요구하는 민주화세력과 군부독재를 이어가려는 신군부 간의 팽팽한 긴장 상태가 극으로 치닫고 있었다.

서울역 회군으로 불리는 사건이 벌어진 것이 바로 1980년 봄이었다. 대학생을 주축으로 하는 민주화세력은 계엄철폐와 신군부 퇴진을 요구하면서 서울역에 모여 대대적인 시위를 벌였다. 그러나 이러한 대규모 시위가 계엄 하에서 자칫 신군부에게 질서 유지를 한다는 명분으로 정권장악에 나서는 빌미를 줄 수 있다며 대학생들 스스로 시위를 해산하고 각자의 대학으로 돌아간 것이 서울역 회군이었다. 이 회군으로 인해 표출되지 못했던 신군부의 집권 야욕은 급기야 5월 광주의 민주화운동에서 신군부의 국민 학살로 터지게 된다.

제주4·3 이후 국민들이 계엄에 의해 겪은 가장 끔찍한 일은 광주 민주항쟁에 대한 전두환 신군부의 무력진압을 직접 체험하거나 목격해야 했던 것이었다. 1980년 5월 18일부터 광주에서 전두환 신군부에 반대하는 시위가 벌어졌다. 광주 시민들은 대학생들의 시위에 계엄군들이 잔인하게 대응하면서 사망자가 발생한 사건에 대한 책임을 물었다. 계엄 해제를 요구하며 군부독재의 종식과 전두환 신군부 정권탈취 의혹에 대한 해명을 강력하게 요구했다. 이에 전두환은 공수부대를 파견하여 무력진압을 자행했는데 이로 인한 피해는 감춰지고 줄여졌음에도 공식적인 발표만 해도 다음과 같다.

시민 측 피해 : 사망 165명, 부상 등 후유증으로 인한 사망 376명, 행방불명 76명, 부상 3,139명
진압군 측 피해 : 군인 23명 사망, 경찰 4명 사망, 군인 115명 부상, 경찰 138명 부상

그러나 이상은 공식적인 피해이고 계엄군에게 끌려가 죽임을 당하고 아무도 모르는 곳에 매장당한 이들의 피해는 그 규모를 알 길이 없다. 광주항쟁 직후에는 피해 규모가 3천 명에 이른다는 소문도 돌았으나 확인할 길은 없었다. 그리고 전두환이 대통령으로 정권을 잡고 있는 동안 끊임없이 희생자들이 나왔다. 가장 큰 피해는 '삼청교육대' 사건이었다.

'삼청교육대'는 계엄 기간인 1980년 8월부터 1981년 1월까지 전두환이 삼청계획 5호에 따라 만든 반인륜적 불법 기구로 줄여서 '삼청대'라고도 불렀다. 삼청교육대의 '삼청'은 당시 국가보위비상대책위원회가 서울특별시 종로구 삼청동에 위치해 있어서 지은 이름이다. 삼청교육대는 최규하 대통령 재임 중이던 1980년 8월 4일 '계엄포고 제13호'로 시행되었기에 엄밀히 말하면 4공화국 시기에 일어난 사건이었다. 그러나 계엄포고 13호를 발령한 것은 전두환 국가보위비상대책위원회 상임위원장이었다. 그러므로 실제로 이를 구상하고 시행한 것은 전두환이었다고 해도 하나도 어색하지 않다.

　삼청교육대 사건으로 피해를 입은 희생자는 공식적으로는 사망 54명, 후유증으로 인한 사망 397명, 부상자 2,678명이었다. 그러나 문제는 삼청교육대에 끌려 간 사람들의 숫자만 있고 명단은 없다는 점이다. 그리고 끌려 들어간 사람 숫자는 있는데 풀려난 사람의 숫자 역시 없다. 삼청교육대에 끌려간 사람이 정확히 39,742명에 달했는데 나온 사람은 몇 명인지 아무도 모른다. 기록이 없기 때문이다. 교육이 끝나고 살아남은 사람은 그냥 출소시켰을 뿐 몇 명인지 인원 파악도 안 했다는 얘기다. 삼청교육대에서 곤욕을 겪은 사람들의 이야기를 감안하면 무지막지한 폭력으로 1.1% 정도의 사람이 죽었다고 추산된다. 거의 4백 명 가까운 사람들이 죽었다는 것이다.

　삼청교육대로 인한 당시 사회적 공포 분위기는 상상을 초월한다. 필자도 시내버스를 타고 가다가 불시에 승차하여 검문하는 군인을 본 적이 있는데, 당시 검문하던 군인들은 조금만 수상해 보여도 옷을 걷어 올리라 하고는 배에 칼에 찔린 듯한 흉터가 있거나 문신이 있으면 그 자리에서 체포하여 삼청교육대로 보냈다. 배에 어릴 때 종기를 앓은 흉터가 있는 나는 그것을 보면 틀림없이 삼청교육대 행이라는 생각에 두려움으로 떨어야 했다. 다행히 그 군인은 버스 앞에서 뒤까지 한 번 돌아본 뒤 아무 말 없이 내려갔다.

이처럼 아무 잘못도 없는 사람들을 잡아다가 혹독한 훈련 끝에 사망에 이르게 한 삼청교육대 사건은 지금이라도 탈탈 털어서 그 주모자는 물론이고, 고의적으로 혹독한 훈련을 시킨 교관들과 현장 책임자들을 심판대 위에 세워야 진정한 정의가 아닐까? 아래는 그때 잡혀갔던 사람들을 분류해 본 것이다. 달리 다른 이유가 있었을까?

지적장애인, 신군부를 비판한 종교인 및 언론인, 부녀자, 무고한 시민, 실업자, 무직자(백수), 5·18 광주 민주화 운동 시민군 포로, 화교, 일본계 한국인과 재일교포, 문제 행동 학생, 대학생 및 대학원생, 일용직 노동자, 노동 운동가 및 노조원, 신군부 반대 세력 및 재야 민주화 세력, 전과자, 노숙자, 부랑자를 비롯한 무연고자, 민주당계 정당 지지자, 진보정당 지지자

12·3 윤석열 계엄

이제 대한민국 역사상 17번의 계엄 선포 중 마지막 계엄이면서 이번에 윤석열이 일으킨 내란사태 계엄을 말 할 차례이다.

지금 국회의원들 대부분이 위에서 다룬 계엄 사건들 중 적어도 한 번 정도는, 그러니까 그 마지막 계엄인 전두환의 계엄은 겪었기에, 이번 윤석열의 계엄에서 계엄 해제를 위해 국회로 가면서 온갖

상상과 공포심을 가지고 가야 했다. 실제로 계엄이 해제된 다음 드러난 사실들을 보면 원래 계획은 전두환의 계엄보다 훨씬 더 잔인하고 광범위한 학살을 자행하려 했다는 정황이 있다. 전두환은 적어도 정치인은 정치를 못하게 감금만 했지 아무도 죽이지는 않았다. 김대중도 사형 선고는 했지만 감형해서 풀어주었고, 김종필이나 당시 그 어떤 정치인도 끌려가 죽지는 않았다. 그러나 윤석열은 심지어 자기와 같은 정당인 국민의힘 당대표였던 한동훈까지 죽이겠다고 결심했다. 윤석열은 법정에서 아무 것도 일어나지 않은, 아무런 피해가 없는 계엄이었고 이런 계엄이 어떻게 내란이 되느냐고 강변하고 있지만, 그 계엄이 계획대로 실행되었다면 엄청난 참극이 21세기 대한민국에서 벌어질 뻔했던 것이다.

이러한 윤석열의 계엄에 나타난 특징을 정리해 보자면 다음과 같다.

첫째, 불법적인 계엄이라는 것이다. 물론 대한민국에서 선포된 17번의 계엄에서 합법적인 계엄은 거의 찾아볼 수가 없다. 대부분이 권력자가 자기 권력을 강화하거나 연장시키기 위해 선포한 것이어서 합법적일 수가 없다. 윤석열의 계엄도 마찬가지였다. 계엄 선포에서부터 위법인데다 포고령 1호도 위법을 고스란히 드러내고 있다. 계엄 선포가 국무회의를 거쳤는지도 의문이다. 계엄은 국무회의 의결을 거쳐야 하는데 국무회의에서 계엄을 의결했는지 명확하지 않다. 국무위원들의 말이 다 각각이다. 국무회의인지 몰랐다는 국무위원도 있고, 그냥 나왔다나 어쨌다나, 이렇듯 윤석열의 계엄 선포 과정이 엉망이었다. 그런데다가 국회와 지방의회의 기능을 마비시키는 것 자체가 커다란 위헌적 행위이고 조치이다. 국무회의에서 계엄을 의결하면 즉각 국회에 통보하게 되어있다. 그런데 윤석열은 국회에 통보는커녕 국회에 계엄군을 보내 국회의원들이 계엄 해제를 의결하지 못하도록 끌어내라는 지시를 내린 것이다. 불법 투성이었다.

둘째, 위에서 보듯이 계엄군은 매우 잔인하다. 광주에서 마구잡이 학살을 감행했고, 삼청교육대에 억울하게 잡혀온 사람들을 나이와 성별을 가리지 않고 인간으로서 견딜 수 없는 가혹한 훈련을 시키고, 폭행을 가하고, 인격을 말살했다. 12·3계엄에서는 그런 계엄군에 맞서서 시민들이 맨몸으로 막아냈다. 몸싸움도 하고, 총부리도 잡고, 말로도 달래고, 장애물을 쌓고, 소화기를 뿌리면서 필사적으로 막아냈다. 시민들이 맨몸으로 용감하게 국회를 보호하고 국회 본회의장을 사수하지 않았으면 목숨 걸고 국회로 갔던 국회의원들이 모조리 이 계엄군에게 끌려 나와 정말 사지로 향했을지도 모른다. 어쩌면 지금 우리가 만나서 반갑게 웃는 의원들 대다수가 이미 이 세상 사람이 아닐 수도 있었던 것이다. 그런 점에서 22대 국회의원, 특히 민주당과 조국혁신당 등 진보진영의 야당 국회의원들은 시민들에게 자신들의 생명을 빚졌다고 해도 과언이 아니다.

셋째, 윤석열이 계엄에 실패한 것에는 군인들도 크게 한 몫 했다. 군인들은 적극적으로 계엄 임무를 수행하지 않고 소극적으로 대응함으로써 시민들의 저항에 암묵적으로 동조했다. 계엄을 내렸지만 아무 일도 일어나지 않았다는 윤석열의 말에 대해 한 지휘관은 내부하들이 아무 것도 안 함으로써 아무런 일이 안 일어난 것일 뿐이라고 법정에서 쏘아붙였다.

사실, 출동했던 계엄군이 공포탄이라도, 그리고 단 한 발만이라도 발포했다면 상황은 완전히 달라졌을 것이다. 총성 앞에 용감할 사람은 없다. 총성이 울려 퍼졌다면, 국회에 출동한 천 명이 넘는 군인들 중 단 한 명이라도 영웅심에 총탄을 발사했으면, 공포탄이라도 쐈다면 국회는 무너졌을 것이다. 그러나 모든 군인들이 총을 쏠 생각을 안 했다. 모 지휘관은 강북에서 출동해서 국회로 오고 있던 자기 부하들에게 서강대교를 넘지 말라고 명령했다. 선관위 쪽으로 출동한 일부 병력은 선관위로 들어가지 않고 근처 편의점에서 김밥을 사 먹는 등 임무 수행을 소극적으로 거부하고 시간만 때우다가 국회에서 계엄이 해제되자 원대복귀 해 버렸다. 심지어 국회에 투입되었던 특전사 군인들도 국회에서 계엄 해제가 결의되자마자 상부의 지시가 없었는데도 국회 경내에서 철수해버렸다. 이들이 철수하는 것을 보고 수방사 병력도 철수해버렸다. 그렇게 함으로써 윤석열이 2차 계엄을 시행할 엄두를 못 내게 만들었다.

과거 역사에서 보듯, 저 악랄하고 잔혹한 계엄으로부터 이 나라를 구한 것은 용감하게 국회로 달려간 국회의원들과 함께 그들을 보호하고 계엄군과 싸운, 경찰과 싸운 시민들이고, 그렇게 싸우는 시민들에게 소극적으로 대응한 군인들이었다. 과거에도 시민들은 저항했으나 번번이 실패했는데, 이번에는 시민들과 의식이 같은 군인들이 있어서 그 저항이 성공할 수 있었다. 민주시민과 민주군인들이 힘을 합하여 이 나라를 지켜낸 것이었다.

 국회 앞에서 온몸으로 저항한 시민들은 칭찬을 들어 마땅하다. 소극적으로 부당한 계엄 명령에 저항한 지휘관과 장병들은 칭찬들을 자격이 충분하다.

3.

윤석열 대통령 탄핵 의결, 그 험난한 과정: 광화문, 여의도

　　12월 4일 새벽 1시 2분 국회가 계엄해제를 의결함으로써, 최악의 상황은 넘겼다. 민주시민들과 야당 국회의원, 국회의원 보좌관, 국회 직원, 민주당 등 야당 당직자들이 온 몸으로 특전사 병력들을 막아냈고, 특전사 병력들은 부당한 상부의 지시에 태업으로 소극적 저항을 하는 사이, 국회 소집을 통보하면서 모든 의원들에게 국회로 모여 달라고 호소한 우원식 국회의장, 잡히면 죽을 수도 있다는 공포감 가운데에서도 시민들에게 나라를 구하기 위해 국회로, 여의도로 모여 달라고 실시간 유튜브 방송을 하면서 국회로 달려간 이재명 민주당 대표의 기지와 용기와 희생정신으로 최악의 상황을 극복했다. 우리 국민들과 야당은 참으로 위대한 과업을 이루었다.

그러나 이것만으로 끝난 것은 아니다. 이렇게 끝날 수도 이렇게 끝내어서도 안 된다. 저 무도한 윤석열과 그 일당을 처단하고 나라를 안정시키며 위기에서 구해내야 한다. 그것을 위한 첫 관문은 윤석열 탄핵이었다.

민주당은 계엄 해제 요구 결의안이 통과되어 계엄이 해제된 12월 4일 오후 12시 정각에 국회 본청 앞 계단에서 비상시국대회를 열었다. 민주당 국회의원들과 보좌관, 당직자 등과 함께 수도권의 지방의원들, 그리고 당원들이 모여서 현 시국에 대한 입장 발표를 하면서 윤석열 대통령과 정부를 성토했다.

국회 본관 앞 민주당 비상시국대회 모습

국회, 윤석열 탄핵소추 발의

오후 2시 40분 야 6당 의원 191명 전원이 서명한 윤석열 대통령 탄핵소추안을 본관 7층 의안과(701호)에 제출했다. 여기에는 천하람 개혁신당 원내대표, 조국혁신당 신장식 의원, 진보당 윤종오 원내대표, 기본소득당 용혜인 대표, 사회민주당 한창민 대표, 더불어민주당 김용민 의원 등이 참여했다.

야 6당의 대통령 탄핵소추안 국회 의안과 접수

야 6당이 윤석열 탄핵소추를 발의하고 국회 의안과에 접수한 근거는 이렇다. 문제가 제기되었던 계엄 선포가 국무회의를 거쳤는지의 문제는 고사하고서라도 계엄을 선포할만한 전시나 사변 그리고 이에 준하는 국가비상사태가 없었다는 것이 윤석열 계엄 선포에서 가장 큰 문제였다. 물론 국회에 통고하지도 않았다. 오히려 국회에 통고하는 대신에 계엄군을 보냈던 것이다. 탄핵 사유는 아래와 같다.

탄핵 사유

(헌법 제65조 제1항)대통령, 국무총리, 국무위원, 행정각부의 장, 헌법재판소 재판관, 법관, 중앙선거관리위원회 위원, 감사원장, 감사위원 기타 법률이 정한 공무원이 그 직무집행에 있어서 헌법이나 법률을 위배한 때에는 국회는 탄핵의 소추를 의결할 수 있다.

1) 계엄령 선포 요건의 불충족
● 헌법 제77조 ① 대통령은 전시·사변 또는 이에 준하는 국가비상사태에 있어서 병력으로써 군사상의 필요에 응하거나 공공의 안녕질서를 유지할 필요가 있을 때에는 법률이 정하는 바에 의하여 계엄을 선포할 수 있다.
그러나 현 국가 상황이 헌법이 말하는 전시·사변 또는 이에 준하는 국가비상사태의 요건에 부합하지 않으므로 헌법을 위반한 것이다.
● 헌법 제77조 ③ 비상계엄이 선포된 때에는 법률이 정하는 바에 의하여 영장제도·언론·출판·집회·결사의 자유·정부나 법원의 권한에 관하여 특별한 조치를 할 수 있다.
헌법에서는 대통령에게 영장제도·언론·출판·집회·결사의 자유·정부나 법원의 권한에 관하여 특별한 조치를 할 수 있다고 규정하고 있으나, 입법권이 있으며, 그 입법권으로 계엄령 해제를 결의할 수 있는 국회에 대해서는 일체 어떤 행위도 할 수 없음에도 불구하고 대통령은 계엄을 선포하고 바로 이어서 국회를 폐쇄하였는바 이는 심대한 위법 위헌적인 행위라고 할 것이다.
● 헌법 제77조 ④ 계엄을 선포한 때에는 대통령은 지체 없이 국회에 통고하여

야 한다.

그러나 대통령은 국회에 통고 절차를 전혀 진행하지 않았다.
● 헌법 제77조 ⑤ 국회가 재적의원 과반수의 찬성으로 계엄의 해제를 요구한 때에는 대통령은 이를 해제하여야 한다.

이 조항의 취지는 대통령은 그 어떤 상황에서도 국회의 권능을 보존하여야함을 요구하는데 대통령은 계엄을 통해 국회를 폐쇄함으로써 국회의 계엄 해제 권한을 물리적으로 막으려 시도했다. 따라서 대통령은 헌법의 이 조항도 위반한 것으로 사료된다.

2) 내란 범죄 여부

● 비상계엄 하에서 해제권을 행사할 수 있는 유일한 기관이 국회인데 비상계엄 해제를 위해 국회의원들이 국회로 집결하는 행위를 막았다. 이는 비상계엄 선포와 군을 동원한 헌법기관의 유린으로서 법률상 명백하게 내란죄에 해당한다. 또한 전두환, 노태우 재판 관련 법원 판례(서울고법 96노1892)가 이를 입증한다. 아래는 그 판결문의 일부이다.

> 가. 국헌의 문란
> (1) 원심 판시와 같이 피고인들이 국회의사당을 병력으로 봉쇄하고 국회의원들의 출입을 금지하고 이어 상당기간 국회가 개회되지 못하였다면 이것은 헌법기관인 국회의 권능행사를 사실상 불가능하게 한 것에 해당한다.

● 헌법 제84조 대통령은 내란 또는 외환의 죄를 범한 경우를 제외하고는 재직 중 형사상의 소추를 받지 아니한다.

그런데 윤석열은 계엄을 통해 위와 같은 내란의 죄를 범했으므로 형사상 소추 면제의 예외에 해당하는 범죄를 저질렀기 때문에 탄핵 전에도 수사와 기소가 가능하다. 따라서 형사상 고발도 가능한 것이다.

이제 국회에서의 윤석열 탄핵이라는 화살은 탄핵소추안을 의결함으로써 시위를 떠났다. 그러면 탄핵 정국에서 과연 윤석열이 특단의 결단을 내릴 가능성은 있을까? 국힘과 야당의 입장은 어떨까? 그리고 탄핵에 대해 최종적으로 판결을 내릴 헌법재판소는 어떤가? 이에 대하여 알아보자.

국회 탄핵안 의결 가능 여부

1) 먼저 대통령의 입장을 고려해보자.
- 계엄군의 계엄 명령에 대한 소극적 저항이 확인된 이상, 윤석열은 제2의 계엄을 선포할 수 있는 방법이 없다는 것을 확인했을 것으로 볼 수 있다.
- 자진 하야가 가장 깨끗한 방안이지만 그 가능성은 그의 담화문 내용으로 볼 때 매우 낮은 것으로 파악된다.

2) 여당 입장은 어떠한가?
- 국민의힘 최고위와 의원총회에서 한동훈 대표는 △내각 총사퇴 △김용현 국방부 장관을 비롯한 책임자 처벌 △윤석열 대통령 탈당 등을 제안했다.
- 그러나 앞선 두 개의 요구에는 합의가 이루어졌지만 대통령 탈당에 대해서는 내부적인 이견 있어 추가 논의키로 결론 내렸다.
- 그렇다면 탄핵안 통과와 관련한 국민의힘 사정은 어떠한가? 친한계 의원들 중 8명만 동의해도 탄핵이 가능한 상황이지만, 여당 내에는 박근혜 대통령 탄핵에 대한 트라우마로 탄핵이 가결된다면 당이 쪼개지고, 정권 재창출이 불가능하며 동시에 이재명 대표 대통령 만들기에 일조한다는 점들이 제기되어 고민스러워하는 모습이 역력히 보였다.
그렇다고 여당이 무리하게 대통령을 지키려고 제대로 된 대응을 하지 않는다면 역풍을 맞을 수 있다는 점도 고민하고 있는 부분이다.

3) 야당 입장
- 민주당은 의원총회에서 결의문을 채택하여 하야 하지 않으면 탄핵 절차에 바로 돌입하겠다는 입장을 밝히고 윤석열·김용현·이상민 등에 대해 내란죄로 고발을 추진키로 결정했다. 이재명 대표는 "한동훈 국민의힘 대표와 소통해 탄핵안 의결 정족수를 확보한 뒤에 '윤석열 대통령 탄핵안'을 발의하겠다."고 발표했다.
- 조국혁신당과 개혁신당도 탄핵에 동의한다는 의사를 밝혔다.

헌법 재판소의 문제

- 당시 헌법재판소는 6인 체제로 운영 중(재판소장 포함 9명 정원)이었다. 이종석 전 헌재소장과 이영진·김기영 전 재판관 퇴임 이후 국회 몫 3명이 공석인 상태였기 때문이다. 헌법재판소법에 의하면 재판관 7명 이상의 출석으로 사건을 심리할 수 있고, 6명 이상 찬성 있어야 탄핵 결정 가능(헌법재판소법 제23조)하다. 즉, 현재 6인으로는 신규 탄핵 소추안의 심리가 불가능하다는 얘기다. 다만 방통위원장으로 임명된 이진숙이 국회에서 탄핵되어 헌재에 가처분신청을 한 것이 받아들여져 6인 체제로도 심리는 가능한 길을 열어놓긴 했었다.
- 다행인 점은 국회 몫인 3인의 재판관에 대해 여야가 이미 합의해서 세 명에 대해 국회 청문회 절차만 남아있었다. 민주당이 청문회를 강행해서 통과시키면 되는데 또 하나의 문제는 이들을 대통령이 임명해야 한다는 점이다. 윤석열은 당연히 임명하지 않을 것이고, 탄핵소추안이 국회를 통과한다면 대통령의 직무는 정지되고 권한대행인 한덕수 총리가 신임 헌재재판관을 임명해야 하는데 과연 한덕수 총리가 임명할 것인가의 문제가 있었다.

이상과 같이 탄핵소추안을 발의했지만 이는 오랜 싸움의 시작을 알리고 있었다. 무엇보다도 예상했던 대로 국민의힘이 가장 큰 난관이었다. 계엄해제에도 적극 참여하지 않았던 국민의힘은 탄핵에 이르러서는 본격적으로 사보타주를 시전한다.

윤석열의 계엄 쿠데타로 밤새 마음을 졸였던 시민들은 탄핵을 위해 국민의힘에게 압력을 넣으려 광장으로 모이기 시작했다. 12월 4일 12시에 본청 계단 앞에서 비상시국대회를 연 민주당은 당일 오후 5시에 촛불문화제를 같은 장소에서 개최했다.

국회 본관 앞에서 열린 촛불문화제

같은 날 광화문에서도 시민단체 주최의 윤석열 퇴진 촛불문화제가 열렸다. 윤석열의 계엄 및 내란 시도로 빚어진 위기의식이 시민들로 하여금 신속하게 움직이도록 만들었다. 광화문과 여의도에서만 열린 게 아니었다. 전국적으로 촛불문화제가 열렸다.

경기도 광명에서도 열렸고, 강원도 춘천, 삼척, 강릉, 원주에서도 열렸다. 충청도에서는 대전, 당진, 서산, 보령, 공주, 아산, 천안, 청주에서 열렸으며, 호남에서는 전주 2곳, 남원, 구례, 나주, 목포, 영암, 장흥, 화순, 해남, 여수, 순천, 광주 등지에서 열렸다. 영남도 예외가 아니었다. 대구, 포항, 거제, 거창, 산청, 진주, 함양, 합천, 창원, 울산, 부산 2곳에서 열렸다. 제주에서도 제주시청 앞에서 열렸다. 해외에서도 열렸다. 미국 뉴욕과 LA, 그리고 워싱턴DC 등에서 열렸으며 호주 멜버른에서도 열렸다.

국회에서 탄핵 집회가 열리고 탄핵소추안을 접수시키던 날, 시민단체도 광화문에서 계엄을 규탄하는 집회를 열었다. 광화문 집회 때까지만 해도 촛불이 주류를 이뤘다. 이날은 주최 측에서 배부하는 초를 받아서 촛불을 켰는데, 주변에는 이미 응원봉을 흔드는 사람들이 상당히 있었다.

이런 와중에 국힘 당대표 한동훈은 탄핵 표결이 있은 7일 전날인 6일, 윤석열과 독대를 했다. 12월 6일 정오 무렵 서울 용산에 있는 대통령실에서 윤석열과 한동훈 대표가 단 둘이 만났다. 당시 정진석 대통령 비서실장이 참석했지만 한 전 대표가 자리를 비켜달라고 요청해 독대가 이뤄졌다고 한다. 대통령과의 독대는 한 대표가 비상대책위원장, 당 대표가 된 이후 처음이었다.

한 전 대표는 이 자리에서 국민들이 2차 계엄을 우려하고 있어 여인형 방첩사령관 등 계엄에 관여한 군인들을 즉시 직무에서 배제할 것을 요청했지만 윤 대통령이 이를 거절했다고 한다. 당시 윤 대통령은 "군 인사는 그런 식으로 하면 안 되고 순차적으로 정상적으로 해야 하는 것"이라면서 "김용현 장관의 후임을 지명했으니, 후임자가 청문회를 거쳐 임명되고 나면 그때 순차적으로 군 인사를 검토하게 될 것"이라고 말했다고 한다. 이어 "그러니 여인형 방첩사령관 등 계엄에 핵심적으로 관여한 군인들에 대해서도 지금 바로 직무배제를 할 수 없다"고 부연했다는 것이다. 그러나 독대를 마치고 나온 뒤 1시간 정도 지나 여인형 방첩사령관과, 곽종근 특수전사령관, 이진우 수도방위사령관의 직무를 배제한다는 발표가 났다.

그리고 다음날 오전, 윤석열은 짤막한 대국민 담화문을 발표한다. 계엄을 선포하면서, 그리고 계엄을 해제하면서 발표한 이후 세 번째 담화문이었다.

존경하는 국민 여러분, 저는 12월 3일 밤 11시를 기해 비상계엄을 선포했습니다.

약 2시간 후, 12월 4일 오전 1시경 국회의 계엄 해제 결의에 따라 군의 철수를 지시하고 심야 국무회의를 거쳐 계엄을 해제하였습니다.
이번 비상계엄 선포는 국정 최종책임자인 대통령으로서의 절박함에서 비롯되었습니다. 하지만 그 과정에서 국민들께 불안과 불편을 끼쳐드렸습니다. 매우 송구스럽게 생각하며 많이 놀라셨을 국민 여러분께 진심으로 사과드립니다.
저는 이번 계엄선포와 관련하여 법적, 정치적 책임 문제를 회피하지 않겠습니다.
국민 여러분, 또다시 계엄이 발동될 것이라는 얘기들이 있습니다마는 분명하게 말씀드립니다. 제2의 계엄과 같은 일은 결코 없을 것입니다.
국민 여러분, 저의 임기를 포함하여 앞으로의 정국 안정 방안은 우리 당에 일임하겠습니다. 향후 국정 운영은 우리 당과 정부가 함께 책임지고 해 나가겠습니다. 국민 여러분께 심려를 끼쳐드린 점 다시 한 번 머리 숙여 사과드립니다.

담화의 내용은 우선 매우 짧다. 많은 사람들은 계엄 해제 후 처음으로 발표하는 담화이니만큼 계엄에 대한 세부적인 설명과 사과가 따라야 한다고 생각했지만 기대와 달리 매우 짧은 담화로 끝냈다. 내용을 보면, 계엄을 선포하게 된 이유에 대해 변명하고, 법적, 정치적 책임을 회피하지 않겠다고 선언하면서, 제2의 계엄은 없을 것이고 앞으로의 정국 안정 방안은 국힘에 일임하며 당과 정부가 함께 책임지고 국정을 이끌어 나가겠다고 선언하며 끝을 맺었다.

국회 탄핵안 표결

12월 4일 접수된 탄핵안은 12월 5일 국회에서 발의되었다. 발의된 탄핵안은 48시간 내에 표결에 부쳐야 한다. 따라서 목요일 발의된 탄핵안은 금요일이나 토요일 표결에 들어갈 것으로 기대되었다. 민주진영은 총력을 다 해서 시위를 이어갔다. 4일 시위와 촛불문화재에 이어 5일과 6일에도 시위를 이어갔고, 국회 탄핵 표결이 있는 7일 토요일에는 여의도에서 대규모 탄핵 촛불문화제가 열렸다.

수 십 만 명의 인파가 여의도 국회의사당 앞 도로를 가득 메웠다. 지하철 여의도역에서 내려 밖으로 나왔지만 거기까지 이미 인파가 도로를 채우고 있어 국회의사당 쪽으로 전진하는 데 굉장히 어려움이 있었다.

집회장에는 확연하게 젊은이들의 모습이 많아지기 시작했다. 젊은이들은 탄핵이 부결되었음에도 떠나지 않고 자리를 지키며 탄핵을 요구했다.

위의 사진에서 보듯이 수 십 만 명의 사람들이 추운 날씨에도 불구하고 여의도에 모여 열심히 응원하고 염원을 전했지만 김건희 특검법 재의안과 윤석열 탄핵안은 부결되었다. 김건희 특검법 재의안은 이날 오후 5:45에 표결을 진행한 결과 300명 중 198명 찬성으로 2/3를 넘기지 못해 부결되었고, 탄핵안은 국힘 의원들이 대부분 퇴장하여 투표자 수가 의결정족수인 200명에 미치지 못해 불성립으로 개표도 못하고 말았다. 안철수 의원만 퇴장하지 않고 남아 있다가 투표했고, 나중에 김예지 의원과 김상욱 의원이 돌아와 투표에 참여했다. 국힘 의원 전체 108명 중 105명이 투표를 보이콧한 셈이었다.

탄핵안이 국회에서 부결되었음에도 많은 시민들이 집회를 계속 이어갔다(국회 앞 본 집회장에서 한참 떨어진 여의도공원 앞 한국수출입은행 도로까지 가득 메운 시민들)

탄핵안이 무산된 후 민주당 이재명 대표는 피 끓는 심정으로 다음과 같이 호소문을 발표한다.

존경하는 국민 여러분!

늦은 시간까지 관심 가지고 지켜보셨을 텐데, 저희들이 부족해서 원하는 결과를 만들어내지 못한 점에 대해서 사과드립니다. 국민의힘은 민주 정당이 아닙니다. 국민의힘은 내란 정당, 군사 반란 정당입니다.
국민의힘은 주권자를 배신한 배신 정당, 범죄 정당입니다. 헌정 질서를 수호할 책임 있는 대한민국 정당이 아니라, 헌정 질서를 파괴하는 군사 반란 행위에, 내란 행위에 적극 가담했을 뿐만 아니라 이들의 책임을 묻는 것에 대해서도 반대했습니다. 그 얄팍한 기득권을 지키겠다고, 국민의 이 염원을 버렸습니다.

그러나 국민 여러분!
우리는, 그리고 대한민국 국민들은 결코 포기하지 않을 것입니다. 반드시 내란 행위, 군사 반란 행위에 대해서 책임을 묻고, 이 나라의 모든 혼란을 이겨낼 것이며, 대한민국 최악의 리스크가 되어 있는 윤석열 씨를 반드시 탄핵하겠습니다.

국민 여러분 말씀하시는 대로, 포기하지 않겠습니다. 반드시 이기겠습니다. 크리스마스에는, 연말연시에는, 그때까지는 이 나라를 반드시 정상으로 되돌려서 여러분께 크리스마스 연말 선물로 돌려 드리겠습니다.

한편, 계엄 관련 정보들이 하나씩 밝혀지기 시작했다. 먼저 방첩사 관련 내용을 보면, 방첩사가 최소한 11월 1일부터 계엄을 사전 준비한 정황이 확인됐다. 제보에 따르면 방첩사는 11월 30일 전부터 '계엄사-합수본 운영 참고자료'를 만들어 여인형 당시 방첩사령관에게 보고한 것으로 드러났다. 방첩사는 계엄선포 관련 주요 쟁점사항으로 ▲국회가 계엄해제 요구 시 대통령 거부 권한 ▲계엄관련 국민의 부정적 인식으로 임무수행 제한 시 대책을 들었을 뿐 아니라, ▲계엄사령관에 육해공군 총장이 임명될 수 있는지 여부도 함께 검토했다고 한다.

또한, 방첩사는 ▲계엄-통방위 사태가 함께 선포될 수 있는지 ▲계엄-통방위 사태가 같은 시기 발령시 방첩사 제한사항은 무엇인지를 확인했는데. '통방위'는 적의 침투, 도발이나 그 위협에 대응하여 선포하는 '통합방위사태'의 줄임말로, 방첩사가 통합방위 사태를 계엄과 함께 검토한 것으로 봤을 때 '윤석열 대통령이 대북 국지전 발발까지 염두에 둔 게 아니냐?'는 합리적 의심까지 할 수 있는 정황이다.

실제로 김용현 전 국방부 장관이 계엄 전, 김명수 합참의장에게 '북에서 오물풍선이 날아오면 경고 사격 후 원점을 타격하라'고 지시했다는 제보가 들어온 바도 있다고 이기헌 민주당 국회의원은 밝혔다. 해당 참고자료가 계엄 전 최소 1주일 전에 작성되어 여인형 전 방첩사령관에게 보고됐다는 점에서, '언론을 보고 계엄 사실을 알았다'던 여인형의 말은 거짓임이 명백히 드러난 것이다.

다음 날인 12월 8일에는 또 하나의 진전이 있었다. 계엄 당시 국방부 장관이었던 김용현이 새벽 일찍 제 발로 검찰로 걸어 들어가 자수했다. 김용현은 조사 받은 후 그날로 체포되었다. 검찰공화국이니 검찰에 셀프 체포된 것이 아니냐는 의혹이 강하게 제기되었다. 계엄 사태와 내란에 대한 수사가 시작되었는데, 수사 관할권 문제로 두 곳에 수사본부가 꾸려졌다. 검찰과 군 검찰이 합동으로 특별수사본부(특수본)를 꾸렸고, 국가수사본부와 군 경찰과 공수처가 합하여 공조

수사본부(공수본)를 꾸렸다. 내란과 관련하여 최초로 특수본에서 김용현을 체포함으로써 특수본이 한 발 일찍 내디뎠다.

8일 날 깜짝 사건이 하나 있었는데, 한동훈 국힘 대표가 한덕수 총리를 국힘 당사로 불러 함께 긴급 기자회견을 한 것이다. 이 기자회견에서 한동훈은 자신과 한덕수 총리가 공동으로 국정을 꾸려 나가겠다고 선언했다. 이에 한겨레신문은 '탄핵하랬더니 통치하겠다는 한동훈'이라는 제목으로 기사를 실었다. 한동훈의 논리는, 윤석열이 대국민담화에서 국정은 당과 정부가 책임지고 꾸려가겠다고 한 말에 근거한 것이었다. 이는 대통령의 권한을 대통령이 자연인 누구에게 이양할 수 있다고 착각한 것으로서 왕조시대에나 있을 법한 일이다. 우리 국민들은 윤석열을 대통령으로 뽑았지 한동훈을 뽑은 것이 아니다.

그런데 한동훈과 윤석열은 권력의 이양이 가능하다고 생각한 것이다. 무지몽매하다고 해야 할까! 참으로 놀라운 일이다.

보배드림 게시판에는 '오늘이되다'라는 20대 누리꾼 이름으로 다음과 같이 국힘당을 포함한 기득권들에게 확실하게 책임을 묻자는 취지의 글이 올라왔다.

> "지금까지는 국민의힘이라는 정당과 윤석열을 어떻게든 작전세력들이 분리할 수 있는 명분이 있었겠지만, 이제 오늘부로 국민의힘은 윤석열의 친위대임을 자처하면서 운명공동체를 선언했습니다. 그리고 더욱 대단한 건, 이 일로 인하여 국민의힘에 끝까지 남아있던 지지층의 일부 중 윤석열에 대한 반감이 있던 사람들이 확실하게 국민의힘에서 대외적으로는 돌아설 명목이 만들어진 겁니다.
> 현재 상황이 엄혹한 것, 맞습니다. 급박한 것, 맞습니다. 하지만 대통령을 빠르게 탄핵한다고 해서 끝나는 것이 아닙니다. 이승만은 하야했지만 이승만'만'이 무대에서 내려온 것뿐이었고, 박정희는 사망했지만 박정희'만'이 무대에서 내려온 것뿐이었고, 전두환은 내려왔지만 전두환'만'이 무대에서 내려온 것뿐이었습니다.
> 이 모든 무대를 설계하고 국민을 우롱하는 세력들, 일제강점기 때부터 그 똬리를 틀던 권력들(검찰, 언론, 사법부, 일부 재계 등)은 털끝도 못 건드려보고 우리는 그들의 발톱에 노무현 대통령을 잃었습니다. 그리고 드디어, 경술국치 이후 무려 114년 만에 우리는 그 '커튼 뒤의 세력'들에게 확실하게 책임을 물을 수 있는 기회를 잡은 겁니다. (후략)"

응원봉의 등장과 응원봉의 윤석열 탄핵 정국 주도

응원봉의 등장은 윤석열 탄핵 정국에 있어서 여러 가지 의미를 부여할 수 있겠다. 응원봉은 그야말로 혜성같이 나타나, 윤석열 탄핵이라는 절대 절명의 정국에 큰 활력소가 되었다. 윤석열이 계엄 쿠데타를 일으키기 훨씬 이전인 집권 초부터, 윤석열의 무능과 실정으로 이미 매주 주말이면 이를 규탄하는 시민단체들의 집회가 있었다. 그러나 박근혜 퇴진운동 때와는 비교할 수 없을 정도로 집회 참여하는 시민들의 열기는 약했었다. 특히 젊은이들의 참여는 찾아보기 어려웠었다. 그래서 젊은이들의 탄핵집회 참여는 기성세대들이 기대하지도 않았던 일대 사건이었다. 마치 '왕의 귀환'이라는 영화 제목 같은 말을 떠올리게 한다. 귀환한 왕은 곧 정국을 주도하게 된다. 이런 응원봉의 향후 행보가 기대되기도 한다.

'귀환'이란 말은 젊은 세대의 현실참여를 의미한다. 70~80년대 박정희, 전두환 군부독재에서의 저항은 대학생들이 주류였다. 70년대 박정희 군부독재에 저항했던 민청학련은 80년대 들어 전두환 군부독재에 저항한 전대협과 한총련으로 이어졌다. 대학교에는 필수 과목으로 군사훈련을 가르치는 교련 과목이 있었다. 문무대라 칭하는 군부대 안에서의 훈련도 있었다. 대학생들의 기구로는 학도호국단이라는 관제 기구가 있었을 뿐이었다. 군부독재는 대학을 장악하고 있었다. 대학생들의 자치회로서의 학생회는 대학생들이 군부독재에 강력히 저항하면서, 80년도 초에 이르러서야 부활되었다. 한총련 이후 학생운동의 정치참여가 전개되면서 학생회 출신 대학생들의 정치 참여가 늘었다. 이에 기존 정치권의 반발로 386 비판이 거세지면서 현실 참여의 학생운동은 퇴조를 보였다. 물론 현실참여 학생운동의 퇴조에는 다른 많은 이유가 있다. 어쨌거나 386 이후 젊은이들은 현실참여에서 모습을 감췄었다.

그랬던 젊은이들이 윤석열 탄핵 정국에서 응원봉으로 귀환한 것이다. 일단 응원봉은 박근혜 탄핵 정국을 주도했던 촛불을 응원봉으로 바꾸게 만들었다. 지난 촛불은 광장에서는 승리했으나, 왜! 그랬는지 행정부 앞에서, 사법부 앞에서, 언론사 앞에서, 우리 회사 앞에서, 사학재단 앞에서, 종교계 앞에서, 우리 동네 앞에서 멈춰 섰다. 이를 두고 수구보수 세력들은 촛불이 바람에 꺼졌다고 말했었다. 수구보수 세력들이 꺼졌다고 했던 촛불이 응원봉으로 '귀환'한 것이다.

응원봉들은 촛불만 응원봉으로 바꾼 것이 아니다. 노래도 바꿨다. 그들은 집회에 와서 떼창을 했다. 떼창은 '다시 만난 세계' 등이었다. 기성세대들에게는 그 긴 떼창이 신기하기도 했다. 노래를 따라 부르느라고 처음에는 무진 애를 먹기도 했었다. 최근 유리의 활동으로 아이돌인 소녀시대의 2007년 노래가 다시 불렸다. 2020년 태국 민주화운동에서도 불렀다고 한다. 아이돌 노래가 희망과 저항의 민중가요가 되었다.

응원봉 '귀환'의 조짐은 국회가 계엄해제 의결을 했던 날 이미 예견되고 있었다. 윤석열이 계엄 해제 발표를 미루고 있어 2차 계엄의 위험이 있다는 말이 돌았다. 그러자 국회를 지키겠다며 국회 담 밑에서 밤샘하는 젊은이들의 모습이 곳곳에서 눈에 뜨였다. 이것은 예고편이었다. 그들은 단순한 참여자가 아니라 주역이었음을 알렸다.

윤석열이 계엄해제 발표를 하지 않아, 2차 계엄을 선포할 수도 있다는 말이 돌았고, 이에 젊은이들이 국회를 지킨다며 국회 담장 밑에서 밤을 지새우고 있는 모습.(SNS동영상 캡처)

여의도에서 열린 윤석열 탄핵 집회에 응원봉이 대거 등장했다.

처음 탄핵 의결에 실패했던 날, 실망한 많은 시민들이 서둘러 돌아가는 행렬은 가다 서다를 반복했다. 신호등이 있는 것도 아니고 계단이 있는 것도 아닌데 그랬다. 쭉쭉 빠져 나가지 못하고 가다가 멈추고 가다가 멈추기를 계속했다. 왜 그런가 하고 멈추는 곳에 이르니 거기에는 자리를 떠나지 않고 그대로 앉아있던 응원봉들이 있었다. 응원봉들은 돌아가는 사람들을 쳐다보면서 아니 왜 가느냐고 눈으로 묻고 있었다. 그렇게 묻고 있었던 눈빛은 곧 남태령과 한남동에서 함께 밤을 새우는 사람들을 향한 연대 환영의 눈빛으로 바뀌었다.

응원봉은 젊은이들에게 있어 아이돌 팬덤에서 사용하는 단순한 응원 도구 그 이상이다. 나만의 응원봉을 만들기 위해 많은 공을 들인다. 나의 분신이다. 그들의 모든 것이다. 그래서다. 응원봉을 갖고 간다는 것은 나의 모든 것을 걸고 나의 분신과 함께함이다. 그런 응원봉을 들고 윤석열 탄핵 집회에 나오기 시작한 것이다.

공정하지 못하다고 생각하는 것에 대한 분노, 공정하기를 기대한 것에 대한 배신감은 윤석열 탄핵 집회에 응원봉을 들고 나와 한겨울 추위와 칼바람과 졸음을 이겨내며 공정을 요구하는 강한 인내력을 불러낸 것이다.

국회에 중무장하고 출동했던 계엄군들의 날카로운 눈빛도 계엄 출동이 공정하지 못했다는 것을 파악한 후 철수하며 시민들에게 사과하는 모습으로 나타났다고 생각한다.

공정을 향한 응원봉의 행보에 뜨거운 격려와 격한 찬사를 보낸다!

국힘 해체를 요구하며 여의도 국힘 당사 앞을 장악한 응원봉의 물결.
이 날도 어김없이 응원봉들의 '다시 만난 세계'의 떼창이 있었다.(SNS동영상 캡처)

한강진역 앞에서 윤석열 체포를 요구하며 집회에 참여한 응원봉들.

 응원봉의 등장과 함께 국민들 사이에서, 시민들 사이에서, 역사의식이, 역사가 요구하는 시대적 사명에 대한 깨달음이 나타나기 시작했다. 이런 역사적 자각으로 대중은 동력을 얻고 이렇게 동력을 얻어야 독재의 문턱에서 벗어날 운동이 힘을 받는다. 따라서 이러한 역사적 자각이 나타나는 것은 매우 바람직하고 고무적인 현상이다.

고양병 국회의원 이기헌 의원이 12월 8일 게시한 윤석열 탄핵 현수막

그런데 14일의 탄핵안 2차 표결을 앞두고 12일 윤석열이 갑자기 제4차 대국민담화를 발표했다. 14일 있을 표결을 겨냥한 것이 명백했다. 3차 때의 짧은 담화문과 달리 4차 담화문은 매우 길었다. 발표하는 데 거의 30분이 소요되었다. 지나치게 길어 내용만 간단하게 요약하자면 다음과 같다.

- 국회가 탄핵을 하거나 말거나, 수사기관이 수사를 하거나 말거나 맞서서 싸우겠다.
- 비상계엄이 어떻게 내란으로 둔갑할 수 있는가?
- 세상에 2시간짜리 내란이 있을 수 있는가?
- 선관위의 전산시스템은 문제가 엄청나게 많아서 국방장관에게 점검 지시한 것일 뿐 헌법기관에 대한 침탈 의도는 없었다.
- 거대 야당이 지배하는 국회는 범죄 집단이 되었고 헌정 질서 파괴하는 괴물이 되었으므로 이를 시정하려고 계엄한 것이었다.
- 비상계엄 선포는 헌법적 결단이며 통치 행위이다. 이를 사법적 판단의 대상으로 삼는 것은 잘못되었다.
- 따라서 나는 결코 자진사퇴할 의사가 없다.

이에 대해 더불어민주당 윤석열내란진상조사단은 다음과 같은 입장문을 발표했다.

[더불어민주당 윤석열내란진상조사단(단장 추미애) 윤석열 대국민담화 입장문]

〈2024. 12. 12. 윤석열의 이번 대국민 담화는 자신의 내란범죄의 정당성을 호도하는, 국민에 대한 전면적 선전포고다〉

그의 비논리적이고 비이성적인 담화는 오히려 12.3. 불법 계엄 선포에 대한

반헌법적 인식을 고스란히 드러내는 내란 범죄의 자백에 불과하다.
첫째, 12.3 계엄은 헌법과 법률이 정한 절차를 위반한 위법적 계엄 선포였고, 국회의 계엄해제권을 막기 위해 국회의원의 출입을 봉쇄하고, 무장군인을 국회에 난입시켜 국회의원을 끌어내려 한 국헌문란의 내란 범죄다. 그 후 윤석열은 대통령 직무 수행 중단을 선언해 놓고도 또다시 직무를 수행하며 국민을 거짓으로 선동하고 있다.
둘째, 윤석열이 호도하는 이른바 통치행위 주장은 유신헌법을 합리화시키기 위한 독재의 잔재일 뿐이다. 판례상 통치행위도 엄연한 사법심사의 대상이다. 따라서 실체적 요건과 절차적 요건을 결여한 비상계엄은 당연히 사법심사의 대상이다.
셋째, 대통령의 범죄 사실 호도는 더욱 심각하다. 국회 난입 병력이 300명 이하라고 허위 주장했으나, 국방부 공식 보고에 따르면 방첩사 등 일부 부대를 제외하고도 685명에 달하며, 전체 동원 병력은 1,300명을 넘는다.

헌법이 정한 국회의 계엄해제 결의에 지체 없이 응해야 하나, 오히려 부대를 비상대기 시키고 이동시킨 사실도 드러났다. '2시간짜리 내란이 어디있냐'라는 선동적 주장과 달리, 국회의 계엄 해제 결의 이후에도 제2차 계엄 가능성을 타진하면서 오전 3:30까지 군 병력은 대기 상태였다.

윤석열이 대통령직에 있는 한 국민을 향한 선전포고는 계속될 것이며, 국정 혼란은 가중될 수밖에 없다. 비상계엄 공조수사본부는 내란사범 윤석열을 즉각 체포하라. 영장집행에 저항하는 자들은 내란죄의 공범으로서 응당한 처벌을 받을 것임을 엄중히 경고한다.

2024년 12월 12일

- 윤석열내란진상조사단 추미애 단장, 박범계·서영교 부단장, 이소영·박선원 간사, 강유정 대변인, 부승찬·양부남·이건태·이상식 위원 -

이렇듯 윤석열 측과 국회를 중심으로 내란 공방을 벌이고 있는 와중에 13일, 심각한 상황이 전개되었다. '겸손은 없다 뉴스공장'의 공장장 김어준이 국회 과학기술정보방송통신위원회 긴급 현안 질의에 출석하여 증언했는데, 그의 증언 내용은 가히 메가톤 급의 위력을 가진 것이었다. 경악을 금치 못하는 그 내용은 다음과 같다.

김어준: 제가 저널리즘 영역의 언저리에서 종사한지 20여 년 동안 수많은 제보를 받아왔는데 한 번도 어떤 경우에도 제보자의 신원을 밝힌 적은 없습니다. 그게 위험을 감수한 이들에 대한 도리이기도 하고 제 나름의 윤리이기도 합니다. 그래서 오늘도 제보자의 신원은 밝힐 수 없다는 점 양해를 부탁드리고요. 그럼에도 이 자리에 오게 된 것은 위험이 계속 된다고 판단해서 입니다.
질문 주시면 성실하게 답변하겠습니다.
최민희 위원장(이하 위원장): 계엄 직후 어떻게 피신했습니까?
김어준: 제가 처음 받은 제보는 체포조가 온다가 아니라 '암살조가 가동된다.'였습니다. 즉시 피신하여 만약 계엄이 해제되지 않는다면 제게 남은 시간이 몇 시간인지 가늠하고 남아있는 시간 동안 할 일을 정리하였습니다.
위원장: 지금 암살조 얘기를 하셨는데요. 혹시 이 HID 암살조 내용이 이미 언론에 보도 됐습니다. 그래서 보도된 후 암살조인 것을 알게 됐는데 그게 이렇게 과거의 암살조를 들은 것을 혹시 착각하지 않으셨습니까?
김어준: 그런 의혹 제기가 가능할 수 있겠는데요. 암살조 이야기가 언론에 처음 등장한 것은 지난 월요일 MBC 라디오 방송에서 김병주 의원의 인터뷰를 통해서였습니다. 제가 그 인터뷰를 듣고 나중에 지어낸 이야기가 아니라는 근거는 오늘 어쩔 수 없어 처음 밝힙니다만 김병주 의원에게 암살조 제보를 한 사람이 접니다. 김병주 의원

에게 제가 처음 들은 것이 아니라 김병주 의원이 저로부터 처음 이야기를 듣고 첫 반응은 '그럴 리가 없다'는 것이었고, 서너 시간 후에 사실이라고 알려주었습니다. 이 내용은 김병주 의원에게 문의하시면 크로스 체크가 금방 될 거라고 생각합니다. 이 정도면 근거가 될 거라고 생각합니다.

위원장: 예, 암살조 외에 또 제보를 받은 것이 있습니까?

김어준: 생화학 테러에 대한 제보를 받았고 이 역시 김병주 의원에게 전달하였고 그 공개 여부는 김병주 의원이 판단할 것으로 알고 있습니다. 그리고 암살 관련하여 이것은 중요한 내용이라 제가 메모를 확인하겠습니다. 지금부터 말씀 드릴 내용은 그 사실 관계 전부를 확인한 것은 아니라고 전제하고 말씀 드립니다. 감안해서 들어주십시오.

1. 체포되어 이송되는 한동훈을 사살한다.
2. 조국, 양정철, 김어준 체포되어 호송되는 부대를 습격하여 구출하는 시늉을 하다 도주한다.
3. 특정 장소에 북한 군복을 매립한다.
4. 일정 시점 후에 군복을 발견하고 북한의 소행으로 발표한다.

잠시 부연하자면 한동훈 대표의 사살은 북한의 소행으로 몰기 용이한 여당 대표이고, 조국, 양정철, 김어준의 구출 작전의 목적은 호송하는 부대에 최대한 피해를 주어 북한이 종북 세력을 구출하는 시도를 하였다고 발표한다. 그 과정에서 세 사람의 사살 여부에 대해선 듣지 못해 모르겠습니다.

그 외에 더 있습니다. 미군 몇 명을 사살하여 미국으로 하여금 북한 폭격을 유도한다. 그 담당 부대는 김병주 의원 또는 박선원 의원에게 문의하시기 바랍니다.

위원장 : 매우 충격적인 내용인데요.

김어준 : 더 있습니다. 북한산 무인기에 북한산 무기를 탑재하여 사용한다. 이 정도 하겠습니다.

위원장 : 여전히 위험이 계속된다고 말하셨는데 그건 어떤 의미인가요?

김어준 : 우선 이야기가 황당한 소설 같은 이야기라 출처를 일부 밝히자면 국내 대사관이 있는 우방국 이라고 표현하겠습니다. 위험이 계속된다고 판단한 이유는 김건희 씨 관련 제보 때문입니다.

크게 2가지 내용인데 하나는 김건희 씨가 OB, 올드보이, 기관의 은퇴한 요원들을 뜻하는 OB에게 독촉 전화를 하고 있다. 그 독촉의 내용은 저도 모르겠습니다. 불완전한 제보이기 때문에 평상시라면 저 혼자 알고 있었을 내용인데 어제 윤석열 담화를 듣고 혹여라도 그 OB에 대한 독촉 전화가 사회 질서 교란과 관련될 일일 가능성이 조금이라도 있다면 더군다나 남편이 군통수권자인 상황에서 그 어떤 위험도 감수해선 안 된다는 생각에서 공개하는 바입니다.

두번째는 이 역시 평상시라면 황당한 이야기라고 다루지 않았을 제보인데 어제 담화를 듣고서 생각이 바뀌었습니다. 김건희 씨가 계엄 후 개헌을 통해 단어를 그대로 사용하자면 통일 대통령이 될 것으로 믿었고 지금 현재도 여전히 믿고 있다고 하여 이 역시 어제 담화를 통해 본 윤석열의 끝까지 싸우겠다는 의지로 보아 혹여라도 우리 공동체에 어떤 위험이 될 소지가 있다면 불완전한 채로 공개해야 한다고 판단해 이 자리에 왔습니다.

지금부터는 제 짧은 소견인데 윤석열의 군통수권과 김건희의 통신 수단을 하루 빨리 제약해야 한다고 생각합니다. 박탈해야 한다고 생각합니다. 이 건은 정보가 아니라 제 사견입니다.

이상과 같은 충격적인 내용의 폭로가 김어준 공장장의 입을 통해 국회에서 터져 나왔다. 그리고 이와 비슷하면서도 중요한 언론 보도가 하루 전인 12일 MBC보도를 통해 나왔다. 그것은 미 하원의 브래드 셔먼 의원의 인터뷰 기사였다. 주요 내용은 다음과 같다.

미군은 DMZ에 수만 명의 병력을 배치하고 있고 이 병력은 싸우다가 희생할 준비가 돼 있습니다. 그러나 북한의 도발이 없을 때 위장 작전으로 발발한 전쟁으로 인해 병력이 죽는 것을 미국은 원치 않습니다. ... 미국 역시 미국만의 정보 수집 능력이 있습니다. 그리고 만약 대한민국 국군이 남한 내 한 장소를 공격해서 사건이 발생했다 해도 미국은 북한의 공격이 아니라는 걸 알고 있었을 겁니다. 또 이를 공개하여 북한이 당시 그러한 공격을 하지 않았다는 것을 한국과 미국 국민들에게 분명히 알렸을 겁니다. 그렇다고 북한이 나쁜 일을 하지 않는다는 의미는 아닙니다. 그러나 만약 대한민국의 어느 장소가 북한에 의해 공격당하는 것처럼 보이게 하려는 시도가 있었다면 미국은 진실을 알고 있었을 것이고 이를 공개했을 거라는 얘기입니다.

윤 대통령이 다시 계엄령을 선포하지 않겠다고 선언했으니 그러지 않기를 바랍니다. DMZ 상황은 벌써 몇 달, 몇 년 동안 불필요한 수준까지 긴장 상태입니다. 북한 정부는 여러 잘못된 조치를 취하기도 했습니다. 그러나 대한민국 정부가 분쟁을 유발하는 조치를 취하면 미국은 바로 알게 될 것입니다. 그리고 이 문제에 대한 책임이 누구에게 있는지 전 세계에 알릴 것입니다. 김정은이 대한민국을 공격하는 것과 대한민국이 스스로를 공격하는 것에는 큰 차이가 있습니다.

브래드 셔먼 하원의원의 이 인터뷰 증언과 김어준의 증언 내용을 상호 연관시켜 생각해보면 그 의미가 보다 명확해지고, 김어준 증언의 신빙성이 매우 높아진다. 셔먼 의원의 증언은 대한민국이 국내에서 군사적 공격을 하고 그것을 북한 탓으로 돌린다면 미국은 분명히 이것을 알게 될 터이고 그렇게 되면 미국은 국제사회에 그에 대한 정확한 정보를 공표하겠다는 뜻이다. 김어준이 증언한 대로 한국군이 반정부 인사, 혹은 정적들을 제거하는 과정에서 한국 내에서 공격을 감행하고 미군에 대한 공격을 시도하면 미국은 이를 국제사회에 알려 한국을 매장하겠다는 일종의 경고이며 쿠데타 세력에게는 협박이라고 보아도 전혀 이상치 않은 발언인 것이다.

그리고 김어준의 증언은 추후 한동훈 대표가 자신도 계엄 당일 비슷한 내용의 전화를 받고 국회로 왔다고 주장함으로써 신빙성이 더해졌다. 체포되면 죽을 수도 있으니 피신하고, 특히 국회는 가지 말라고 한동훈에게 말했다고 한다. 그러나 오히려 그가 국회로 왔기 때문에 본회의장에서 자신의 신병을 안전하게 지킬 수 있었다.

이처럼 정국이 급박하게 돌아가는 가운데 민주당은 전국적으로 각 지역위원회가 중심이 되어 탄핵 가결 캠페인을 벌이면서 다시 12월 14일 탄핵안 가결을 위한 작전에 돌입했다. 탄핵안 2차 표결이 있는 날 민주당은 오후 2시에 여의도 국회의사당 앞에서 대규모 집회를 열기로 했다. 광화문과 달리 여의도는 사람들이 집회한 경험이 비교적 적다. 광화문이면 어디서 내려서 어떻게 접근하면 되는지 너무나 잘 알고, 화장실과 음식점, 카페 위치 등 오랜 경험에서 누적된

2월 14일 오후 2시, 여의도에 모인 시민들-국회 정문에서 수소충전소 방향

데이터가 있는데, 여의도는 이러한 여건들이 여의치 않다. 그래서 민주당은 행사참석 가이드를 만들어 배부하기도 했다.

　전국에서 몰려온 시민들은 오후 2시에 이미 여의도 광장을 가득 메우고 있었다. 여의도의 모든 도로는 사람들로 가득 찼다. 국회 본회의 개의시간은 오후 4시, 시민들은 그 두 시간 동안 연설로, 공연으로 시간을 보내며 국회의 의결을 초조하게 기다렸다. 지난 토요일의 무력감을 또다시 느낄 수는 없다는 긴박감에 1초가 영원 같고, 영원이 1초 같은 그런 시간을 보냈다.

　이날 집회에는 나도 기다란 응원봉을 가지고 참석했다. 이제 더 이상 초를 나눠주지 않는 상황이라 응원봉이 없으면 응원을 할 수 없었기에 인터넷으로 응원봉을 하나 주문했다. 핑크색이 나는 길죽한 것이라 별로 모양은 없지만 그래도 광원이 크고 밝아서 나름대로 좋은 점도 있는 물건이었다. 백팩에 응원봉과 일인용 바닥 깔개 두 개, 무릎담요, 물, 비상식량 등을 챙겨놓았다.

　마침내 오후 4시, 국회 개의를 알리는 안내방송이 무대 쪽 스피커에서 흘러나왔다. 그리고 5시 1분, 찬성 204표로 탄핵안이 통과되었다는 소식이 전해졌다. 드디어 윤석열 탄핵이 국회에서 통과되었다. 탄핵이 가결되자 여의도 전역에서 풍선이 하늘로 올라가고 사람들은 일어서서 덩실덩실 춤을 추기 시작했다. 스피커에서는 소녀시대의 '다시 만난 세계'가 계속 흘러 나왔다. 소녀시대의 '다시 만난 세계'는 이 시대의 민중가요가 되었다. 대중가요가 민중가요로 변신한 것들 중 아마도 양희은의 '아침이슬' 이후 가장 유명한 곡이 바로 이 '다시 만난 세계'가 아닐까 싶다. 70-80년대의 양희은이 2020년대 소녀시대로 그 전통이 이어지고 있는 것이다.

해병대 박정훈 대령의 무죄와 복직을 강력하게 주장해 왔던 해병대의열단과 정의자유해병연대는 집회에 참여한 시민들로부터 열렬한 환영을 받았다

2024년 12월14일 탄핵안 2차 표결이 있는 날 여의도는 전국에서 몰려 온 시민들로 발디딜틈이 없었다.

어쨌거나, 아직 헌재의 탄핵 심판이라는 지난한 과정이 기다리고 있지만, 이로써 윤석열은 직무 배제되어 대통령으로서의 그 어떤 권한도 행사하지 못하게 되었다. 적어도 이제부터 2차 계엄 걱정은 안 해도 되게 되었다. 윤석열이 계엄을 선포한 12월 3일 밤부터 시민들은 잠을 제대로 잘 수 없었다. 자다가도 몇 번 잠을 깨고 휴대폰을 열고서는 혹시라도 계엄이 발동되지 않았는지 확인하고서야 다시 잠을 청하곤 했다. 나 역시 하루에 두 번은 잠이 깨어 휴대폰을 들여다보고 아무런 사건이 없는 것을 확인하고 나서야 잠을 청할 수 있었다. 이제 오늘부로 최소한 잠은 깨지 않고 잘 잘 수 있을 것 같았다. 아마도 거기 있던 모든 사람들이 한마음이었을 것이다.

12월 14일 오후 5시 경, 윤석열 탄핵소추가 의결된 직후 정청래 법사위원장이 헌재에 탄핵소추의결서를 전달하기 위해 차량에 오르고 있다.

엄청난 인파가 모인 후라 집으로 오는 길도 순탄치는 않았다. 기쁨에 넘친 사람들이 집에 가지를 못하고 앉아서 노래 부르고 문화행사를 이어가는 모습을 뒤로 하고 나는 걸어서 영등포시장까지 가서야 지하철을 타고 집으로 갈 수 있었다. 나도 젊었을 때에는 집회에 참석하고 밤까지 지칠 줄 모르고 달렸지만 이제는 노구를 이끌고 다녀야 하는 신세라 너무 오래 차가운 아스팔트에서 시간을 보낼 수는 없었다. 하지만 만약 노상원의 계획이 100% 실천되었다면 나 역시 어떻게 되었을지, 혹은 어찌될 운명인지 아무도 모른다. 살아 있음을, 내 발로 여의도에서 일산까지 갈 수 있음을 기뻐하고 감사해야 할 처지가 아닐까 생각하며 집으로 돌아왔다.

4.

윤석열 대통령 구속과 헌재 탄핵심판: 남태령 대첩, 한남동 기적

　　윤석열에 대한 국회 탄핵 의결은 성공했지만 아직도 가야할 길이 멀고 넘어야 할 산이 무수히 많은 첩첩산중이다. 무엇보다 시급한 것은 윤석열을 구속하는 일이다. 아무리 직무배제가 되었어도 대통령 자리에 있는 한, 전화로 혹은 권력기관을 불러서 얼마든지 무슨 일이든 도모할 수 있다. 아니나 다를까, 김건희가 OB들(과거 북파공작원들을 지칭하는 말로 사용되기도 하는데 나중에 밝혀진 바로는 노상원이 핵심 인물일 가능성이 농후함)과 연락을 주고받는다는 증언이 방송인 김어준을 통해 나오기도 했다.

남태령 대첩

　국회에서의 윤석열 탄핵 의결 이후 우리나라의 역사에 한 페이지를 장식할 중대한 사건들이 계속 일어나고 있었다. 이번에는 남태령 대첩이다. 남태령 대첩은 윤석열 탄핵 이후, 윤석열 구속정국에 있어서 분수령이었다.

　우리 농민들은 거의 해마다 상경투쟁을 벌여 왔다. 지난 박근혜 퇴진운동 때에도 전국에서 농기계를 끌고 상경해서 남태령을 넘어 서울 시내로 진입을 시도했었다. 이번에도 농민들은 '양곡관리법' 등 농민4법 투쟁을 위해 서울로 올라왔다. 윤석열 구속을 요구하고 있던 정국이라 농민들의 상경 투쟁은 주목을 받기에 충분했다.

　12월 16일, 농민들은 트랙터를 끌고 전남과 경남에서 동군·서군으로 나누어 출발했다. 참여 단체는 전국농민회총연합(전농)과 전국여성농민회총연합(전여농) 2개 단체로서 트랙터 30여 대와 트럭 50여 대로 '전봉준 투쟁단'을 결성했다. 느려 터진 트랙터의 특성 상 전진은 더뎌 시간이 오래 걸리면서 더욱 더 주목을 받았다. 사실 트랙터로 아스팔트길을 장시간 간다는 것은 굉장한 비용을 감수해야 한다. 트랙터 타이어는 상당히 고가다. 아스팔트길을 장시간 운행하면 트랙터 타이어 마모가 심해져서 타이어를 바꿔야 해서다. 그래도 다행이었다. 지난 박근혜 퇴진운동 때와는 달리 올라오는 길에 그 어떤 방해도 받지 않고 '전봉준 투쟁단'은 서울을 향해 올 수 있었다.

마침내 21일, 남태령 고개로 진입했다. 여기서 상황은 급변했다. 상황은 항상 남태령에서 급변했었다. 한 번도 농민들이 남태령을 돌파한 적이 없었다. 이번의 농민들 행진도 경찰은 교통 혼잡을 이유로 남태령 진입 전날인 20일부터 남태령의 진입을 제한한다는 통보를 주최 측에 한 상태였다. 역시 경찰은 남태령을 지키고 있었다. 남태령을 농민들에게 내어 줄 생각이 전혀 없었다. 농민들은 동학 농민군이 우금치를 넘지 못한 이래 남태령을 넘어 본 적이 없었음을 상기시켰다. 전봉준 투쟁단 앞에는 농민들보다 몇 곱절이나 더 많은 경찰력이 있었다. 이들이 농민들이 지치기를 기다렸다가 언제 갑자기 치고 들어올지 몰랐다.

그런데 기적 같은 일이 벌어지기 시작했다.
그날 밤부터 사람들이 몰려들기 시작했다. 어떤 이는 남태령 가는 지하철 막차를 타고 왔다. 막차를 타고 와서 밤을 지샜다. 그곳에서 시민들이 농민들과 함께 밤을 새우리라고는 아무도 예상하지 못했다. 그런 기적 같은 일이 벌어진 것이다.
시민들이 대거 모이게 된 상황은 이렇다. 21일은 토요일이었다. 윤석열이 탄핵된 이후 시민들은 매주 토요일 광화문 북단에 모여 윤석열 구속을 위한 대규모 집회를 가졌다. 집회 후에는 명동까지의 행진으로 이어졌었다. 그날도 집회 후 행진대열이 명동에 도달했을 때, 젊은이들이 갑자기 하나 둘 핸드폰을 들여다보기 시작했다. SNS에는 전봉준 투쟁단이 남태령에서 경찰에 의해 갇혔다는 것을 알리고 있었다. 명동은 남태령으로 가는 지하철 4호선이 다니는 곳이다. 누가 말한 것도 아니다. 순식간이었다. 그냥 이심전심으로 남태령 가는 지하철은 인산인해가 되었다.

추운 겨울 몸이 꽁꽁 얼어붙을 것만 같은 찬 공기 속에서 사람들은 서로의 체온에 의지하기도 하고 서로 가져온 것들을 나눔하면서 함께 그 추위를 견뎠다.

21일 밤 전봉준 투쟁단의 트랙터가 경찰에 막

고 남태령으도 보았다.

21일 남태령의 밤은 전봉준 투쟁단과 함께하려는 시민들로 가득했다.

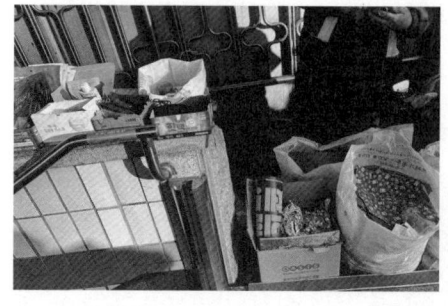

출처: 오마이뉴스. 남태령에는 시민들이 보낸 온 음식들이 즐비했다.

현장에 참여하지 못한 사람들은 이 소식을 듣고 남태령으로 음식 등을 배달시키기 시작했다. 핫팩을 비롯해서 온갖 먹을 것과 시위용품, 방한용품들이 밀려들었다. 사람들은 그렇게 도착한 물품과 음식들을 나눠 먹고 나눠 사용했다. 추위로 상태가 좀 안 좋은 사람에게는 주변 사람들이 다독이기도 하고 장갑을 벗어 주기도 하면서 서로를 위로하고 격려하며 시위 공동체를 만들었다.

조금 지나자 이번에는 갑자기 관광버스들이 도착하기 시작했다. 역시 현장에 오지 못한 사람들이 버스를 대절하여 난방버스 용도로 보낸 것이었다. 추위에 지친 사람들은 교대로 버스로 들어가서 얼어붙은 몸을 녹이고, 몸이 다 녹으면 다시 밖으로 나와 시위에 참여했다.

출처: 여성신문. 후원하는 시민들이 보낸 '난방차'로 불린 버스들이다

그런데 22일 날이 밝아오자 기적 같은 일이 또 일어나기 시작했다. 서울을 위시해서 전국 각지에서 시민들이 몰려오기 시작했다. 대체로 3만 여 명의 시민들이 농민들을 응원하기 위해 남태령으로 몰려온 것이다. 남태령에 온 시민들의 대다수는 여성들, 특히 젊은 여성들이었다. 정치권과 시민사회도 힘을 보탰다. 소셜미디어 등을 보고 달려온 시민들은 경찰에게 '차 빼라'를 연호하며 함께 투쟁했다.

농민들을 해산시키려고 출동했던 경찰은 속수무책이었다. 결국 농민단체와 협상에 나섰다. 마침내 오후 4시 25분 경 경찰은 차벽을 철수했고, 농민들은 10대의 트랙터만 한남동 대통령 관저로 간다는 내용에 서로 합의해서 드디어 농민운동 역사상 처음으로 남태령을 넘어 목적지 대통령 관저로 갈 수 있었다. 눈물겨운 사건이었다.

출처: 동아일보. '전봉준 투쟁단'의 트랙터가 남태령을 출발하여 한강진으로 향하고 있다.

농민들은 "130년 전 수많은 농민군들이 우금치 고개에서 희생돼 한성 땅을 밟지 못했던 한을 비로소 풀었다"고 감격스러워했다. 이날 시민들과 농민들은 함께 어울려 눈물을 흘렸다. 트랙터들은 대통령 공관이 있는 한남동으로 향했다. 한강진 역 앞에서 3천여 명의 시민들과 집회를 가졌다. "윤석열은 방 빼라" "윤석열을 파면하라" "윤석열을 구속하라" "내란공범 처벌하라" 등의 구호를 외쳤다. 그리고는 트랙터를 몰고 다시 남태령으로 돌아갔다. 그렇게 남태령은 2024년의 우금치로 기억되었다.

출처: 동아일보. 한강진역에 도착한 '전봉준 투쟁단' 트렉터

농민들의 '전봉준 투쟁단' 트랙터가 겹겹이 쌓인 경찰 차벽을 뚫고 서울로 입성한 남태령 고개에서의 일을 두고 이를 '남태령 대첩'이라고 부른다. 국가 내란을 획책한 무도한 무리들과의 싸움에서 윤석열

탄핵 이후 기적과 같은 승리를 거두었다는 의미에서다.

남태령에서 농민이 승리할 수 있었던 가장 큰 이유는 아무도 예상하지 못했던 젊은이들의 합류와 밤샘 투쟁이었다. 젊은이들의 밤샘 투쟁은 전국 각지로부터 시민들이 함께한 '연대'로 이어졌다. 그날 남태령으로 몰려간 시민들이 농민의 상황에 대해서, 특히 농민들이 이슈로 삼았던 양곡관리법 등 '농업 4법'이 무엇인지 구체적으로 상세하게 알 턱은 없었다. 그럼에도 불구하고 그들이 농민과 함께한 것은, 사회 곳곳을 장악한 막강한 권력을 가지고 버티는 내란 공범들, 윤석열의 수하들, 그들로 구성된 잔재 세력들에 대항하여 무기라고는 응원봉과 촛불 하나로 힘겹게 싸우고 있는데 저 멀리 경상도와 전라도에서 농민들이 트랙터를 몰고 응원군이 되어 올라왔기 때문이었다. 이대로 계엄 세력, 내란 세력, 독재를 꿈꾸는 세력에게 다시는 나라를 빼앗길 수 없다는 굳은 의지가 그들을 하나로 묶어 주었다.

남태령 대첩에서 응원봉을 든 청년들은 농민과의 연대를 강조했고, 이에 농민들은 자신들이 혹독한 추위와 고립감에서 패색이 짙었을 때 함께 해 준 청년들에게 고마움을 표시하기도 했다. 온 밤을 함께 지새우며 서로의 상황을 공유하고 서로의 처지를 이해하며 서로의 생각에 공감하면서 그 길고 긴 밤의 매서운 남태령 골바람의 추운 시간을 견뎠다. 비록 몸은 추웠지만 그들의 마음만은 한 없이 뜨겁고 순수했다. 농민과 도시민이 하나로 연합하는 대동단결이 남태령에서 일어났던 것이다.

남태령 대첩은 단순히 농민과 함께한 시민 시위대가 경찰을 물리쳤다는 데 큰 뜻이 있는 것이 아니다. 물론 역사상 처음으로 2024년의 우금치인 남태령을 넘었다는 것도 대단한 성과이고 의미 있는 사건이다. 그러나 더 큰 사건은 농민과 도시민이 하나가 되고, 영남사람과 호남사람, 그리고 서울사람, 충청사람이 하나가 되고, 젊은이와 늙은이가 하나가 되며, 남자와 여자가 하나가 되는, 그야말로 사회의 온갖 계층과 집단이 하나로 연대할 수 있다는 것을 보여주었다는 데 있었다. 이러한 연대는 향후 우리나라가 어려움에 처했을 때 그 위기로부터 헤쳐 나갈 가장 큰 힘을 제공해 주는 힘의 원천이라는 데 그 중요성이 있는 것이다.

　경남 창녕에서 온 한 농민의 말에서 우리는 '연대'가 얼마나 중요한지 깨달을 수 있었다. "농민들끼리만 있을 땐 불안했고, 경찰들이 농민을 함부로 대하기도 했는데 이렇게 와줘서 너무 고맙다."라고 연대의 중요성을 표현했다. 남태령에서 함께 한 단체는 전농과 전여농 외에도 윤석열즉각퇴진·사회대개혁 비상행동, 진보대학생넷 등이 있었다.

　남태령 대첩은 우리 역사에 또 하나의 전환점을 이룬 거대한 물결의 전조요 전위대였음을 나는 굳게 믿는다. 하원오 전봉준투쟁단 총대장 겸 전국농민회총연맹 의장의 글 밑에 달린 몇몇 댓글을 여기 소개하면서 남태령 대첩에 관한 글을 마무리하고자 한다.

쌀밥이제일이제

2024.12.23 13:35:38

21일과 22일 직접 경험한 모든 것을 생이 다하는 날까지 기억하고 소중히 할 것입니다. 세상을 보는 시각이 더 선명해지고 넓어졌습니다. 연대의 힘이 무엇인지 배웠습니다. 제 삶의 방향이 바뀌고 있습니다. 정말 많이 감사합니다. 늘 응원하고 연대합니다. 언제든지 불러 주세요. 또 달려가겠습니다. 투쟁! 투쟁! 투쟁!

사회 초년생 여성

2024.12.23 13:42:18

약자들의 연대는 그 어느 억압 세력보다 견고하다는 것을 보여주어 감사합니다. 농민들의 사정에 더 관심 갖고 응원하겠습니다!

됴디

2024.12.23 13:44:45

너무 늦게 알아서 죄송합니다. 늘 감사히 생각하며 살도록 하겠습니다. 모르는 곳에서 애써 주셨던 지난날도 너무 감사했습니다. 앞으로는 저희가 열심히 나아가겠습니다. 감사합니다!!

서울시민

2024.12.23 13:54:11

고생 많으셨습니다!! 빡빡하게 살다보니 제 주변 문제에만 집중하기 쉬운데, 이렇게 농민들과 소통하고 농업의 위기에 대해 알게 되는 기회가 정말 소중하다는 생각이 들었습니다. 함께 평등한 새 시대로 나아갑시다. 앞으로도 언제든 불러주세요! 투쟁!!

냉동실발굴단

2024.12.23 14:35:42

남태령 대열 구석에서 깃발 들고 서 있던 냉동실발굴단입니다. 저희집 냉동실에 꽉 찬 음식들 전부 우리 농민들이 피땀흘려 기르신 소중한 것이라는 것을 잘 알기에 꽁꽁 얼어붙은 음식 하나하나 소중하게 여기고 감사한 마음으로 따뜻하게 데워먹으며 살아가고 있습니다.

여러 농민분들과 시민분들이 남태령에서 함께 있을 수 있어서 다행이고, 자랑스러운 시간이었습니다. 우리 농민들과 시민들 모두모두 늘 건강하시고 행복하시길 기원합니다.

30대女트위터리안

2024.12.23 15:03:28

트위터와 유튜브로 상황을 지켜보고 있던 부산시민입니다. 직접 현장에 달려가지 못하여 농민들과 많은 시민분들께 빚을 지었습니다. 경찰과 대치하며 강압적으로 진압 받고 있다는 소식에 유혈사태라도 일어날까봐 노심초사하였고, 그날 밤이 지고 새벽이 오도록 잠을 이루지 못했습니다. 그래도 아침까지 이어진 응원과 함성을 보고, 많은 사람들의 노력으로 결국 경찰 차벽이 뚫리는 것을 보고 정말 가슴이 뜨거웠습니다. 이 글을 보고 또다시 일하는 중에 울고 있네요ㅎㅎ 정말 많은 분들께서 고생하셨습니다. 농민분들 빠짐없이 무사히 귀환하시길 바라며 내일이면, 모레면, 내년이면 더 나은 세상이 되어있기를 바라며 계속 연대하고 투쟁하겠습니다. 투쟁!!

제2의 농민

2024.12.23 22:09:51

와주셔서 감사합니다. 월급날이 되면 적은 돈이지만 보태겠습니다. 추운 날에 정말 감사합니다.

전봉준 투쟁단에서는 남태령 대첩에서 보여준 시민들의 따뜻한 연대에 대한 보답으로 무지개떡 1만 개를 만들어서 매주 토요일 광화문에서 열리던 윤석열 구속 비상행동 집회에서 시민들에게 나누었다. 당시 이 떡을 받으려는 대기 줄이 100m를 넘었다.

헌법재판소의 윤석열 탄핵심판 시작

이제 윤석열 탄핵의 공은 국회에서 헌법재판소로 넘어갔는데 문제는 헌법재판소(이하 헌재) 재판관들이었다. 정확하게는 헌재 재판관의 숫자였다. 재판관의 숫자가 6명이어서 정원에 3명이 부족할 뿐만 아니라 헌재 법 상 6명의 재판관이 인용 결정을 해야 인용이 되고 그렇지 않을 경우 기각이 된다. 일단 이진숙의 가처분신청으로 6명으로 심리는 할 수 있게 되었지만 6명으로 심판도 할 수 있는지의 여부, 그리고 그것이 가능하다 해도 6명 전원 만장일치로 탄핵이 가결될 것인지의 여부도 불투명했다.

다행히도 계엄 선포 전 국회는 민주당과 국힘 양당 사이에 국회 몫의 헌재 재판관 세 명의 인선에 대한 합의가 끝나 인사청문회만 남겨두고 있었다. 그러자 국힘 원내대표를 사임한 추경호를 이어 원내대표가 된 권성동이 바로 시비를 걸고 나왔다. 대통령 권한대행의 헌재 재판관 임명은 대통령이 궐위 시에는 가능하나 직무정지 시에는 불가하다는 견해를 들고 나온 것이다.

이에 대해 박찬대 민주당 원내대표는 "헌법 제111조에는 대통령이 재판관중 3인을 국회에서 선출하는 자로 임명한다 했습니다. 지금 공석 3인은 국회추천 몫이며, 추천 후 대통령은 임명만 합니다. 권한대행이 임명을 못한다는 건 말장난입니다. 국민의힘은 구질구질한 절차지연을 포기하고 인사청문회 일정협의에 응하십시오."라고 반박했다.

민주당은 인사청문회 일정협의에 응하지 않는 국힘을 제쳐놓고 단독으로 인사청문회 일정을 처리한 후 청문회까지 강행했다. 23일 정계선(55·사법연수원 27기)·마은혁(61·29기) 헌법재판관 후보자에 대한 인사청문회를 열었다. 24일에는 조한창(59·18기) 후보자 청문회가 개최되었다. 민주당은 26일 헌법재판관 선출 안을 국힘의 반대에도 불구하고 국회 본회의에서 처리하였다. 그러나 한덕수 총리는 이날 오후 양당 합의를 요구하면서 헌재 재판관들의 임명을 거부하는 담화문을 발표했다.

이에 민주당은 곧바로 26일 한 권한대행의 탄핵소추안을 발의해 오는 27일 국회 본회의에서 통과시키겠다고 밝혔다. 박찬대 민주당

원내대표는 "한덕수 총리가 오늘 대국민담화를 통해서 헌법상 책임인 헌법재판관 임명을 하지 않겠다고 공식 입장을 밝혔다. 권한 대행이 아니라 내란 대행임을 인정한 담화"라고 한 권한대행을 비판했다. 이어 박 원내대표는 "한 총리는 가장 적극 행사인 거부권을 행사하고, 가장 형식적인 행사인 헌법재판관 임명을 거부한다는 궤변을 늘어 놨다. 한 총리는 권한대행을 수행할 자격도, 헌법을 수호할 의지도 없음이 분명해졌다"라면서 "민주당은 한덕수 탄핵안을 즉시 발의하고 오늘 본회의에서 보고하겠다"며 탄핵소추안 발의를 즉시 진행하겠다고 밝혔다.

12월 27일 국회 본회의에서 한덕수 총리가 탄핵되었다. 국힘은 총리라도 대통령 대행이므로 대통령 탄핵에 준하는 국회 재적 2/3가 의결 정족수라고 주장했으나 우원식 국회의장은 151표가 의결정족수라고 밝히고 표결을 진행했다. 국힘은 한덕수 총리에게 정족수 관련하여 다투기를 요청했으나 한덕수 총리는 스스로 직무에서 물러나겠다고 밝힘으로써 대통령 권한대행은 부총리인 최상목 기획재정부 장관에게 넘어갔다.

한편 헌재는 향후 윤석열에 대한 탄핵심판 일정을 발표했는데 1차 준비기일은 12월 27일, 2차 준비기일은 2025년 1월 3일 등 두 번으로 잡고 변론은 1월 14일부터 매주 화요일, 목요일 두 차례씩 진행하여(설 연휴 기간 제외) 2월 13일까지 8차례의 기일을 잡았다. 12월 27일 준비기일 재판에서 헌재 측은 변론을 신속하게 진행할 것임을 밝혔다. 윤석열 탄핵심판 재판은 2024헌나8로 사건번호가 부여되었다. 주심인 정형식 재판관은 국회의 탄핵소추의결서를 바탕으로 윤 대통령의 탄핵 소추 사유를 △12·3 계엄 선포한 행위 △계엄사령관을 통해 포고령 제1호를 발표하게 한 행위 △군대와 경찰을 동원해 국회를 봉쇄하고 국회 활동을 방해한 행위 △군대를 동원해 영장 없이 중앙선거관리위원회를 압수수색 한 행위 △위헌, 위법한 비상계엄과 관련해 군대를 동원한 혐의에 대한 헌법과 법률 위반으로 정리했다. 다만 군대를 동원한 혐의에 대해서는 다른 소추 사유 안에 포함된 것으로 보여 4가지 소추 사유를 판단하면서 군대를 동원한 행위를 함께 판단하겠다고 밝혔다.

1차 준비기일이 끝난 후 최상목 권한대행은 31일 국회가 선출한 헌법재판관 후보자 3인 가운데 정계선(55·사법연수원 27기) 후보자와 조한창(59·18기) 후보자 2명을 임명했다. 반면 민주당 추천 후보자 2인 중의 한명인 마은혁(61·29기) 후보자는 추후 여야 합의가 이뤄질 때 임명하겠다며 보류했다. 최 권한대행은 이날 정부서울청사에서 주재한 국무회의 모두발언을 통해 "여야 합의를 통해 헌법재판관 임명 관행을 강조한 전임 (한덕수) 권한대행의 원칙을 존중해 여야 간 합의가 있었던 정계선·조한창 재판관을 즉시 임명한다"며 이같이 말했다. 이렇게 하여 헌재는 불완전하지만 8인 체제로 일단 탄핵심판 심리를 진행할 뿐만 아니라 판결도 할 수 있게 되었다. 그러나 헌재 재판관의 임명이 형식적 절차에 불과한 것을 대통령 권한대행이 선별적으로 임명한 것은 두고두고 논란거리가 되며, 최악의 경우 최상목

대행이 직권남용으로 형사 처벌도 받을 여지를 남기게 되었다.

1월 3일 2차 준비기일에서는 수명재판관인 정형식·이미선 재판관이 대통령과 국회 양측으로부터 주장과 증거를 듣고 쟁점을 정리했다. 구체적으로 ▲군·경 국회 투입 및 출입통제 ▲계엄군의 중앙선관위 압수수색 ▲계엄포고령 및 계엄 당시 국무회의록 등의 사안을 짚었다. 또한 재판부는 청구인·피청구인 양측의 답변서·증거 관련 주장에 대해서도 청취했다.

이미선 재판관은 이날 재판 말미에 대통령 탄핵심판과 관련해 변론준비기일을 마치고 본격적으로 변론기일을 연다고 밝혔다. 이 재판관은 그러면서 윤 대통령 측을 향해 변론기일에는 답변서·증거 등을 제출할 것을 요구했다. 이 재판관은 "두 차례 준비기일을 통해 청구인(국회) 측은 대부분 증거를 제출한 것으로 보이나, 피청구인(대통령) 측은 답변서·증거 등을 제출하지 않았다"며 "피청구인 측에서는 앞으로 준비될 변론기일에서 답변서·증거 제출이 가능하다"고 밝혔다. 그러면서 "준비기일을 마치고 본격적인 변론기일을 열겠다. 1차 변론기일은 1월14일 화요일, 2차 변론기일은 1월16일 목요일로 각 심판정에서 진행하겠다"며 "2차 변론기일은 1차 변론기일에 피청구인 본인이 대비하지 않을 것을 대비해 정했다"고 부연했다.

윤석열 1차 체포 영장 집행 시도

윤석열에 대한 내란죄 수사는 공수본이 윤석열의 직권남용 권리행사 방해죄를 검찰 중심의 특수본에서 넘겨받아 맡아서 하게 되었다.

공수처는 직권남용 권리행사 방해죄에서 타고 들어가 관련범죄로 내란죄를 발견하여 수사를 한다고 밝혔다. 공수본은 3차례에 걸쳐 윤석열에게 소환 통보를 했으나 모조리 불응하자 12월 30일 0시에 공수처를 통해 체포영장을 신청했다. 체포영장은 윤석열의 거주지 관할인 서부지법에 청구되었고, 발부되었다.

　체포영장을 발부받은 공수본은 공수처의 지휘하에 대통령의 체포에 나섰다. 그러나 대통령 경호처는 체포영장 집행을 위한 대통령관저 진입을 막겠다고 했다. 경호처의 이러한 행동은 공수처의 적법 절차를 방해하는 것이라는 여론의 비판을 감수했다. 그러면서 경호처는 대통령을 경호하는 것이 본연의 임무라는 입장을 고수했다. 막무가내였다. 그들은 법 위에 있었다.

　1월 3일, 서울기동대 소속 45개 중대 2,700명의 경력을 대통령관저 부근에 배치하고 공수처 30명, 경찰특수본 120명, 합계 150명의 체포조가 투입되었다. 관내에는 공수처 30명, 경찰 50명, 합계 80명의 인원이 들어갔다. 오전 8:04에 1차 저지선(관저 정문)을 뚫고 들어가 8:51부터 관저 안 경호부대와 대치가 시작되었다. 9:16에 외부에서 대기 중이던 경찰 70명이 추가로 투입되었다. 9:54에 2차 저지선을 돌파하고 관저 건물 앞에서 경호처 인원들과 대치하게 되었다. 10:10 공조본은 경호처장에게 영장 제시했으나 경호처장은 대통령 체포를 위한 수색에 불응했다. 대치를 이어가던 중 13:30에 공수처는 체포영장 집행을 중지한다고 발표하고 관저에서 전원 철수했다. 이렇게 하여 제1차 윤석열 체포작전은 실패로 돌아갔고, 공수처는 탄핵 찬성파로부터 엄청난 공격을 받게 되었다.

사실, 많은 사람들이 윤석열이 수갑 차고 끌려나오는 모습을 보기 원했다. 그래서 아침부터 계속 TV나 휴대폰으로 유튜브 영상에서 눈을 떼지 못한 사람들이 부지기수였는데, 수사관들이 그냥 터덜터덜 걸어 나오는 모습을 보면서 어떤 이들은 실망감을 표했고 어떤 이들은 분노를 표출하기도 했다. 오동운 공수처장은 공공의 적이 되는 듯했다. 그러면 그렇지 윤석열이 임명한 공수처장이 별 수 있겠느냐는 말까지 나왔다.

그러나 내가 지켜본 바로는 윤석열 행정부에서 그나마 가장 신뢰할만한 인물로 보였다. 무엇보다 그에게서 사악한 기운이 전혀 느껴지지 않는다. 국회에 나와서 의원들 질문에 답하는 것을 보면 의도적으로 숨기거나 꼼수를 쓰거나 거짓말을 하는 것을 찾을 수 없었다. 다만 심성이 매우 유약해서 강단 있게 일을 추진하지 못할 뿐이었다. 그가 판사를 그만 둔 이유를 들어보면 더욱 그렇다. 재판에서 판결을 내리는 것에 대한 심리적 압박감을 견딜 수 없어서 판사를 그만 두었다는 것이다.

이런 그가 대통령, 그것도 살생부를 만들고 계엄령을 내려 내란죄를 저지른 대통령을 체포하려는 것이다. 얼마나 힘들고 가슴 떨리겠는가! 나는 충분히 이해해 줄 수 있었다. 다만, 다음 번 체포 영장을 집행할 때에는 오늘의 결과를 교훈 삼아 반드시 성공하기를 주문할 뿐이었다. 적어도 나는 오동운을 믿었다. 반드시 윤석열을 체포해서 관저에서 끌어내리라…

1차 체포 시도가 불발로 끝난 다음 해프닝이 있었다. 1차 체포시도 이틀 후인 1월 7일 박종준 경호처장이 무슨 정치인처럼 담화문을 발표하는 것이었다. 대통령 경호처장이 담화문을 발표하는 것은 내 70평생 처음 경험하는 기이한 일이었다. 어조는 강경했다. 대통령을 철저하게 경호하여 보호하겠다는 것이 그 요지였다. 그런데 더 기이한 일이 일어났다. 그렇게 단호했던 그가 10일 날 갑자기 사직서를 제출했고 최상목 대행은 이를 수리했다. 경호처장은 허수아비이고 실세는 경호차장이라는 말이 떠돌더니 그게 사실인 것처럼 보이는 사건이 벌어진 것이다. 매일 매일이 경악스런 사건의 연속이었다.

한남동의 기적

경이로운 일. 참으로 감동적인 일이었다.
그 일은 가히 기적이라고 밖에는 달리 표현할 방법이 없는 일이었다.

윤석열 1차 체포영장 집행이 시도되던 1월 5일, 남태령 대첩에 이어 한남동에서 또 다시 모든 사람들에게 감동을 주는 일이 일어났다. 5일 오후 1차 영장집행 시도가 수포로 돌아갔어도 시민들은 좌절하거나 포기하지 않았다. 체포작전 개시 전 오전부터 이미 시작되었던 윤석열 체포를 촉구하는 집회가 오후가 되면서 사람들이 점점 늘어나기 시작했다. 한남 고가차도를 차지하고 시작한 집회였다. 오후가 되면서부터는 하늘이 뿌옇게 흐려지더니 눈마저 오기 시작했다.
뉴스에 나오는 그 모습을 보면서 하필 오늘 같은 날 눈이 와서 집회도 못 하겠구나 낙담 하고 있었는데 웬걸, 사람들은 점점 더 늘어났다.

사람들은 남태령 대첩에 이어 이날의 집회를 한남동 대첩이라고도 부른다. 남태령은 경찰과 농민들이 대치하여 승리했기 때문에 대첩이라 할 만 하지만, 한남동에서는 대치 국면은 없었기에 대첩이라 칭하기에는 무언가 모자란다. 그래도 이날 한남동에서의 사건은 남태령 대첩 못지않은 중요성을 가진다. 우리 국민들의 자유와 민주주의를 향한 열망은 펑펑 내리는 눈도 가로막지 못한다는 하나의 증표를 주었기 때문이다. 한남동에서 우리는 민중들, 민초들의 민주주의를 바로 세우려는 끈기와 정의에 대한 열망을 확인했기에, 공동체에 대한 대가 없는 희생을 보았기에, 모든 사람들의 마음에서 희망을 싹틔울 수 있었다. 그 어떤 것으로도 대신 할 수 없는 감동과 희망과 교훈을 얻을 수 있었던 것이 바로 한남동 집회였다. 그래서 나는 이 사건을 한남동의 기적이라고 명명하고 싶다.

한남동의 기적은 말이 필요 없다.
생생한 이미지가 모든 것을 다 말해주고 있다. 아래는 그 사진들이다.

 누가 그렸는지도 모르는 그림들이 SNS를 통해 이 사람에서 저 사람으로, 그리고 다시 다른 사람들에게로 전해졌다. 그림을 그린 사람이 자신이 그렸다고 자신을 내세우지도 않았다. 그림 자체가 우리 사회의 공동체였다. 한남동의 기적이 사진과 그림을 통해 사람들과 사람들을 하나로 연결하고 있었다!

1부 응원봉이 지킨 헌법

정말 감동적인 명장면들이었다. 눈물이 흘렀다. 사람들은 이 사진들을 보고 감동하지 않을 수 없었다. 대부분이 젊은 여성들로 구성된 시위대였는데, 그 추위와 내리는 눈을 밤새 견디며 묵묵히 자리를 지켰다. 바로 근처 공관에서 따뜻하게 자고 있을 윤석열의 체포를 염원하며 저들은 굳이 저 자리를 지킨 것이다.

그리고 이 모습들을 통해 이번 내란 사태 최고의 이미지, 아니 한 시대를 새로 여는 것을 상징하는 그림이 그려졌다. 바로 아래의 그림이다. 이 그림이 한남동의 기적을, 그리고 그 감동을 한 달음에 느끼고 깨닫게 해 주는 그런 그림이다.

내란 불면증

우여곡절 끝에 공수처는 체포영장을 다시 발부 받았고 상당히 긴 시간 동안 준비를 했다. 경찰과 잡음도 있었으나, 체포 실패를 다시 반복하지 않으려고 경찰이 잘 협조해 준 것 같다.

문제는 국민들의 윤석열 체포 소식에 대한 갈증이었다.
많은 말들이 돌았다. 2차 체포일이 언제인지 알려지지 않아서다. 경찰 특공대가 경기도 어느 지역에 집결 중이다. 현재 공수처가 있는 과천으로 체포조 출동 차량이 와 있다. 내일 새벽 5시가 유력하다. 이런 종류의 말이 돌고, 유튜버들이 밤새 중계를 했다. 그래서 밤잠을 놓치거나, 새벽에 잠이 깨서 핸드폰을 들여다보는 이른바 내란 불면증이 생겼다는 카툰이 SNS에 넘쳐났다.
윤석열이 체포되기를 바라는 절박한 마음, 어두컴컴한 방 안에 작은 불빛이 비치는 카툰은 새벽에 깨어 핸드폰을 들여다보는 절박한 마음을 그대로 반영했다. 굳이 카툰이 무엇을 표현한 것인지를 설명하지 않아도 이심전심으로 느껴졌다. 체포됐나? 아직이야? 내란 불면증이 불러온 유행어가 되었다.

D	내란 불면증	

내란성 불면증
블로그

내란 불면증, 우울증…우리가 살…
블로그

내란성 불면증
블로그

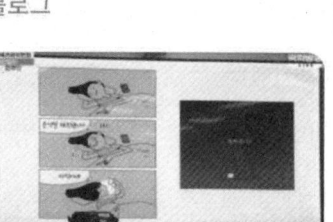

"오랜만에 꿀잠" 윤 대통령 체포…
뉴스

윤석열발 내란 불면증
블로그

내란성 불면증

제2차 윤석열 체포 작전

내란 불면증이 국민병이 되어 갈 즈음인 1월 15일 공수처는 2차 체포영장을 집행했다. 이 날의 현장 상황을 세계일보는 다음과 같이 보도하고 있다.

공수처와 경찰이 윤석열 대통령 2차 체포영장 집행에 나선 15일 새벽, 서울 용산구 한남동 관저 앞은 경찰 기동대와 이들의 진입을 막아선 국민의힘 의원들이 격렬한 몸싸움을 벌이며 현장은 일촉즉발로 치달았다.

이날 오전 4시6분경 한남동 대통령 관저 앞에 공수처 차량 2대가 도착해 4시40분경 공수처 인력이 하차했다. 경찰은 관저로 향하는 진입로를 확보하기 위해 기동대 약 50개 부대(3,000명 이상)를 투입했고, 관저 인근에 기동대 버스 50여대로 '차벽'을 세웠다. '체포조'로 서울청 광역수사단 병력 등 1000여명도 집결해 체포를 준비했다. 오전 5시40분쯤 윤 대통령에 대한 2차 체포영장 집행에 나선 경찰 체포조, 호송조 수사관들이 관저 앞에 도착했다. 형사기동대 20~30여 명이 인파를 뚫고 관저 쪽으로 진입을 시도했고, 이를 저지하는 윤 대통령 변호인단과 국민의힘 의원, 당직자, 지지자들과 격한 몸싸움이 벌어졌다.

고위공직자범죄수사처(공수처)와 경찰이 윤석열 대통령에 대한 2차 체포영장 집행에 나선 15일 용산구 한남동 대통령 관저 앞에 경찰병력이 모여있다. 연합뉴스

고위공직자범죄수사처(공수처)가 윤석열 대통령 2차 체포영장 집행에 나선 15일 오전 서울 용산구 한남동 대통령 관저로 관계자들이 진입하고 있다. 뉴스1

고위공직자범죄수사처(공수처)와 경찰이 윤석열 대통령에 대한 2차 체포영장 집행에 나선 15일 서울 용산구 한남동 대통령 관저 입구에서 경찰이 관저 진입을 시도하고 있다. 연합뉴스

오전 5시40분쯤 윤 대통령에 대한 2차 체포영장 집행에 나선 경찰 체포조, 호송조 수사관들이 관저 앞에 도착했다. 형사기동대 20~30여 명이 인파를 뚫고 관저 쪽으로 진입을 시도했고, 이를 저지하는 윤 대통령 변호인단과 국민의힘 의원, 당직자, 지지자들과 격한 몸싸움이 벌어졌다. 앞서 공수처와 경찰은 이날 새벽 대통령 관저가 위치한 공관촌 정문 앞에서 국민의힘 의원, 윤 대통령 변호인단에 체포 영장 집행을 막으면 현행범 체포하겠다고 경고했다. 윤 대통령 변호를 맡은 윤갑근 변호사는 불법 영장 집행이라고 주장하며 공수처 및 경찰 직원들과 대치했다. 국민의힘 의원 30여명은 윤 대통령 체포 저지를 위해 일종의 '인간띠'를 만들었다.

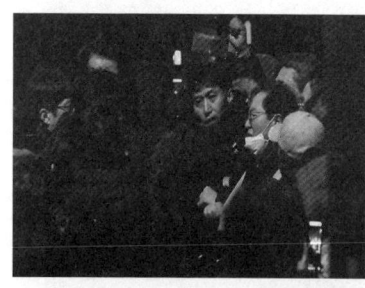
고위공직자범죄수사처(공수처)가 윤석열 대통령 2차 체포영장 집행에 나선 15일 서울 용산구 한남동 대통령 관저 앞에서 윤 대통령 측 윤갑근 변호사가 경찰과 대치하고 있다. 뉴스1

윤 대통령 변호인단은 이날 "대통령 관저에 대해 공무집행을 가장한 불법적인 침입이 있을 경우 경호처의 매뉴얼에 의해 경호 업무를 수행할 것"이라며 "공수처와 경찰의 불법 영장에 의한 위법한 영장 집행은 적법한 공무집행이 아니며, 전 과정을 철저히 채증하여 관련자 전원에 대해서 엄중한 법적 책임을 물을 것"이라고 강경한 입장을 재확인했다.

이예림·조병욱 기자

위의 세계일보 기사와 같이 만반의 준비를 하고 큰 저항을 예상하고 들어갔으나 이번에는 웬걸, 경호처의 경호관들이 아주 협조적이었다. 방어용으로 세워 둔 버스는 시동키가 꽂혀 있었고, 심지어 경호관이 수사관들에게 길을 안내하기도 했다. 유일한 장애물은 윤형 철조망 정도, 그것은 절단기로 싹뚝 자르고 버스는 사다리 놓아 넘어간 다음에 누군가 문 열고 들어가(심지어 버스 문도 열려 있었다.) 버스를 운전해서 치웠다.

무려 1천여 명의 수사관들이 밀고 들어갔는데, 거의 아무런 저항 없이 관저까지 들어간 것이다. 관저 앞에서 윤석열의 변호사들과 실랑이가 좀 있었는데 그래서 시간이 좀 지체되었다. 새벽 일찍 시작된 윤석열 체포 작전은 시작한 지 대략 5시간 만인 오전 10:33에 체포가 완료되었다. 생각보다 싱겁게 끝났는데 그 이유는 법어기기를 주저한 경호관들이 경찰과 공수처에 협조적이었기 때문이었다. 사실 그들이 무슨 죄가 있는가! 그들도 평범한 생활인이요 가족이 있는 국민이고 시민이다. 윤석열 때문에 범죄자가 되어 일상이 파괴되기를 결코 원하지 않았을 것이다.

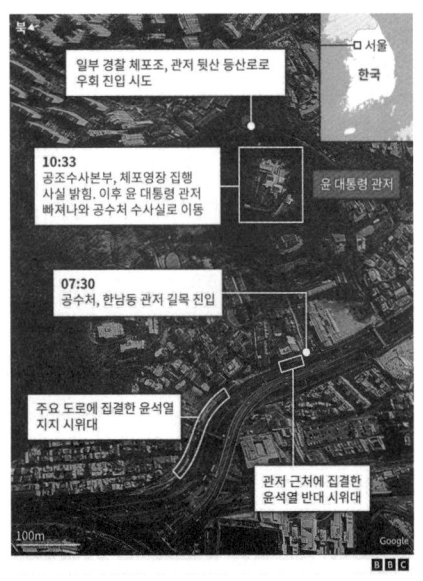

체포된 윤석열은 공수처의 호송차량이 아닌, 경호처의 경호차량인 캐딜락 에스컬레이드를 타고 공수처로 이송되
었다. 원칙적으로는 공수처의 호송차량을 이용해야 하지만 현직 대통령에 대한 경호라고 하는 문제가 있기 때문에 경호차량을 이용한 것으로 보인다.

공수처로 이송된 윤석열은 공수처 조사실에서의 조사에서 조사관의 질문에 단 한 마디도 대답하지 않았다고 한다. 그리고 밤 9시가 넘어 조사시간이 끝나자 서울구치소로 갔다. 윤석열 인생에서 구치소와 같은 열악한 환경에서 잠을 청하는 것은 아마 최초일 것이다.

체포된 다음 날 공수처는 윤석열을 공수처로 구인해서 심문을 하려 하였으나 윤석열이 응하지 않아 강제 구인은 포기하고 결국 거의 아무 것도 추가 수사를 하지 못한 채 기소권이 있는 검찰로 구속 상태에서 넘기기로 결정했다. 15일 윤석열을 체포한 후 공수처는 17일 서부지원에 구속영장을 청구했고, 18일 구속적부심 심사를 거쳐 19일 새벽에 차은경 부장판사에 의해 구속영장이 발부되었다. 윤석열이 내란을 일으킨 지 47일 만에 구속되기에 이른 것이다.

5.

내란 지속세력: 극우 개신교의 역사적·교리적 배경

　2025년 1월 19일, 법원에서 윤석열에게 구속영장이 발부된 날이다. 그러나 이 날은 또 다른 사건으로 역사에 기록되어야 할 날이 되었다. 극우에 의해 서부지방법원(이하 서부지법)에서 폭동 사태가 일어난 것이다. 이번 탄핵과 내란 정국에서 가장 극렬하게 탄핵을 반대하고 내란 세력에 동조한 세력이 극우 개신교회다. 이들이 어떻게 준동하게 되었고, 이들의 역사적·교리적 배경은 무엇인지 살펴보겠다.

극우의 서부지법 폭동

　윤석열에게 구속영장이 발부되었다는 소식이 전해지자 윤석열 지지자들이 당일 새벽 3시 10분경부터 6시 8분경까지 서부지법으로 쳐들어가 난동을 부리는 사태가 발생했다. 이 사건은 여러 가지 정황으로 볼 때 사전에 준비가 된, 배후가 있는 사건으로 보인다. 현장에서는 진두지휘하는 지휘자가 있었고, 이 지휘자는 정작 경찰의 진압작전이 시작될 때 빠져 나가고 없었다. 그리고 서부지법을 드나들던 변호사들도 판사실이 어디 있는지 잘 모르는데 이들은 곧장 판사실이 있는 7층으로 올라가서 구속영장을 발부한 차은경 판사를 찾아서 방마다 수색을 했고, 이들의 손에는 어두운 곳을 수색할 목적으로 사전에 준비한 것이 분명한 플래시라이트도 들려 있었다.

이 폭도 주모자들은 7층 판사실 방 하나 하나를 발로 차서 강제로 열고 들어갔다. 다행히 차은경 판사는 구속영장 발부 발표 전에 이미 퇴근을 한 상태였고, 법원을 지키던 소수의 직원들은 옥상으로 대피해 있어서 이들 폭도들로부터 폭행을 당하지 않았다. 만에 하나 차은경 판사가 이들 폭도들에게 잡혔다면 어떤 일이 벌어졌을지는 상상하기도 싫다.

이 폭도들은 법원 건물을 외벽부터 시작해서 출입문과 건물 내 기물들을 마구 부수며 법원을 지키고 있던 경찰들에게도 가차 없이 폭행을 가했다. 이들이 법원 내부로 진입해서 제일 먼저 한 일이 CCTV 서버를 파괴하는 일이었다. 이들은 CCTV 서버가 어디 있는지도 정확하게 알고 들어왔다. 그리고 CCTV 서버를 파괴한 것으로 보아 이 역시 사전에 치밀하게 준비한 작전으로 보인다. CCTV 서버 파괴는 증거를 인멸하기 위함이고 증거를 인멸할 행동을 가장 먼저 한 것은 사전에 나름 철저하게 준비한 것이라고 밖에는 해석이 안 되기 때문이다.

  이날의 난동을 진압하기 위해 동원된 경찰은 약 1,400여 명이었고, 재산 피해는 당장 외관으로 드러난 것만 7억 원 이상이었다. 폭도들은 법원 외벽을 파괴하고 내외부의 시설물들을 파손했으며 증거인멸까지 시도했다. 심지어 이들 중 폭동을 진두지휘한 '투블럭남'이라고 불려 진 남성은 인화물질을 가지고 법원 건물에 방화도 시도한 것이 카메라에 포착되기도 했다. 많은 폭도들과 경찰이 법원 건물 내에 있었는데 1층에서 큰 불이라도 났다면 그 피해는 상상을 초월할 수도 있었다. 이 남성은 나중에 파주에서 체포되었는데, 모두의 예상을 깨고 2006년생의 미성년자임이 밝혀졌다.

  이로 인한 인명 피해는 경찰 부상자가 56명이 발생했고 이들 중 11명은 중상이며 민간인 부상자는 41명이었다. 또한 공수처 차량 2대도 파손되었고 일부 언론사 취재장비도 파손되거나 갈취되었다. 폭도들은 경찰의 진압장비를 탈취한 후 이 장비들을 이용하여 경찰을 무차별 폭행했다. 공수처 차량도 누군가 "저 차에 오동운이 탔다. 끌어내서 죽여버리자." 라고 소리치자 폭도들이 달려들어 차량 문 손잡이를 부수고 타이어를 파손시켜 차량을 동작불능으로 만들어버렸다.

  서부지법을 침입했던 폭도들은 나중에 헌법재판소에까지 달려가 추가로 폭동을 시도했는데 다행히 헌법재판소는 별다른 큰 피해는 입지 않았다. 이 사건으로 인하여 체포된 자는 헌법재판소 폭력사태로 인한 4명 포함 모두 141명이었고 이들 중 92명이 구속되어 재판을 받고 있다.

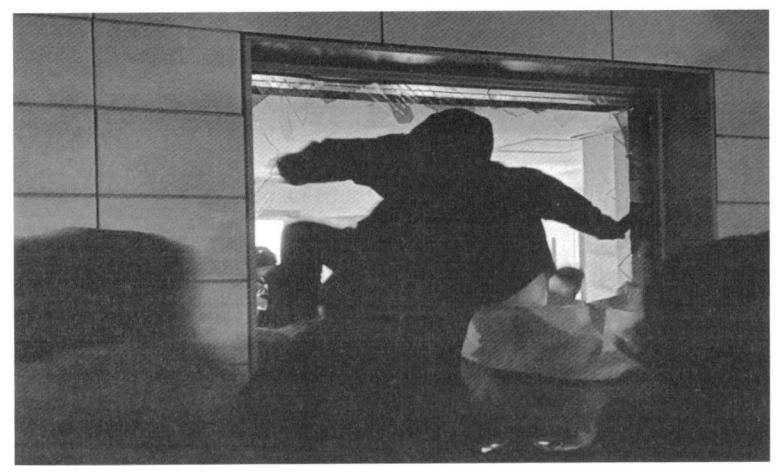

폭도들은 경찰을 폭행하고 서부지법 외벽과 유리창을 파손했으며, 내부로 침입해서 서부지법을 난장판으로 만들었다. 한국일보 옴부즈맨뉴스.

폭동 상황이 정리된 후 폭도들에 의해 파손되어 바닥에 뒹굴고 있던 서부지법 간판을 경찰이 일으켜 세우고 있다. 연합뉴스.

서부지법 폭동 당시 경찰과 뒤엉킨 폭도들. 이들은 구속되어 재판 받는 상황에서 천대엽 법원행정처장이 서부지법을 방문하여 형사상 중범죄라 언급한 이후 재판 받는 것이라는 엉뚱한 주장을 했다. JTBC 뉴스

서부지법 폭동으로 구속된 사람들의 직업은 의외로 다양했는데 치과의사도 있고 증권회사 증권맨도 있었다고 한다. 이 증권맨은 나중에 무단결근으로 퇴사처리 되었다는 소문도 들렸다. 한 순간 극우 인사들과 유튜버들의 선동에 넘어가 인생을 망치는 길로 들어선 것이었다. 경찰과 법원에서 이들을 선처할 기미가 추호도 없어, 이들의 앞날은 순탄하지 않을 것으로 보인다. 전광훈은 국민 저항권이라며 부추겼고, 일부 극우 폭동 가담자들은 '우리도 유공자 한 번 되어 보자'라며 소리 질렀다.

극우의 문제는 민주주의에 대한 교육이 부족하고 사실 여부에 대한 판단 능력도 결여되어 있어, 가짜 뉴스에 매우 취약하다는 것이다. 이러한 폭동에 쉽게 휩싸이는 이유는 집단적 병리현상의 작동에 있다. 우리 모두의 관심과 사회적 치유가 필요하다.

이날 폭동 사태에서 가장 빛을 발휘한 언론인은 JTBC의 기자였다. 당시 JTBC 기자로 취재 중이었던 이가혁 기자는 언론인에 대한 시위대의 물리적인 공격을 피하기 위해 방송용 카메라가 아닌 스마트폰으로 촬영을 하다가, 오전 3시 20분쯤 후문 쪽에서 혼란스러운 상황이 발생하고, 차은경 판사를 색출하려는 움직임을 간파한 후 그 시도 자체를 취재해 보도할 필요가 있다고 판단하여 마치 자신이 폭동 가담자인척 위장하여 이들의 뒤를 따라 들어가 촬영을 했다고 밝혔다. 그는 투블럭맨이 플래시라이트를 들고 7층을 수색하는 장면도 찍었고, 전광훈 목사의 사랑제일교회 특임전도사였던 이형석이 기물을 발로 차며 파손하는 장면도 찍었다. 실로 목숨을 건 모험을 했다고 할 수 있으며 '올해의 언론인상'을 받을 만한 취재를 했다고 본다.

극우 집회는 서부지법 난동사태를 정점으로 변화를 보이기 시작했다. 서부지법 밖에서 폭동을 부추기는 듯한 발언을 하던 전광훈 목사나 윤상현 국힘 의원 등이 발언에 조심성을 보이기 시작했다. 자칫하면 폭동의 배후로 지목되어 수사 받거나 심할 경우 구속도 될 수 있는 상황이 되었기 때문이다. 실제로 전광훈은 본격적으로 수사를 받기 시작했었다. 그러나 설명이 잘 안 되는 상황의 연속이다. 갑자기 담당자가 인사발령 나면서 수사가 중단되기도 했다.

극우 개신교회

우리나라 극우 개신교회는 온 국민들의 지탄의 대상이 되고 있다. 한 때 우리나라에서 가장 진보적이며 앞장서서 사회를 이끌어가던 개신교가 어쩌다가 이렇게 되었을까? 남녀칠세부동석이 상식이던 나라에서 남자와 여자가 같은 공간 안에서(물론 좌측은 남성, 우측은 여성, 이렇게 구분은 있었다.) 예배드리고, 여성들이 비록 장로가 되지는 못했으나 남자들과 지위가 같은 집사라는 직분, 그리고 거의 장로에 육박하는 권위를 지닌 권사라는 직분을 가지고 활동할 수 있었던, 그런 남녀평등을 실천하던 교회 아니었던가! 개신교가 없었더라면 우리나라 여성들은 훨씬 더 오래 갑갑한 삶을 살아야만 했을 것이다.

개신교는 천주교보다 늦게 들어오기는 했다. 그러나 천주교가 조선시대에 반란을 꽤했던 황사영 백서사건으로 반역의 종교로 몰렸던 반면, 개신교는 우리나라가 정신적으로 피폐했던 시기, 동학마저 실패하고 우리나라의 전통 사상은 무너지고 그것을 대체할 새로운 것은 없던 시기에 들어왔기에 많은 사람들의 호응을 얻었다. 대부분의 나라에서 기독교가 처음 전해질 때 제국주의 침략과 함께 들어온 선교사에 의해 전파된 것과 달리, 한반도에서의 기독교 전파는 한 사회를 지탱하는 사상적 기반이 무너지는 와중에 그 사회를 새롭게 지탱하고 발전시켜줄 수도 있다는 희망을 가진 자들에 의해 스스로 들여왔기에 제국주의 침략의 첨병이라는 오명을 피하고, 우리나라, 우리 민족을 구원할 대안으로서 받아들여질 수 있었던 것이다.

최초로 들어온 개신교는 바다를 건너 온 것이 아니라 한반도의 북쪽인 중국을 통해 들어왔다. 성서도 최초로 중국어(한자)로 된 성서가 들어왔고, 그 성서를 스스로 우리말로 번역해서 읽기 시작했다. 이런 이유로 한반도에서 개신교는 남쪽보다 북쪽에서 훨씬 많은 신도들을 가질 수 있었다.

초창기 개신교의 전파에 큰 공헌을 한 사람으로 서상륜을 들 수 있다. 서상륜은 중국과 조선 사이를 왔다 갔다 하던 장사꾼이었는데, 만주에 거주하며 선교사업을 하던 존 로스 목사와 함께 성서의 한국어 번역작업을 하여 1887년에는 신약성서 전체를 번역, 출판하기에 이른다. 그는 이렇게 번역, 출판한 성서를 남만주 일대를 돌아다니며 동포들에게 전했고, 서울 여행도 수시로 하면서 성서를 전파했다. 당시에는 자칫 잘못 걸리면 목숨이 위태로운 것이 조선 영토 내에서의 성서 배포였는데, 그는 위험을 무릅쓰고 성서를 날랐던 것이다.

그는 성서만 널리 전파하진 않았다. 그는 자신의 고향인 황해도 송천(솔내)에 한반도에서 최초의 교회를 세우기도 했다. 바로 송천교회라고도 하는 솔내교회이다. 송천을 우리말로 풀어쓰면 솔내가 된다. 마치 병천을 우리말로 풀어 쓴 것이 아우내인 것과 마찬가지이다. 물론 거꾸로도 마찬가지이다. 아우내를 한자로 표기하면 병천이다. 유럽을 비롯한 서양 국가들을 제외하고 선교사가 아닌, 현지인에 의해 기독교가 전파되고 교회가 세워진 유일한 지역이 한반도였던 것이다. 그리고 한반도에서도 북쪽에서 매우 빠르게 기독교, 특히 개신교가 전파되었다. 평양은 우리나라 개신교의 수도와 다름이 없었다.

이렇게 일본의 제국주의적 침략이 시작된 시점에 전파된 기독교는 제국주의의 첨병이 아니라 오히려 제국주의 침략에 저항하는 세력이 되었다. 언더우드를 필두로 조선에 들어온 미국의 선교사들은 일본으로부터 억압을 당하는 조선 사람들에게 동정심을 가졌고, 그래서 개인적 차원에서 그들은 조선 사람들을 많이 도왔다. 개인적 차원에서의 도움도 많았지만 공식적으로 학교와 병원을 세워서 조선 사회의 개화에 큰 힘이 되기도 했다. 지금의 연세대학교와 세브란스 병원, 이화여자대학교 등 많은 학교와 병원, 사회 복지기관들이 기독교의 힘으로 세워지고 운영되었다.

삼일운동 때에도 33인 대표가 천도교 15인 개신교 16인 불교 2인으로 구성되는 등 개신교의 민족주의적 성향과 정치에 대한 관심은 뜨거웠다. 삼일운동이 벌어졌던 1919년은 조선에서의 개신교 탈정치화가 상당히 많이 진척되어 있었다. 그럼에도 불구하고 이처럼 개신교 대표가 많은 것은 당시 교회 내에 반일 독립에의 열망이 얼마나 컸었는지 잘 보여주는 사례라고 할 것이다.

이렇게 기독교인들이 많이 늘어나자 조선통감부는 신경을 곤두세우게 된다. 일본이 조선의 모든 기능을 장악했지만 유일하게 장악하지 못한 것이 교회였다. 교회는 전국적으로 널리 퍼져있는 데다가 종교적 신념으로 모이는 곳이었기에 굉장히 위험한 집단으로 인식하고 있었다. 그런데 1905년, 조선에 와 있던 미국 선교사들이 모여서 중대한 결의를 한다. 비록 미국에서 선교를 한 것은 감리교와 장로교라는 교파교회이지만, 조선에서는 단일 개신교회로 합치기로 결의한 것이다.

만약 이 결의가 끝까지 지켜져서 오늘날 한반도에서 개신교는 단 하나의 교파와 교단으로 뭉쳐 있다면 지금과 같은 엉망진창의 개신교회는 있을 수 없었을 것이다. 그러나 불행하게도 일제는 조선에서 개신교가 하나의 교단으로 합치는 것을 묵과할 수 없었다. 그들은 장로교와 감리교 선교부를 통감부로 불러 협박했다. 개신교를 단일 교파로, 단일 교회로 통합하기로 한 것을 취소하지 않으면 조선에서의 모든 선교활동을 금지하고 선교사들을 본국으로 추방하겠다고 으름장을 놓았다. 나아가 조선 개신교의 탈정치화까지 주문한다.

이에 놀란 선교사들은 곧바로 단일 교단 형성이라는 결정을 취소하고 나아가 탈정치화에 집중한다. 즉, 사회적 의식을 가지는 신앙 중심의 개신교에서 개인 중심적 신앙으로, 영적 구원에만 집중하는 신앙의 개신교로 변모시킬 것을 도모한다. 이전 조선 교회와 교인들은 우리가 일본으로부터 억압받고 지배당하는 것이 우리의 죄 때문이라 생각하고 회개운동과 더불어 항일운동도 하였는데, 이제 회개는 죽어서 천당 가는 영적 구원에 집중하게 되었다. 선교사들은 의도적으로 이런 기복적 신앙으로 조선 교인들을 이끌어갔다.

이러한 선교사들의 의도는 1907년 원산대부흥운동에 의해 분기점을 이루게 된다. 원산대부흥운동은 우리나라 개신교 역사에서 한 획을 긋는 대 사건이었다. 이 사건을 계기로 조선에서의 기독교는 기복적이고 개인 구원 중심이며 사회에 대한 관심을 단절하는 기독교로 나아가게 된다. '가이사의 것은 가이사에게, 하나님의 것은 하나님에게'와 같이, '일본제국주의의 것은 일본제국주의에게, 하나님의 것은 하나님에게'라는 신앙 양태가 형성되기 시작한 것이었다.

또 하나, 한국 개신교회의 특징은 미국의 근본주의 신학이 들어왔다는 점이다. 근본주의 신학은 매우 보수적인 미국의 한 신학 사조로서 가장 큰 특징은 축자영감설을 믿는다는 점이다. 축자영감설이란 성서의 글자 한 자 한 자는 하나님의 영감에 의해 쓰였으므로, 단 한 자도 바꾸거나 탈락시킬 수 없다는 설을 말한다. 성서는 문자 그대로 무오류이고 역사적 사실을 기록한 책이며 진리의 책이라는 주장이 바로 이 축자영감설이다.

이 근본주의 신학은 미국에서 매우 소수만이 믿는 신앙의 형태였지만 처음 우리나라에 개신교를 전한 선교사들이 바로 이 근본주의 신학을 가진 사람들이었고, 이들로 인해 한국 교회가 급속한 발전을 하자 미국 선교부는 계속해서 우리나라에 이런 보수적인 근본주의자들을 선교사로 파송했던 것이다. 이로 인해 우리나라의 개신교는 매우 보수적이고, 전 세계적 경향에서 비춰보면 매우 소수인 특정 종파의 신학과 신앙이 전해지게 되었다.

이런 근본주의적 선교사들의 활약으로 조선 기독교, 특히 조선 개신교의 탈정치화 탈사회화를 도모했지만, 그럼에도 불구하고 삼일운동에서 33인의 대표들 중 16인이 개신교인이었을 정도로 그들의 정치적 의식은 아직 높았다. 35년 동안의 일제 강점기 동안 신사참배를 강력하게 거부한 조선 기독교인들도 매우 많았다. 상당수의 목사들이 신사참배는 우리가 국기에 대한 경례를 하듯 하나의 국가의식일 뿐 종교적 의미는 없다고 애써 합리화하며 신사참배에 참여했지만, 더 많은 목사들은 목숨을 걸고 신사참배에 반대하며 저항했다. 이처럼 초창기 한반도의 개신교인들은 애국적이었고 민족주의적이었으며 정의를 위해 목숨을 걸기도 했다.

그러나 결정적 위기가 찾아왔다. 그것은 바로 해방이었다. 해방과 더불어 한국개신교회에 신사참배 문제가 대두되었다. 일제 강점기 동안 신사참배를 거부해 온 목사들이 신사참배에 참여한 목사들에 대한 처벌 문제를 제기한 것이다.

장로회총회는 일제 강점기 신사참배는 어쩔 수 없는 공포 조장 속에서 이뤄진 것이므로 회개하고 반성문을 작성하는 것으로 용서해주자고 결의했다. 이에 신사참배 한 목사들을 영구제명하자고 주장한 순결파는 신사참배, 즉 하나님 외의 다른 신을 섬긴 목사들과는 함께 할 수 없다고 하면서 분열해 나갔다. 이것이 우리나라 개신교회 최초의 분열이었다. 이렇게 분열해 나간 목사들이 그들만의 별도의 교단을 세우고 고려신학교라는 이름의 신학교를 세워서 교단명을 대한예수교장로회(고신)이라고 지었다.

해방 직후 이렇게 분열했던 교회는 곧바로 새로운 위기를 맞는데, 바로 한국전쟁이었다. 앞에서 우리나라 개신교는 북한 지역에서 매우 왕성한 성장을 했다고 밝혔다. 해방 후 남과 북이 38선을 중심으로 갈리면서 개신교회의 교세는 미약했다. 그런데 한국전쟁이 발발하고 유엔군이 북쪽으로 밀고 올라갔다가 중공군의 개입으로 다시 후퇴하게 되는데, 이때 북한에서 김일성 정권으로부터 심각한 탄압을 받고 있던 기독교인들이 피란 짐을 싸서 남쪽으로 피란을 오게 된다.

정확한 통계는 없지만 이때 남쪽으로 피란 온 북쪽의 개신교인들이 엄청나게 많아서 어쩌면 남한 전체 개신교도들보다 더 많았을 수도 있었다. 이들은 또한 대부분이 북한에서 지주계급이어서 많은 땅을 북한 정권에게 빼앗기고 많지 않은 가재도구만 챙겨서 피란을 온 터라 북한 정권, 공산당 정권에 대한 원한이 하늘을 찔렀다. 이렇게 피란 온 기독교인들이 세운 교회가 영락교회였고, 영락교회를 중심으로 한국 개신교는 매우 보수적이고 반공적인 교회로 성격이 규정되어 갔다. 비단 영락교회 만이 아니라 피란 온 개신교인들이 전국 곳곳으로 퍼져나가 교회를 세우거나 교인으로 등록했다. 이들은 새로운 교회를 세울 때 북한에 두고 온 교회의 이름을 그대로 붙이기도 했는데 장대현교회가 대표적인 예라고 할 수 있다.

이렇듯 한국의 개신교회는 근본주의 신학이라는 매우 보수적이고 편협한 신학과 신앙 행태에, 극단적인 반공이라는 사상적 기반을 가지고 남한에서 성장하기 시작했다. 지금 보여주고 있는 기독교 개신교의 윤석열 탄핵 반대 운동의 기초가 이때부터 다져지고 있었던 것이다. 반공사상에 의해 공산주의를 반대하고, 보수적인 신앙으로 인해 동성애 반대를 기치로 내세운 작금의 개신교 행태가 그대로 이

해될 수 있는 부분이다.

그렇다고 한국 개신교회가 무조건 반공을 기치로 내세운 군사독재에 찬성하고 기득권층에 경도되어있기만 했던 것은 아니다. 근본주의 신학이 주류를 이루었던 한국 교회에서 해외로 유학을 갔다 온 신학자들이 신학교 교수로 활동하기 시작했다. 특히 독일로 유학 갔다 온 신학자들이 매우 진보적인 신학을 신학교에서 가르치기도 했는데 이들은 장로교 신학교에서 견디지 못하고 결국 쫓겨나와 새로 신학교를 세웠다. 이것이 한국신학대학교이고 줄여서 한신이라고 부른다. 이들 쫓겨난 신학자들을 상당히 많은 교회가 따라 나와 새로운 교단을 만들었는데 이들이 기독교장로회이다. 줄여서 기장이라고 부른다. 경동교회, 향린교회 등이 바로 기장 소속의 교회들이다.

또 감리교도 비교적 진보적인 학자들이 감리교신학교를 장악하여 그 영향으로 감리교회가 장로교회보다는 진보적 성향을 지닌다. 그러나 그 유명한 금란교회의 김홍도 목사도 감리교로서 별반 큰 차이가 없다고 봐서 무방하다.

이런 상황에서 한국교회를 극우들과 환상의 조합을 이루게 만든 장본인은 그 누구보다도 순복음교회의 조용기이다. 조용기는 처음 서대문에서 개척교회를 시작했는데 매우 특이한 신학을 가지고 있었다. 그는 하나님을 잘 섬기면 복을 받아 이 세상에서 잘 살고 구원을 받아 천국을 가는데, 잘 섬기는 기준은 헌금을 얼마나 잘 내는가에 달렸고, 그렇게 해서 정말 구원을 받은 징표는 방언이라고 가르

쳤다. 그의 설교는 무엇을 주제로 하건 이 범주를 크게 벗어나지 않았다. 그래서 많은 순복음교회 교인들은 기본적으로 십일조를 하고, 십의 삼조를 하는 교인들도 적지 않았다. 십일조로는 평범해서 하나님 눈에 띄기 어려우니 자기 소득 십 분의 삼을 헌금으로 바쳐야 제대로 된 교인이라는 신앙을 심어주기도 했다는 것이다.

그리고 구원의 징표인 방언을 하기 위해서는 기도원에 가서 열심히 기도를 해야 한다고 하면서 순복음 기도원을 설립, 전 교인들이 이 기도원에 가서 기도하면서 예배드리고 그 예배시간에도 또 헌금을 하도록 강요했다. 이렇게 하여 순복음 교회는 매우 기복적인 신앙, 무속종교와 다름없을 정도의 기복적인 신앙을 키웠다.

그런데 이 신앙이 대히트를 쳤다. 순복음교회가 설립되어 커가고 있을 당시는 70년대, 우리나라 경제가 급속도로 발전하고 있을 때였다. 사회적으로 많은 사람들이 부를 급격하게 쌓아가고 있었고, 설사 실패를 하더라도 곧 재기할 수 있는 사회적 여건이 마련되어 있었다. 순복음교회를 다니는 사람들은 이렇게 사회적 여건으로 인한 부의 증가를 하나님의 축복이라 믿게 되었다. 조용기의 설교와 사회적 현상이 일치되면서 순복음교회는 신도들이 어마어마하게 증가하기 시작했다.

처음 한국교회는 대부분 순복음교회의 이런 교리를 이단시했다. 그러나 순복음교회가 교인 50만 이라는 어마어마한 교세를 가지게 되자 한국교회의 목사들이 하나 둘 순복음화하기 시작했다. 모두라고 해도 과언이 아닐 정도로 순복음식의 기복과 기적을 믿는 교회로 바꿔기 시작했다. 근본주의 신학이 심각한 문제를 가지고 있었지만 근본주의 신학의 문제는 문제도 아닐 정도로 순복음 신학이 우리 사회 속으로 개신교를 통해 파고 들어와서 따리를 틀었다. 80년대와 90년대 요원의 들불처럼 퍼지던 부흥회 열풍이 이를 증명한다.

결국 한국 개신교회는 최초의 근본주의 신학에, 반공사상에, 이제는 무속 저리가라 할 정도의 기복적 신앙에 오염되어 타락해갔다. 이렇게 되다보니 윤석열과 김건희의 기복적 행태와 무속에의 심취에 대해 매우 무감각해졌고, 자유민주주의라는 이상한 용어로 대변되는 반공사상을 추앙하면서, 상대적으로 진보적인 차별금지법을 추진해 온 민주당에 적대적이 되었다. 기복적 신앙과 반공주의와 근본주의 신학의 콜라보를 보여주고 있다고 해도 전혀 틀리지 않는다. 그리고 이 점을 노려 파고 들어온 전광훈과 손현보가 개신교인들이 중심이 된 윤석열 탄핵 반대 운동을 확산시킨 것이다.

근본주의 신학, 반공 사상, 그리고 샤머니즘에 찌든 한국교회는 이들의 이런 행태를 비판하고 교회의 원래 사명을 수행할 힘과 능력을 상실했다. 70년대와 80년대 군사독재에 대해 항거하고 목소리를 높이던 교회와 목사들은 이제 점점 줄어들어 찾아보기 어려울 지경이 되었다. 소수의 목사들과 기독교인들이 작은 목소리를 내고 있을 뿐이다. 그리고 이들의 목소리는 전광훈과 손현보 집회의 스피커 소리에 깊이 파묻혔다.

6.

윤석열 대통령은 파면되고... 아무튼 응원봉이 지킨 헌법,

    윤석열은 헌정 사상 최초라는 가지가지 기록을 남겼다.

    헌정 사상 최초로 대통령 부인인 김건희 여사의 검찰 조사가 있었다. 검찰 조사도 헌정 사장 최초로 방문 조사였으며 눈 가리고 아웅 하는 식의 조사였다. 대통령의 장모 역시 헌정 사장 최초로 구속되었다가 가석방되었다. 이런 기록들은 윤석열 본인에 비하면 아무것도 아니다.

    윤석열은 헌정 사상 최초로 국회 개원식과 시정연설 모두 불참했다. 헌정 사상 처음으로 출국 금지된 대통령이 되었으며, 헌정 사상 처음으로 체포되고 구속되는 대통령이 되었다. 어떻게 하면 이렇게 할 수 있을지 어안이 벙벙하다.

윤석열 대통령은 파면되고...

윤석열에 대한 체포 구속과 탄핵은 여의도, 남태령 대첩, 한남동 기적 등 여러 고비들을 넘겨가며 진행되었다. 그 분수령은 3월 26일 이재명 민주당 대표의 공직자선거법 위반 2심 선고였다. 국민의힘은 내심 이재명 대표가 2심에서 유죄 선고 받기를 기원하며 또 그렇게 될 것이라 믿었던 것 같다. 이재명 대표가 유죄선고 받고 상고하면 대법에서 신속하게 확정 선고하고, 그렇게 되면 이재명 대표는 설사 윤석열이 탄핵되어 조기대선이 치러지더라도 출마가 불가능해 국민의힘이 어느 정도 승리를 기대할 수도 있다는 계산이었을 것이다. 이재명의 대선 출마 불가가 그 목표였다.

이렇게 하려면 한 가지 전제조건이 있다. 그것은 헌재에서 윤석열 탄핵에 대한 선고를 최대한 늦춰야 한다. 탄핵 선고가 일찍 이루어지면 조기 대선으로 넘어간다. 아무리 이재명 대표에 대한 2심 선고가 유죄가 되어도 조기 대선 전에 대법에서 확정판결 할 시간적 여유가 없어 계획이 수포로 돌아가기 때문이다. 그런데 헌재 판결을 늦추려면 헌재 재판관들 중에 적어도 한 명은 국힘과 내통되어야 한다. 헌재 재판관이 헌재에서의 평결 과정과 내용을 외부로 유출하는 것은 공무상 비밀누설로 형사범죄가 된다. 쉬운 일은 아니다.

많은 사람들이 헌재의 최종 변론이 2월 25일에 있었으므로, 판결이 빠르면 3월 7일, 늦어도 3월 14일에는 있을 것으로 기대했다. 이 기대는 합당한 것으로 노무현 대통령 때나 박근혜 때에도 최종 변론 후 선고까지 열흘 정도의 기간 이상 걸리지 않았기 때문이었다. 게다가 박근혜 때는 쟁점이라도 있었지만 윤석열 계엄은 온 국민들이 지켜보았고 수도 없이 많은 증거들이 쏟아져 나와 쟁점도 별로 없어 그렇게 기대했다.

그러나 사람들의 기대와는 달리 헌재 선고는 계속 늦어졌다. 하루하루가 천년 같은 세월을 온 국민들은 목을 빼고 헌재의 입만 바라보며 보내야만 했다. 이번 주 금요일에 선고할 것이다. 다음 주 금요일에는 선고할 수밖엔 없지 않겠는가. 그러나 헌재는 선고일 마저 발표하지 않았다. 사람들은 기가 막혀했고, 나 역시 분통이 터져 살 길이 없었다. 나는 굉장히 낙관적인 사람이라 헌재가 심지어 2월 안에 결론을 낼 것이라 기대했었다. 그런데 달력은 3월 중순을 넘어 이제 4월을 바라보고 있었다.

헌재 판결이 다가옴에 따라 시민단체가 3월 12일부터 광화문에 천막을 치고 농성을 시작했다. 야5당도 광화문에 천막 당사를 마련하고 시민과 함께 헌재의 판결을 압박했다. 1주일이나 아무리 늦어도 2주일이면 될 것 같았던 천막 농성은 장기화되고 있었다. 대규모 집회가 계속 이어졌다. 윤석열 퇴진 비상행동 집행부의 단식 농성과 광화문에서 헌재까지 대학생들의 3보1배도 있었다.

3월 13일 한 집회 참가자의 응원봉 사진,
노무현 대통령이 자전거 타고 가시는 모습이 보인다.

광화문 월대 좌측은 시민단체와
야5당의 천막 농성장이 되었다.

광화문 윤석열 파면 집회에는 수많은 시민단체들
이 참여했다.

광화문 집회에 참여해 행진하는 민주노총

광화문 집회에서 행진하는 한국노총   대학생들은 광화문에서 헌재까지 3보1배를 하며 윤석열 파면을 요구했다

　헌재의 판결 발표가 늦어지면서, 이러다가는 이재명 대표가 유죄선고를 받을 것이라는 불길한 예상을 할 수밖엔 없었다. 적어도 벌금 7-80만 원으로 국회의원 당선 무효형은 아니지만 유죄는 인정하지 않을까 싶었다. 이런 정도가 법원이 줄타기 할 수 있는 최적의 조건이라 생각했기 때문이었다.

　이렇게 되면 이재명 대표의 판결에 이어 헌재의 윤석열 탄핵 판결도 기각되는 게 아니냐는 불안함을 떨칠 수가 없었다. 국힘 쪽에서의 주장은 윤석열이 임명한 헌재 재판관들이 국회의 탄핵 절차상의 문제를 제기하며 기각을 주장하고 있다는 것이다. 헌재의 판결이 5:3으로 예상되어 헌재가 판결일을 결정하지 못하고 있다는 말이 돌고 있었던 상황이었다. 심지어 국힘 쪽에서는 5:3도 아니고 4:4를 예상하기도 했다.

그러더니 마침내 이재명 대표에 대한 2심 선고일이 다가왔다. 그런데 결과는 모두를 놀라게 했다. 2심 재판부는 모든 혐의에 무죄를 선고했다. 무죄를 선고하면서 각각의 혐의에 대해 아주 세심한 법리로 꼼꼼하게 정리했다. 검찰이 상고하여 대법원에서 그 어떤 판사도 이 법리를 틀렸다고 파기환송 할 틈을 주지 않는 판결문을 재판장은 낭독했다. 민주당과 민주 국민들 입장에서는 엄청난 승리였다. 이로써 국힘의 작전은 완전히 물거품이 되었다.

이어 헌재는 4월 1일 오전에 4월 4일 오전 11시에 최종 선고를 하겠다는 발표를 했다. 대다수의 사람들은 당연히 탄핵 인용이 나올 것이라고 예상했지만 지귀연 판사가 갑자기 윤석열을 구속 해제해 주고 검찰은 이에 대해 즉시 항고를 하지 않는 등 하도 이상한 일이 자주 일어나는 대한민국의 상황이라 가슴을 졸이며 판결을 기다렸다.

지귀연 판사는 윤석열의 구속기간이 끝났다는 윤석열 변호인단의 구속적부심사 청구에 대해 변호인단의 손을 들어 주었다. 윤석열의 구속을 풀어주었다. 일(日)단위로 계산하던 구속기간을 시간 단위로 했다는 것이다. 피의자의 인권을 위해 그랬다면 이의를 제기할 일은 아니다. 그러나 구속기간의 시간단위 적용은 대한민국에서 윤석열이 전무후무했으며, 유일무이하다는 게 문제다.

대한민국 헌법 제103조에는 "법관은 헌법과 법률에 의하여 그 양심에 따라 독립하여 심판한다"고 명시되어 있다. 지난 군부독재 시절에도 고문으로 다리를 저는 민주화운동가에 유죄를 판결했던 판사들도 법이 그렇다며 법대로 했다고 했었다. 법관의 양심이 항상 문제다. 법이 법관의 양심에 따라 좌지우지되는 것이 문제다.

이런 상황이니 헌재가 5:3으로 탄핵을 기각할 것이라는 불안감을 완전히 떨칠 수는 없었다. 급기야 '윤석열 즉각퇴진 사회대개혁 비상행동'에서는 헌재에 윤석열 파면 판결이라는 시민의 뜻을 전하며 만일의 상황에 대해 강력히 경고했다. 이런 경고의 의미로 안국역 4거리에서 24시간 철야 행동을 선언하며 철야 농성에 들어갔다. 시민들이 헌재에 요구하고 있는 것은 8:0 완벽한 파면 결정이었다.

모두가 밤샘할 각오로 응원봉을 든 수많은 시민들이 안국역 4거리를 가득 메웠다.

윤석열 탄핵을 요구하며 여의도에서 시작된 응원봉의 물결은 드디어 종착역인 헌재 인근의 안국역 4거리에서 윤석열 파면을 외치는 응원봉이 되어있었다.

마침내 4월 4일 11시가 되었다. 헌재소장 권한 대행 문형배 판사는 정형식 주심이 작성한 판결문을 차분히 읽어 내려갔다. 광화문은 차량의 통행이 멈춰져 적막이 흘렀다.

시민들의 눈과 귀는 헌재의 판결을 중계하는 대형 스크린을 향했으며, 광화문 앞은 차량의 통행이 멈춰지며 적막이 흘렀다.

"주문, 피청구인 대통령 윤석열을 파면한다."

대한민국의 역사를 새롭게 여는 판결이었다.

대통령(윤석열) 탄핵	
사건번호	2024헌나8
상태	2025.04.04 종국
별칭	대통령에 대한 탄핵심판 사건

사건정보 / 송달정보 / 결정요지

사건정보

접수일자	2024.12.14
심판대상	
변론일자	2025.01.14 14:00 2025.01.16 14:00 2025.01.21 14:00 2025.01.23 14:00 2025.02.04 14:00 2025.02.06 10:00 2025.02.11 10:00 2025.02.13 10:00 2025.02.18 14:00 2025.02.20 15:00 2025.02.25 14:00
종국일자	2025.04.04
종국결과	인용(파면)

헌재의 판결은 늦어졌지만 판결 자체는 완벽함 그 자체였다. 절차상 문제도 없고 쟁점도 모두 정리되었다. 헌재 재판관 8명 전원의 만장일치로 탄핵을 인용한 것이었다.

그렇다면 왜 그렇게 시간이 지체되었을까? 평결이 진행되는 동안 쟁점도 별로 없었다. 별도 의견으로 나온 것을 보면 정형식 재판관이 국회의 탄핵 표결이 회기를 다르게 해서 이루어졌으므로 비록 위법은 아니지만, 너무 자주 가깝게 같은 사안을 표결하는 것은 지양해야 해서 그 부분을 입법화하는 것이 좋겠다는 것이 있는데, 이것도 위헌이라는 말은 없고 너무 짧은 기간 내에 새로 국회를 열어 거의 동일한 내용을 표결하는 것은 보기에 민망하다는 정도의 의견 피력이었다.

그리고 또 하나의 별도 의견은 전문 증거(전문 증거란 전해들은 증거를 말한다)에 관한 것으로 이 증거의 인정을 좀 더 어렵게 해야 한다는 의견(김복형, 조한창)과 아니다, 좀 더 쉽게 해야 한다(정계선, 김형두)는 두 상반된 의견이 나왔을 뿐이었다. 이 정도는 한 두 차례 평의면 결론이 나와서, 너는 네 의견을 판결문에 넣고 나는 내 의견을 판결문에 넣자는 것으로 쉽게 정리될 수 있는 것이었다고 본다. 어차피 인용이면 이런 개인적인 의견을 넣는 것은 크게 다툴 일이 아닐 것이었기 때문이다.

시간이 지체되면서 긍정적 예상을 한 홍사훈 기자는 문형배 재판관이 3월 20일 경 테니스 대회 출전 신청을 한 것을 두고 긍정적 예측의 근거로 제시했다. '대통령 탄핵이라는 엄청난 사안을 눈앞에 두고 한가하게 테니스 대회 참가 신청이나 할 수 있는 헌재 재판관이 어디 있겠는가? 따라서 테니스 대회 참가 신청을 했다는 것은 이미 인용 결정은 났고, 시기만 저울질하고 있었다는 증거이다.' 라는 것이다.

이에 대해 '겸공' 출연자들은 극구 반대했지만, 나는 이 가설을 이미 세워놓고 있었다. 심리적으로 볼 때 내가 헌재 소장 권한대행이 아니라 그냥 재판관이어도 그 심리적 중압감 때문에 매일매일 골머리를 앓고 있었을 것이다. 반대자를 어떻게 설득할 것인가? 내일 평의는 어떻게 진행할 것인가 등 머리를 싸매고 궁리하고 있을 터에 테니스 대회 참가 신청을 한다는 것은 상상도 못할 일이다. 그러니까 적어도 최종 판결은 인용이라는 결론이 거의 도출되었기에 그렇게 한가한 개인 시간을 생각할 여유가 있었던 것이라고 본다. 인용은 합의를 보았고, 모두 인용을 합의해 주는 대신 판결 시기는 보수적 판사들이 원하는 것을 들어 준 것이 아닐까 그렇게 생각한다.

보수적 재판관들도 기각은 불가능하다는 것을 알고 있었고, 그들이 윤석열 측에게 적어도 나는 최선을 다했다는 것을 보여주는 방식으로 이재명 대표 2심 판결 이후로 최대한 시간을 벌어주는 것이었고, 이것을 두고 진보나 중도적 판사들과 타협을 시도했을 것이라 본다. 그리고 그 타협이 이뤄졌기에 4월 4일에 판결이 선고되었다고 생각한다. 3월 중순경 들어서부터는 헌재 재판관들의 평의도 1-2시간으로 끝나고 모두가 정시 출퇴근을 했다는 데에서도 그대로 드러난다. 인용 여부를 두고 심각한 논쟁이 벌어지고 있었다면 야근을 해서라도 쟁점을 해소해야 했을 것이다.

이처럼 헌재 재판관들이 전원 일치 탄핵 인용을 하도록 만든 것은 국민들의 힘도 크게 작용했다. 국민들이 가만히 있었더라면 전원 일치 탄핵 인용 판결은 결코 있을 수 없었을 것이다. 국민들이 계엄 당일 여의도 국회로 달려가지 않았더라면 계엄이 해제될 수 없었을 것이라는 가정과 마찬가지로, 국민들이 4월 4일 아침까지 차가운 아스팔트 위에서 추운 바람과 눈과 비를 견디며 헌재에게 인용 판결하라고 압력을 행사하지 않았더라면 과연 저 보수적인 재판관들이 인용에 합의했을까 싶다.

아무튼 응원봉이 지킨 헌법

여의도 국회 앞에서 윤석열 탄핵을 위해 국회에서 탄핵안이 발의된 12월 5일부터 국민들이 흔들었던 응원봉이 국힘 의원 일부를 흔들고, 헌법재판소의 보수적인 재판관들의 마음을 흔들어 국민 승리를 이끌어 낸 것이었다.

전쟁은 헌정을 무너뜨리고, 전쟁 중에는 합법적인 살상이 벌어진다. 독재를 위해 북한과의 전쟁을 생각했다면 그 자체로 이미 정상이 아니다. 계엄 쿠데타는 헌정 중단을 의미한다. 계엄사령관이 포고령을 발표한다. 헌정은 중단되고 포고령이 법이다. 윤석열은 2시간짜리 계엄이라 말함으로써 그 2시간 동안 대한민국 헌정이 중단되었다는 것을 감춘다. 헌정의 중단은 곧 독재를 의미한다.

윤석열은 무능과 실정에도 거짓말과 자화자찬하는 후안무치로 일관하다 결국 헌정을 중단하는 계엄 쿠데타에까지 이르렀다. 집권 초부터 실정과 무능으로 점철된 윤석열 정부였다. 청와대 이전에 몇

백억 정도 든다는 거짓말에서부터, 이태원 참사, 수해 참사에서 사람이 죽은 지하방을 쭈그려 앉아 들여다보던 모습과 오송 지하차도 참사... '날리면' 소동, 대통령 전용기 MBC 기자 탑승 거부, 영국 조문 소동, 김건희의 외국 백화점 갑질 쇼핑, 수 천 억 원을 낭비하고도 실패한 엑스포 유치, 세계적으로 망신당한 잼버리 대회, 석유탐사로 날린 수 천 억, 대기업과 부자 감세로 인한 수 십 조의 국가 부채 증가, 자영업자들의 줄 파산, 우크라이나 등에 퍼준 혈세... 이루 헤아릴 수가 없다. 더 큰 문제는 앞으로도 어떤 일이 밝혀지고 무슨일이 더 벌어질지 알 수 없다는 공포다.

급기야 윤석열은 계엄 쿠데타로 헌정을 중단시키기까지에 이르렀던 것이다. 헌재로 하여금 헌법을 수호하게 만든 것은 헌재 재판관들의 헌법수호 의지가 아니라, 국민들이 흔들었던 바로 그 응원봉이었다고 나는 과감하게 말한다. 응원봉이 헌법을 수호했고, 응원봉이 윤석열 파면을 이끌어 낸 것이다. 70년대 80년대 심지어 90년대에 이르기까지 대학생들의 손에 들렸던 화염병이 우리나라를 군사독재의 손아귀에서 구해냈다면, 2025년 오늘은, 그때 화염병을 든 2030이었던 중장년과 노년들, 그리고 이제 2030이 된 청년, 그중에서도 특히 여성 청년들의 손에 들린 응원봉이 우리나라를 구한 것이다.

윤석열 계엄 쿠데타로 헌정이 중단된 상황에서 벌어질 수 있었던 대량 살상의 참극으로부터, 윤석열 계엄 쿠데타로 헌정이 중단된 이후에 벌어졌을 수도 있었던 전쟁의 위험으로부터 우리나라를 구한 건 바로 응원봉이었다.

그럼으로, 대한민국의 응원봉에게 노벨 평화상을 수여해야 한다고 생각한다. 노벨 평화상은 사람에게 수여하는 상이므로 응원봉에게 줄 수 없다면, 그 응원봉을 들고 흔들었던 대한민국의 모든 민주 국민들에게, 민주주의를 지키기 위해 이 광장에서 얼어 죽어야 한다면 얼어 죽고, 수거 당하고 서해 바다 꽃게 밥이 되어야 한다면 기꺼이 꽃게 밥이 되겠다고 결심한 광장의 사람들에게 노벨 평화상이 주어져야 한다고 믿는다.

이제 윤석열은 탄핵되었고, 이제 대한민국의 헌법은 수호되었다. 그러나 이 시점에서 우리는 또 하나의 질문을 던져야만 한다. 우리가 수호한 이 헌법은 과연 우리 후손들을 위해 백 년 후까지의 여정에서 이정표가 되어 줄 수 있는가라는 질문이다.

지금의 헌법은 소위 87체제라고 하여 1987년 당시 대통령 노태우와 민주 진영 사이의 협상의 결과물이다. 노태우는 대통령 직선제 개헌을 수용하면서라도 대통령이 되는 것과 유신헌법의 골격을 유지하는 것이 목표였고, 민주 진영은 대통령의 직선제와 다시는 쿠데타가 일어나지 않도록 막는 것이 목표였다. 개헌 이후 대통령 선거에서 민주 진영이 집권하면 그 이후 나머지 유신헌법을 개헌하려 했었다. 이 두 목표 사이에서 절충하여 나온 것이 현행 헌법이다. 따라서 현행 헌법은 지켜져야 하지만, 반드시 그 어떤 독재 세력의 등장도 이 헌법으로 막아야 하지만, 이제 새로운 체제, 새로운 헌법을 생각해야 할 시점이 도래했고, 이미 그 시점은 오래전에 지나갔다.

2부

헌법,
과거·현재·미래

1.
세계 각국의 헌법 제1조

응원봉이 헌법을 지켰다.

응원봉이 지킨 헌법에서 가장 중요한 것은 헌법 제1조라고 생각한다. 우리나라 헌법만이 아니라 전 세계의 모든 나라 헌법에서 가장 중요한 조문은 제1조일 것이다. 왜냐하면, 헌법 제1조는 헌법 전문과 아울러 헌법의 첫 관문이고 가장 먼저 헌법을 통해서 보여주고 서술해주고 싶은 내용이 나오기 때문이다. 전문이 헌법의 얼굴마담이라면, 헌법 제1조는 헌법의 철학을 보여준다고 해도 과언이 아니다. 그래서 헌법 제1조에는 그 나라의 역사와 문화와 철학이 담겨있다.

먼저 우리나라 헌법 제1조를 들여다보자.
① 대한민국은 민주공화국이다.
② 대한민국의 주권은 국민에게 있고, 모든 권력은 국민으로부터 나온다.

위의 두 항목의 내용은 제헌국회가 제정한 제헌헌법부터 있었다. 다른 점은 제헌헌법에서는 현행헌법의 제1조1항이 제1조였고, 제1조2항이 제2조로, 두 개의 조에 나누어 담았다는 점이다.

1948년 제헌헌법이 제정될 당시, 한반도의 한민족은 왕정에서 대한민국 상해 임시정부를 거쳐 남한만의 정부를 구성하려 하고 있었다. 이때 가장 중요한 것은 우리의 국체를 무엇으로 할 것인가였을 것이다. 그래서 대한민국은 왕정도 아니고 절대군주제도 아니고 귀족제도 아닌, 민주주의를 근간으로 삼는 공화정을 실시하는 국가라는 것을 선언하는 것이 무엇보다 절실했다. 그래서 제1조에 대한민국은 '공화국'이라는 명제가 확고하게 들어간 것이다.

국가 주권의 주체인 국체에 대해 규정짓고 나니 다음으로 중요한 것은 주권의 행사 방식이었다. 과거 왕정과 식민지배로부터 혹독한 수탈과 억압을 당해 온 경험을 바탕으로 하여, 가장 시급하고 중요한 것은 이제 더 이상 국가의 권력은 왕도 아니고 식민지배 권력은 더구나 아닌, 모든 권력은 민주적 절차에 따라 행사하도록 하는 것이 중요했다. 주권의 행사 방법이 바로 여기에 해당하며, 우리 제헌국회는 제헌헌법에서 그 행사 방법은 민주주의라고 규정했다. 그래서

제1조에서 민주공화국이라고 서술한 것이다. 대한민국의 국체와 정체를 제1조에서 밝혔고, 그것이 우리 민족이 걸어온 역사에 비추어 볼 때 가장 중요한 것이라 인식했기에 그리 하였다고 볼 수 있다.

이렇게 제1조에서 국체와 정체를 밝혔지만, 그것만으로도 성에 안 차서 다시 제2조에서 이를 풀어서 한 번 더 설명하고 강조하고 있다. '대한민국의 주권은 국민에게 있고, 모든 권력은 국민으로부터 나온다.'고 대못을 박았다.

제헌국회에서 제정한 제헌헌법은 이렇게 대한민국의 국체와 정체를 제1조와 제2조를 통해 규정 및 설명했고, 이는 4차 개헌 때까지 지속된다. 그리고 5차 개헌에서 살짝 바뀌는데 제1조와 제2조로 나뉘어져 있던 두 조문이 제1조 내의 1항과 2항으로 통합되는 것이다. 제5차 개헌은 박정희가 군사 쿠데타를 일으키고 만든 국가재건최고회의라는 초헌법적 기구에서 이루어졌다. 이때부터 ① 대한민국은 민주공화국이다. 라는 항과, ② 대한민국의 주권은 국민에게 있고, 모든 권력은 국민으로부터 나온다. 라는 항은 제1조에 묶여진다. 사실 제2조의 내용이 제1조를 다시 한 번 설명하면서 강조하는 것이라 차라리 한 개의 조로 통합하는 것이 더 낫다고 볼 수도 있다.

그러나 대한민국의 국체와 정체를 규정하는 이 조문은 소위 유신헌법이라고 하는 7차 개헌에 와서 살짝 달라진다.

대한민국 헌법 제1조

제1조 ①대한민국은 민주공화국이다.
②대한민국의 주권은 국민에게 있고, 국민은 그 대표자나 국민투표에 의하여 주권을 행사한다.

1조 2항에서 '모든 권력은 국민으로부터 나온다.'라는 명제가 '국민은 그 대표자나 국민투표에 의하여 주권을 행사한다.'로 바뀌는 것이다. 주권의 소재는 국민이지만 그 행사 방법은 대표자인 대통령을 통하거나, 대표자를 통하지 않고 행사할 수 있는 유일한 방법은 국민투표에 참여하는 것 밖에 없다.

이러한 규정은 북한의 권력구조와 동일한 것으로, 북한 사람들은 그들의 대표인 김일성 일가를 통하거나, 형식적인 국민투표를 통해서만 그들의 주권을 행사할 수 있다. 똑 같다고 해도 과언이 아니었다.

이렇게 국민들로부터 주권을 행사할 길을 막았던 유신헌법은 박정희가 총살당하고 새로 제정된 8차 개헌에서 다시 원상태로 복원된다. 8차 개헌은 비록 권위주의적 통치를 가능케 했지만 유신헌법이 규정했던 많은 비민주적 내용들을 제거하고 국민들에게 주권을 상당부분 되돌려 준 것도 사실이다. 그리고 87년의 제9차 개헌에서도 헌법 제1조는 그대로 유지되어 현재에 이르고 있다. 정치적으로 위기가 찾아 올 때마다, "대한민국은 민주공화국이다. 대한민국의 주권은 국민에게 있고, 모든 권력은 국민으로부터 나온다." 라는 헌법 제1조가 얼마나 큰 힘을 주는지 모른다. 그래서 대한민국 헌법 제1조는 헌법 제1조이다.

북한 헌법 제1조

> 조선민주주의인민공화국은 전체 조선 인민의 리익을 대표하는 자주적인 사회주의 국가이다.

위는 북한 헌법 제1조의 내용이다. 북한도 국체를 공화국, 정체를 민주국가로 헌법은 규정하고 있다. 그런데 그것을 서술적으로 표현하지 않고 주어에서 표현한다. '조선민주주의인민공화국은'이라는 헌법 제1조 조문의 주어 안에 이 내용이 들어 있다. 국가 이름 안에 국가의 국체와 정체를 포함시킴으로써 별도로 이를 표현할 필요성을 없애버렸다. 따라서 이 조문에서 중요한 것은 '사회주의 국가'이다. 한 문장에서 중요한 것은 주어에 대한 술어이기 때문이다.

우리나라 문장 체계는 주어가 가장 앞에 나오고 그 다음으로 가장 중요한 것은 주어에 대한 술어이다. 그리고 술어 다음으로 중요한 것은 그 술어를 꾸며주는 용언들로서 앞으로 올수록 중요성은 떨어진다. 영어에서는 가장 중요한 말들이 앞에 오고 뒤로 갈수록 중요성이 떨어지는 것과 반대로, 우리말은 앞으로 올수록 중요성이 감소한다. 그래서 '사회주의 국가'가 가장 중요하고 그 다음이 사회주의를 꾸며주는 '자주적인', 그리고 '리익을 대표하는', '전체 조선 인민의' 순으로 중요도가 내려간다.

그래서 북한 헌법은 국가의 이념적 토대가 '사회주의'라는 것이 매우 중요하고, 그 사회주의는 국제적인 연대나 동맹보다는 '자주적'인 사회주의여야 한다고 규정한다. 그리고 이 자주적인 사회주의는

'전체 인민의 리익을 대표해야' 하는 사회주의여야 한다. 그러나 전체 인민의 리익을 대표하는 것은 사회주의에 비하면 그리 중요하지 않다. 가장 중요한 것은 사회주의임을 헌법 제1조를 통해 밝히고 있다.

여기서 우리는 북한이라는 국가 체제는 이념투쟁이 가장 중요한 역사적 배경임을 알 수 있다. 이들에게는 인민의 민주적 정치참여라고 하는 국체와 정체에는 크게 관심 없고, 국가 체제를 수립한 영웅들의 사회주의 건설을 향한 부단한 노력과 열정이 가장 중요한 것임을 드러내고 있다. 그러한 사회주의 이념을 현실화할 국가 체제를 건설하는 것, 그것이 지상 과제였고, 그래서 그들은 헌법 제1조에 그러한 흔적을 고스란히 남겨 놓은 것이다.

미국 수정헌법 제1조

미국 의회는 국교를 만들거나, 자유로운 종교 활동을 금지하거나, 표현의 자유를 저해하거나, 출판의 자유, 집회의 권리, 그리고 정부에 탄원할 수 있는 권리를 제한하는 어떠한 법률도 만들 수 없도록 금지한다.

이제 미국 연방 헌법을 보자.

미국 연방헌법은 공화정이라는 국체도, 민주주의라고 하는 정체도 관심이 없다. 이들은 시작부터 이미 공화정과 민주주의를 기본으로 깔고 시작했기에, 이들에 대한 다급하거나 절실함이 없었다. 이들에게는 오히려 종교의 자유가 더 시급한 문제였다. 왜냐하면 현대 미국을 이룬 최초의 이민자들은 종교의 자유를 찾아 목숨을 걸고 대서양을 건넜기 때문이다. 미국의 헌법을 만든 건국의 아버지들은 간신히 찾은 종교의 자유를 이 땅에서 또 다시 잃는다는 건 상상도 하기 싫은 악몽이었다. 그래서 헌법의 제일 앞에 국교를 금지하는 내용을 박아 넣었다.

종교의 자유는 곧바로 신체의 자유, 사상의 자유, 표현의 자유와 상통한다. 그래서 헌법 제1조에서 국교를 금하면서 동시에 종교 활동의 자유, 표현의 자유, 출판의 자유, 집회의 권리, 그리고 정부에 탄원할 수 있는 자유를 보장하기에 이른다. 미국인들은 유럽 대륙에서 겪던 온갖 억압으로부터 해방되어 자유를 얻는 것이 지상 과제였기에 이처럼 헌법 제1조에서 모든 제약과 억압으로부터의 자유를 규정했다. 당시에 생각할 수 있었던 모든 제약과 억압을 헌법에서 조목조목 규정함으로써 인민의 자유를 최대한 보장하려 한 것이다.

이와 같은 자유 지상주의적 생각은 미국의 모습을 오늘날의 모습으로 만들어 가는 데 큰 역할을 하게 되었다. 무엇보다 개인의 자유에 대한 존중은 중앙집권보다는 지방분권적으로 행정 체계를 세우게 만들었다. 미국의 연방을 구성하는 주정부들이 현재와 같은 모습으로 엄청난 자치권을 가지게 된 것은 결코 우연이 아니었다. 연방과 주정부와 시정부, 그리고 개인이라고 하는 각 주체들 중에서 개인의 자유와 권리를 가장 중요시함으로써 연방의 권리를 가장 강하게 제약하게 되었으며, 이로 인해 개인 다음으로 시정부가 막강한 자치권을 가지고, 그 다음으로 주정부, 연방정부 순으로 넘어가게 된다.

물론 연방정부의 주 정부에 대한 통제권이 상당한 것은 사실이다.

또 주정부는 시정부에 대해 강력한 통제권을 가진다. 그러나 이 통제권은 명시적으로 정해져있고, 명시적으로 정해진 것 이외의 사안에 대해서는 그 어떤 간섭도 못하도록 규정하고 있는 것도 사실이다. 이처럼 주정부에 대한 연방정부의, 시정부에 대한 주정부의 권한을 나열식으로 함으로써 이 나열된 항목에 들지 않은 분야에 대해서는 그 어떤 간섭도 통제도 할 수 없게 되었다.

그리고 이러한 자유로운 지방정부의 권한은 헌법 제1조에서 이미 그 단초가 주어지고 있는 것이다. 유럽의 가톨릭과 국교이다시피 강력한 통제권을 가진 루터교, 성공회 등의 억압을 피해 개인적 자유(종교의 자유는 명백히 개인적 자유에 속한다.)를 찾아 대서양을 건너 미국으로 온 사람들에게 최고의 관심사는 공화정이나 민주주의가 아니라 자유였고, 이 자유에 대한 갈망이 역설적으로 민주주의를 발전시킨 원동력이 되었다. 민주주의가 자유를 진작시켜온 우리나라와 달리, 미국은 자유에 대한 갈망이 민주주의를 발전시켰고, 이것이 민주주의가 가장 발달하게 만든 원동력이었다는 것이다.

중국 헌법 제1조

중화인민공화국은 노동자계급이 영도하고 노농동맹을 기초로 하는 인민민주주의 독재정치의 사회주의 국가이며, 사회주의제도는 중화인민공화국의 근본제도이다. 어떠한 조직이나 개인도 사회주의제도를 파괴하는 것을 금지한다.

중국 헌법 제1조는 미국 헌법 제1조와는 너무나 상반된다. 먼저 중국 헌법 제1조를 인수분해 해보자.

- 중화인민공화국은 노동자계급이 영도한다.
- 중화인민공화국은 노농동맹을 기초로 한다.
- 중화인민공화국은 인민민주주의 독재정치를 한다.
- 중화인민공화국은 인민민주주의 독재정치를 하는 사회주의 국가이다.
- 사회주의 제도는 중화인민공화국의 근본 제도이다.
- 어떠한 조직이나 개인도 사회주의 제도를 파괴하는 것을 금한다.

중국 헌법 제1조는 이렇게 6개의 문장으로 분해가 가능할 것이다. 이들 문장 어디에도 개인에 대한 자유에의 언급이 없고, 공화정이라고 하는 국체의 근원이 무엇인지를 밝혀주는 내용이 없다. 중화인민공화국이라는 국명에서 중국도 북한처럼 국체를 밝히고 있지만, 역시 북한처럼 이들에 대한 부가적인 설명이 없다. 심지어 북한조차 나라 이름에서 '민주'라고 하는 정체를 밝히고 있지만 중국은 그것조차 없다. 그리고 우리 헌법은 제1조에서 주권의 근원과 그 권력의 행사 방법을 설명하고 있는데 반하여, 북한이나 중국의 헌법은 이에 대한 언급이 전혀 없다.

중화인민공화국은 노동자계급이 영도하고, 노농동맹을 기초로 한다고 선언적으로 명시하고 있지만 실제로 노동자계급이 어떻게 국가를 영도하는지, 노농동맹은 어떻게 작동하는지에 대한 언급이 전혀 없고, 그저 선언만 하고 있을 뿐이다. 그리고 바로 다음으로 인민민주주의 독재정치를 한다고 하여 '독재'라고 하는 단어를 헌법에 당당하게 포함시키고 있다. 전 세계 그 어떤 나라의 헌법 제1조에서 독재를 운운할 수 있을까? 과거 공산주의 독재체제를 유지했던 러시아도, 현재도 사회주의 국가체제를 운영하는 베트남도, 심지어 북한조차도 헌법 제1조에 감히 '독재'를 운운하지는 못한다.

중화인민공화국은 인민민주주의 독재정치를 하는 사회주의 국가이고, 사회주의 제도는 중화인민공화국의 근본 제도라고 한다. 즉, 사회주의가 민주주의를 넘어서는 이념임을 보여주고 있다. 그 어떤 조직이나 개인도 사회주의 제도의 파괴는 금지된다고 못을 박음으로써 중화인민공화국은 사회주의 제도를 지상 최고의 가치이고 권력임을 명시하고 있는 것이다. 사회주의는 중화인민공화국의 필요충분조건인 셈이다. 그리하여 실질적으로 사회주의 체제를 운영하는 공산당 일당이 모든 가치를 뛰어넘는 최고의 가치이고 권력이며 국가 그 자체임을 헌법 제1조를 통해 천명하고 있다. 여기서 우리는 개인에 대한 존중, 개인의 자유에 대한 갈망이나 보장, 사회의 다양성에 대한 개방 이런 것을 찾을 수가 없다. 미국과 중국은 군사적 경제적으로만 서로 대립하는 것이 아니라, 헌법 제1조를 통해서도 서로 극명하게 대립하고 있음이 드러난다. 오히려 헌법 제1조에서의 대립과 갈등이 서로에 대한 군사적 경제적 문화적 대립을 만든 근본 원인이 아닐까하는 데까지 생각이 이르게 된다.

중화민국(대만) 헌법제1조

중화민국은 삼민주의에 기초한, 민유(民有), 민치(民治), 민향(民享)의 민주 공화국이다.

그렇다면 대륙의 중화인민공화국과 대립하고 있으면서 우리가 대만이라고 부르는 섬나라 중화민국의 헌법 제1조는 어떤 모습일까? 이 중화민국의 헌법 제1조는 쑨원의 삼민주의에 기초하여 민유, 민치, 민향을 중화민국의 기본 이념으로 규정한다. 쑨원은 중국의 전통적인 유교적 사상 위에 서양의 민주주의를 받아들여 민족주의, 민권주의, 민생주의라는 삼민주의 사상을 발전시켰다. 이러한 쑨원의 삼민주의는 아시아의 민주주의 발달에 큰 공헌을 했으며, 우리나라도 일정부분 영향을 받았음을 부정할 수 없다. 심지어 마오쩌둥조차 쑨원의 삼민주의를 찬양하면서 중국 공산당의 민주주의 혁명단계에서의 목표와 일치한다고 추켜세우기도 했다.

그런데 쑨원은 이 삼민주의 사상을 수립함에 있어 링컨의 게티즈버그 연설에서 크게 영향을 받았다고 밝혔다. 그것은 모르는 사람이 없을 정도로 유명한 '인민의, 인민에 의한, 인민을 위한 정부(government of the people, by the people, for the people, 여기서 people은 시민, 혹은 국민이라고도 번역되었다. 그러나 원 뜻은 '인민'이 더 적합하다고 본다)'라는 말이다. 그리하여 중화민국 헌법 제1조는 바로 이 '인민의, 인민에 의한, 인민을 위한'이라는 말을 순서조차 틀리지 않게 그대로 인용하여 중화민국의 정체성을 밝히고 있다. 민유는 '인민의'라는 의미이고, 민치는 '인민에 의한', 민향은 '인민을 위한'이라는 뜻인 것이다.

　마오쩌뚱도 장제스도 쑨원의 삼민주의를 계승한다고 주장했다. 그럼에도 불구하고 마오쩌뚱으로 상징되는 중화인민공화국과 장제스로 상징되는 중화민국의 헌법 제1조는 너무나 판이하게 다른 내용을 담고 있고, 이로써 오늘날 두 나라의 정치 상황 역시 극과 극을 달리고 있다.

　쑨원의 삼민주의에서 가운데에 있는 민권주의는 쉽게 얘기해서 민이 권력을 가진다는, 민주주의를 의미한다. 장제스의 국민당은 90년대 중반 정치개혁을 하면서 총통도 직선제로 바꾸는 등 민주주의적 정치제도를 확립했지만, 중화인민공화국의 공산당은 여전히 공산당 일당 독재를 유지하고 있고 앞으로도 유지할 것으로 보인다. 지하에 있는 쑨원이 통곡할 일이다.

　이렇게 중화민국의 헌법 제1조도 중화민국의 역사적 배경을 철저하게 반영하고 있다. 서구 열강의 침략 앞에 바람 앞의 등불이 된 거대 제국에게 쑨원의 삼민주의는 국가의 통치이념 부재 상태에서 가뭄 끝의 단비와 같은 역할을 했으며, 대륙의 한족이 나아갈 방향을 설정해 주었다는 점에서 그 영향력은 극대화되었다. 그리고 중화민국은 비록 쑨원의 삼민주의를 철저하게 현실화하지는 못했지만 적어도 그의 사상을 헌법 제1조에 철저하게 반영함으로써 국가가 나아갈 방향을 보여주고, 그 길에 등불을 비춰줬다는 것은 명백하다.

일본헌법 제1조
> 천황은 일본국의 상징이고, 일본 국민 통합의 상징으로서, 그 지위는 주권을 갖는 일본 국민의 총의에 근거한다.

이제 우리의 영원한 숙적이라 할 수 있는 일본의 헌법 제1조를 살펴보자. 보자마자 피가 거꾸로 솟는 분노와 동시에 '이런 엉터리!' 하면서 비웃음이 나온다. 한 개인에 불과한 천황이 일본국의 상징이라니 이 무슨 시대에 맞지 않는 미개한 사상인가! 천황은 일본의 우리 민족에 대한 수탈과 억압의 상징이다. 분노가 인다. 동시에 아직도 세계사적 시대의 흐름을 따라가지 못하는 일본의 우매함이 확 다가온다. 소위 말하는 '현타'가 올 지경이 되는 것이다. 일본이라는 나라가, 인구 1억이 넘는 대국이 일개 인간인 천황을 상징으로 삼아야 유지되는 나라라면 이는 정말 처참한 것이다.

일본처럼 입헌군주국의 대표적인 나라가 영국인데, 영국은 성문법의 나라가 아니어서 헌법이라고 명시된 법률은 없다. 다만 여러 문서들이 헌법으로서의 역할을 하고 있고, 여기에 판례들이 모여서 헌법의 역할을 완성한다.

헌법으로서의 역할을 하는 문서들로서는 권리장전과 대헌장, 권리청원 등이 있는데 대헌장(마그나카르타) 제1조에서는 '잉글랜드 교회는 자유로우며, 그 모든 권리는 온전히 유지되고, 자유 또한 침해될 수 없음을 짐 및 짐의 상속인에게 영구히 신의 이름으로 허용하며,

이 특허장으로서 확인한다.'라고 말하고 있다. 여기 그 어디에도 영국 왕이 영국의 상징이며 영국 국민 통합의 상징이라는 의미의 말은 하나도 없다.

일본이라는 나라는 제2차 세계대전을 일으킨 장본인이고, 그 전쟁의 이념적 근거를 제공한 것이 천황 제도인데, 전후 민주화가 된 일본이 이 구시대적인 이념과 국가 체제에서 한 걸음도 앞으로 나아가지 못했음을 일본헌법 제1조를 통해 알 수 있는 것이다. 물론 '그 지위는 주권을 갖는 일본 국민의 총의에 근거한다.'라고 하여 국민주권을 어느 정도 인정한 측면이 있기는 하지만, 이는 역으로 일본 국민들이 그 주권을 천황에게 위임할 정도로 어리석다는 것을 보여 주기도 한다고 볼 수 있다.

그리고 일본 천황제 하에서 식민 침탈을 경험한 우리로서는 이 일본헌법 제1조는 불합리를 넘어서 끔찍한 역사적 기억을 되살리게 만드는, 하나의 역린이기도 하다. 이런 헌법을 맹신하고 있는 일본을 보면서 우리는 한 시도 일본에 대한 경계심을 놓을 수가 없다. 일본이 진정한 민주국가가 되기 위해서는, 그리하여 주변국으로부터 문명국으로서 함께 살아갈 수 있는 나라로 인정받으려면, 저 말도 안 되는 천황에 대한 맹목적인 숭배부터 중단해야 할 것이다. 그리하여 우리나라 헌법처럼 일본헌법도 제1조에서 국민주권과 민주적 정체성을 확립해야 할 것이다.

캐나다 헌법 제1조

이 법을 1867년 캐나다 헌법이라 한다.

캐나다는 호주, 뉴질랜드와 함께 대표적인 영연방국가이다. 영연방국가는 무엇보다 중요한 것이 영국과의 차별성을 확보하는 일이다. 그래서 헌법 제1조에 이 법은 캐나다 헌법이라고 규정한 것이다. 즉, 이 법은 연방의 종주국인 영국의 헌법이 아니라, 우리가 비록 연방이라고 하는 느슨한 끈이기는 하지만 거기에 묶여서 영국의 법에 지배받는 나라가 아니라, 우리의 헌법은 우리 캐나다의 법이라고 정의를 내리는 것이 가장 급선무였다는 말이다.

그리하여 캐나다는 헌법 제1조에서 '이 법을 1867년 캐나다 헌법이라고 한다.'라고 못을 박는다. 1867년이라고 굳이 연도를 넣은 것은 1867년 캐나다가 영국으로부터 독립했다는 것을 명확히 하려고 한 것이다. 물론 독립했으나 여전히 법률상 캐나다의 수장은 영국의 왕인 찰스3세이고, 영국의 총독이 부임해 있다. 이 총독 역시 영국이 파견한 총독이 아니라 자국에서 선출하는 총독이다. 그러나 그 자격은 그 나라의 수장으로서 영국 왕의 대리인이다. 그래서 캐나다의 정치 체제는 입헌군주국이다.

캐나다만이 아니라 모든 영연방국은 입헌군주제로 분류된다. 영연방국가는 전 세계에 54개국이 있는데, 이들 중 영국 포함 15개국이 영연방왕국으로 분류되고, 영연방왕국은 영국 국왕을 자국의 수장으로 인정하는, 입헌군주제를 실시하는 나라들이다. 대표적인 영연방왕국은 영국을 정점으로 캐나다, 호주, 뉴질랜드, 바하마, 벨리즈, 투발루, 솔로몬 제도, 파푸아뉴기니 등이 있다.

이런 상황으로 인해 영국 왕에 대한 칭호는 매우 복잡하다. 현 국왕인 찰스3세에 대한 영국에서의 칭호는 다음과 같다.

'하느님의 은총에 의한, 그레이트브리튼 및 북아일랜드 연합왕국 및 그의 다른 왕국들과 영토들의 왕, 영연방의 수장, 신앙의 수호자 찰스 3세 폐하 (His Majesty Charles the Third, by the Grace of God, of the United Kingdom of Great Britain and Northern Ireland and of His other Realms and Territories King, Head of the Commonwealth, Defender of the Faith)'

이 칭호는 영국에서만 통하는 칭호이고 다른 영연방왕국에서는 자기들만의 독특한 칭호를 만들어서 사용하고 있다. 캐나다의 영국 왕에 대한 칭호는 다음과 같다.

'하느님의 은총에 의한, 캐나다 및 그의 다른 왕국들과 영토들의 왕, 영연방의 수장 찰스 3세 폐하(His Majesty Charles the Third, by the Grace of God King of Canada and His other Realms and Territories, Head of the Commonwealth)'

호주헌법 제1조

이 법은 호주연방헌법이라 한다.

호주헌법 역시 캐나다 헌법과 마찬가지의 이유로 제1조에서 이

법이 호주연방헌법이라고 명확하게 선언하고 있다. 호주는 영국 왕에 대해 다음과 같은 호칭을 사용한다. 캐나다의 호칭과 국명만 제외하면 같다.

'하느님의 은총에 의한, 호주 및 그의 다른 왕국들과 영토들의 왕, 영연방의 수장 찰스 3세 폐하(His Majesty Charles the Third, by the Grace of God King of Australia and His other Realms and Territories, Head of the Commonwealth)'

이 밖의 다른 사안들은 캐나다와 대동소이하다.

유럽의 독일과 프랑스 헌법 제1조는 다음과 같다.

독일 헌법 제1조
인간의 존엄성은 불가침이다. 이를 존중하고 보호하는 것이 국가권력의 책무다.

독일은 제2차 세계대전에서 유태인 학살의 중죄를 저지른 나라이다. 그래서 독일은 인간을 무참하게 학살한 것에 대한 책임감으로 인해 인간의 존엄성을 강조하고, 국가의 책무에서 가장 중요한 것으로 인간 존엄성의 보호를 들고 있다.

프랑스 헌법 제1조

프랑스는 불가분적, 비종교적, 민주적, 사회적 공화국이다. 프랑스는 출신, 인종 또는 종교에 따른 차별 없이 모든 시민이 법 앞에서 평등함을 보장한다.

현재의 프랑스헌법은 1958년 개정한 헌법으로 제5공화국 헌법이라고도 한다. 제4공화국은 2차 대전 후 드골이 집권하면서 1946년 개정한 헌법에 기초한 국가였다.

드골의 제4공화국은 2차 대전 때 프랑스를 배반한 정치인들과 언론인들을 처단하기 위해 강력한 대통령 중심제가 필요했고, 또 식민지를 포함한 사회적 연합을 비롯해서 사회적 권리도 인정했다. 그러나 드골의 지나친 권력 강화에 프랑스 사회는 동요했고, 대통령 권한이 너무 비대해서 의회의 견제가 어렵다는 비판이 대두됨에 따라 1958년 지금의 헌법으로 개정을 하게 되었다.

이러한 역사적 배경 때문에 본토 프랑스인과 식민지 주민들 사이의 차별을 금지하고 사회적 책무를 중시하며 모든 시민이 법 앞에 평등함을 강조할 필요성이 있어 지금의 프랑스헌법 제1조가 탄생하게 되었다.

이상에서 보듯이 모든 나라는 그 나라가 겪어 온 역사에서 가장 핵심적인 쟁점을 정리한 조문이 헌법 제1조로 등장한다. 따라서 헌법 제1조를 보면 그 나라의 과거와 현재, 그리고 미래가 어느 정도 짐작이 가고 예측이 가능하다.

2.
대한민국 헌법의 역사: 대한민국 임시정부

　우리나라 헌법의 기원은 3·1운동 이후에 제정된 '대한민국 임시헌장'이다. 우리 헌법이 조선 왕조와 대한제국을 지나 대한민국이 건국된 이념적 기초를 3·1운동에 두고 있는바, 이에 따라 우리 헌법의 기원도 3·1운동 이후에 성립된 임시정부에서 제정한 대한민국 임시헌장에 두는 것은 지극히 당연한 것이다.
　따라서 여기서는 대한민국의 최초 헌법이 제정되기 직전 대한제국 시절의 헌법적 성격을 지닌 법률인 '대한국 국제'를 소개하는 것부터 시작하고자 한다. 별로 길지 않은 내용이라 한자 원문과 그 번역본을 그대로 싣는다.

1) 대한국 국제

大韓國 國制

第一條 大韓國은世界萬國에公認되온바自主獨立ᄒ온帝國이니라
第二條 大韓帝國의政治ᄂ由前則五百年傳來ᄒ시고由後則亘萬世不變ᄒ오실 專制政治이니라
第三條 大韓國[2]
　　　大皇帝게옵서ᄂ無限ᄒ온君權을享有ᄒ옵시나니公法에謂ᄒᆫ바自立政體이니라
第四條 大韓國臣民이 大皇帝의享有ᄒ옵신君權을侵損홀行爲가有ᄒ면其已行 未行을勿論ᄒ고臣民의道理를失ᄒᆫ者로認홀지니라
第五條 大韓國 大皇帝게옵서ᄂ國內陸海軍을統率ᄒ옵서編制를定ᄒ옵시고 戒嚴解嚴을命ᄒ시나니라
第六條 大韓國 大皇帝게옵서ᄂ法律을制定ᄒ옵서其頒布와執行을命ᄒ옵시 고萬國의公共ᄒᆫ法律을效倣ᄒ사國內法律도改正ᄒ옵시고大赦特赦減刑 復權을命ᄒ옵시나니公法에謂ᄒᆫ바自定律例이니라
第七條 大韓國大皇帝게옵서ᄂ行政各府部의官制와文武官의俸給을制定或改 正ᄒ옵시고行政上必要ᄒᆫ各項勅令을發ᄒ옵시나니公法에謂ᄒᆫ바自行治 理이니라
第八條 大韓國大皇帝게옵서ᄂ文武官의黜陟任免을行ᄒ옵시고爵位勳章及其他 榮典을授與或遞奪ᄒ옵시나니公法에謂ᄒᆫ바自選臣工이니라
第九條 大韓國大皇帝게옵서ᄂ各有約國에使臣을派送駐紮케ᄒ옵시고宣戰講 和及諸般約條를締結ᄒ옵시나니公法에謂ᄒᆫ바自遣使臣이니라

대한국 국제

제1조 대한국은 세계의 모든 나라가 인정해 온 바와 같이 자주 독립을 누리는 제국이다.
제2조 대한국의 정치 체제는 이전까지 5백 년 동안 내려왔으며 앞으로는 만세토록 변하지 않을 전제정치다.
제3조 대한국 대황제께서는 무한한 황권을 행사하실 수 있으시니, 공법에 이른 바와 같이 자립한 정치 체제이다.
제4조 대한국의 신민이 대황제께서 누리시는 황권을 침해할 움직임을 보인다면, 그 일을 이미 했거나 하지 않았거나를 따지지 않고 신민으로서의 도리를 잃은 자로 간주한다.
제5조 대한국 대황제께서는 국내의 육군, 해군을 통솔하시며 편제를 정하시고 계엄령을 내리시거나 해제하실 수 있으시다.
제6조 대한국 대황제께서는 법률을 제정하시고 반포, 집행을 명하실 수 있으시며, 세계 여러 나라에서 두루 쓰이는 법률을 본뜨시어 국내의 법률을 개정하실 수 있으시다. 또한 죄 지은 자를 용서하시거나 형벌을 감해 주시거나 복권(復權)시키실 수 있으시니, 공법에 이른 바와 같이 스스로 법률과 조례를 정하신다.
제7조 대한국 대황제께서는 각 행정기관의 제도와 문관, 무관의 봉급을 제정하시거나 개정하실 수 있으시고 행정상 필요한 여러 가지 칙령을 반포하실 수 있으시니, 공법에 이른 바와 같이 스스로 정치를 하신다.
제8조 대한국 대황제께서는 문관과 무관을 등용하거나 파직하실 수 있으시며 작위와 훈장을 비롯한 여러 명예를 내리시거나 빼앗으실 수 있으시니, 공법에 이른 바와 같이 스스로 신하를 포상하거나 처벌하신다.
제9조 대한국 대황제께서는 조약을 맺은 다른 나라에 사신을 파견하고 머물게 하시며 선전포고, 강화(講和)를 비롯한 여러 약조를 체결하실 수 있으시니, 공법에 이른 바와 같이 스스로 사신을 파견하신다.

이상에서 보듯이 대한국 국제에서 오늘날 현대적 의미의 헌법적 요소는 찾아보기 어렵다. 주권 재민, 모든 권력은 국민으로부터 나온다는 민주주의의 제1원칙은 어디에서도 찾아볼 수 없다. 오로지 황제의 권한, 황제의 대권만을 규정한 법전일 뿐이다. 그리고 국호와 주권의 소재만을 규정한 것이었다. 그마저도 국가의 주권은 황제에 있고 그 황제의 권력이 미치는 범위를 정립하는 데 모든 것을 할애하고 있다.

대한민국 임시 헌장과 대한민국 임시 헌법에서 새로운 나라인 대한민국이 구한국인 대한제국을 계승한다고 선언한 점에서 새로운 헌법이나 헌장의 형식적인 모태 정도로 여겨지기도 하지만, 그렇다고 하더라도 그 내용은 너무나 궁색하다. 근대 입헌군주제 정도라도 따라갔다면 그 모양새가 훨씬 좋았을 것이다.

2) 대한민국임시헌장

대한민국 임시헌장은 대한민국 역사상 최초의 헌법이다. 역시 그 내용이 그리 길지도 않아 여기에 전문을 싣는다.

대한민국임시헌장

[시행 1919. 4. 11.] [임시정부법령 제1호, 1919. 4. 11., 제정]

대한민국임시헌장선포문

　　신인일치로 중외 협응하여 한성에서 기의한 지 30유여 일에 평화적 독립을 300여 주에 광복하고, 국민의 신임으로 완전히 다시 조직한 임시정부는 항구 완전한 자주독립의 복리로 아 자손 여민에게 세전키 위하여 임시의정원의 결의로 임시헌장을 선포하노라.

제1조　대한민국은 민주공화제로 한다.
제2조　대한민국은 임시정부가 임시의정원의 결의에 의하여 통치한다.
제3조　대한민국의 인민은 남녀, 귀천 및 빈부의 계급이 없고 일체 평등하다.
제4조　대한민국의 인민은 종교, 언론, 저작, 출판, 결사, 집회, 통신, 주소 이전, 신체 및 소유의 자유를 누린다.
제5조　대한민국의 인민으로 공민 자격이 있는 자는 선거권과 피선거권이 있다.
제6조　대한민국의 인민은 교육, 납세 및 병역의 의무가 있다.
제7조　대한민국은 신(神)의 의사에 의해 건국한 정신을 세계에 발휘하고 나아가 인류문화 및 평화에 공헌하기 위해 국제연맹에 가입한다.
제8조　대한민국은 구황실을 우대한다.
제9조　생명형, 신체형 및 공창제(公娼制)를 전부 폐지한다.
제10조 임시정부는 국토 회복 후 만 1개년 내에 국회를 소집한다.

1919년 4월 11일 공포된 상해임시정부 헌법인 대한민국임시헌장은 대한민국임시헌장선포문으로 시작한다. 선포문에서 '한성에서 기의한 지 30유여 일에'라고 명기함으로써 일제에 항거하여 독립하려 했던 3.1운동이 대한민국임시정부의 기원임을 명확하게 밝혔다. 그리고 10개 조의 법조문이 나온다.

제1조는 "대한민국은 민주공화국제로 함"이라 하여 국호와 국체·정체를 밝히고, 제2조는 "대한민국은 임시정부가 임시 의정원의 결의에 의하여 이를 통치함"이라 하여, '임시정부'와 '임시의정원'의 설치와 권위를 규정하였다. 제3조는 대한민국의 인민은 모두 평등하다는 것을 천명하고 제4조는 대한민국의 인민이 누려야 할 자유에 대하여, 제5조는 참정권 문제에 대하여, 제6조는 국민의 의무에 대하여 규정하고 있다. 제7조는 대외 관계, 제8조는 구황실 우대, 제9조는 신체형 및 공창제의 폐지 등을 언급하고, 제10조는 국토 회복 후 1년 이내에 국회를 소집한다는 것을 명시했다. 특히 제7조는 국제연맹에의 가입을 명시하여 국제관계를 중시하려는 관점을 최대한 반영하려고 노력한 점이 돋보인다.

이 헌장 하단에는 임시 의정원 의장 이동녕, 임시정부 국무총리 이승만, 내무총장 안창호, 외무총장 김규식, 법무총장 이시영, 재무총장 최재형, 군무총장 이동휘, 교통총장 문창범 등 당시 임시정부의 직제와 담당 장관 명을 표기하여 임시정부의 조직을 헌장의 일부로 인정했다.

3) 한성정부약법

1919년 4월에 중국 상해에서 대한민국임시정부가 수립된 것과 달리 같은 시기에 한성에서도 임시정부가 수립되었고, 상해임시정부가 4월 11일 헌장을 제정하고 13일 공표한 것과 역시 비슷한 시기인 4월 23일 한성정부약법을 제정, 공포하였다. 한성정부 약법(漢城政府略法)은 한성정부가 선포한 약식 헌법인 셈이다. 한성정부 약법은 대한민국 임시 헌장보다 12일 정도 늦게 공포되었지만, 민주공화제를 채용했다는 점에서 기본 내용이 거의 동일하다. 한성정부는 이후 9월 11일 상해에 있는 대한민국 임시정부와 통합되었으며, 명목상 상해 임시정부는 한성 임시정부를 계승했다.

한성정부약법의 내용은 다음과 같다.

한성정부약법
제1조 국체는 민주제를 채용함
제2조 정체는 대의제를 채용함
제3조 국시는 국민의 자유와 권리를 존중하고 세계평화의 행복을 증진하게 함
제4조 임시정부는 일체 내정, 일체 외교의 권한을 가짐
제5조 조선국민은 납세·병역의 의무가 있음
제6조 본 약법은 정식국회를 소집하여 헌법을 발표할 때까지 적용함

한성정부약법에 의하면 국호는 대조선공화국이다. 국체와 정체는

민주공화제임을 천명하였고, 국민의 자유와 권리, 임시정부의 권한, 그리고 국민의 의무를 명시하였다.

4) 제1차 개헌(대한민국임시헌장에 대한 1차 개헌)

1919년 4월 11일 제정했던 대한민국임시헌장을 그해 9월 11일 개정하게 된다. 개정하면서 헌장을 헌법이라고 이름도 바꾼다. 이 헌법은 총 10개 조에 장 구분도 없었던 헌장을 무려 총 8장 58개조로 확대 개정했으며, 선포문이 있었던 자리에는 전문이 들어가는데, 전문은 기미독립선언서의 내용을 옮겨 왔다.

이 개헌에서 국호는 '대한민국'으로 하고, 정치 체제는 '민주공화국'으로 하였으며, '대통령제'를 채택하고 대통령에게 국가를 대표하며 정무를 총괄하고, 나아가 법률을 공포하는 권한을 주었다. 제3조에 영토조항을 넣어 대한민국의 영토는 구한국의 판도로 한다고 명시하고, 제7조에 대한민국은 구황실을 우대한다고 하여 임시헌장과 마찬가지로 대한민국 임시정부가 대한제국의 황실을 예우하겠다는 것을 분명히 하였다. 내용은 다음과 같다.

〈전문〉

　　아대한인민은 아국이 독립국임과 아민족이 자주민임을 선언하도다. 차로써 세계만방에 고하야 인류평등의 대의를 극명하였으며 차로써 자손만대에 고하야 민족자존의 정권을 영유케 하였도다.

　　반만년 역사의 권위를 대하야 2천만 민족의 성충을 합하야 민족의 항구여일한 자유발전을 위하야 조직된 대한민국의 인민을 대표한 임시의정원은 민의를 체하야 원년(1919년) 4월 11일에 발포한 10개조의 임시헌장을 기본삼아 본 임시헌법을 제정하야써 공리를 창명하며 공익을 증진하며 국방 급 내치를 주비하며 정부의 기초를 견고하는 보장이 되게 하노라.

제1장 총령(모두 7개 조로 되어있는바 중요성을 감안하여 전부 소개한다.)

제1조 대한민국은 대한인민으로 조직함.
제2조 대한민국의 주권은 대한인민 전체에 재함.
제3조 대한민국의 강토는 구한국의 판도로 함.
제4조 대한민국의 인민은 일체 평등함.
제5조 대한민국의 입법권은 의정원이 행정권은 국무원이 사법권은 법원이 행사 함.
제6조 대한민국의 주권행사는 헌법 규범내에서 임시대통령에게 전임함.
제7조 대한민국은 구황실을 우대함.

　　이어서 '제2장 인민의 권리와 의무'에서는 다섯 가지 자유와 일곱 가지 권리, 그리고 세 가지 의무를 규정했다. '제3장 임시대통령'에서는 임시대통령의 자격, 의무, 선출방식, 유고시 재 선출 방식, 그리고 직무상 권한 등을 규정했으며, '제4장 임시의정원'에서는 의정원의원의 자격과 선출 방식, 의정원의 권한, 개의정족수와 의결정족수 등 의정원 회의 규정, 운영 방식 등을 상세하게 기술하고 있다. 심지어 대통령의 거부권과 거부권에 대한 재의 의결정족수, 그리고 일사부재의의 원칙까지 정하고 있다. 그리고 의정원은 정식 국회가 구성되면 그 모든 권한을 국회로 넘기는 것도 규정하고 있다.

'제5장 국무원'에서는 국무원의 조직과 권한, 운영 방식 등을 규정하고 있다. '제6장 법원'에서는 사법관(재판관)의 독립을 확인하고 형사소송, 민사소송, 행정소송, 특별소송 등으로 소송의 종류를 나누며 재판공개의 원칙도 정하고 있다. '제7장 재정'에서는 국가 재정에 관한 규정들을 정하고 있고, '제8장 보칙'에서는 현재의 정부와 의정원, 헌법은 임시정부 상태에서의 임시적 기관이며, 국토를 회복할 때까지의 과도기적 형태임을 명시하고, 국토를 회복했을 때의 상황까지 개괄적으로 규정하고 있다.

5) 제2차 개헌(임시 헌법)

제2차 임시 헌법의 개헌은 1차 개헌에서 만든 헌법을 완전 폐지하고 새로 제정한 헌법이다. 전문과 총 8장 58개조였던 원래 헌법을 전문 없이 6장 35개조로 축소 개헌한 것이었다. 1925년 4월 7일 폐지제정하고 그해 7월 7일부터 시행에 들어갔다.

2차 개헌의 핵심은 국무령 중심의 의원내각제로 정부 조직을 변경했다는 점이다. '제1장 대한민국' 장에서는 대한민국은 민주공화국임을 밝히고, 대한민국의 통치는 임시정부가 하며, 광복운동자가 전 인민을 대의함을 규정했다. 1장이 7개조에서 3개조로 축소되었다.

제2장은 임시정부에 관한 내용으로써 제4조에서 "임시정부는 국무령과 국무원으로 조직한 국무회의의 결정으로 행정과 사법을 통판함. 국무원은 10인 이내 5인 이상으로 함"이라고 하여 내각책임제를 정부 형태로 정하고 있다. 오늘날 총리에 해당하는 내각의 총 책임자를 국무령이라는 호칭으로 불렀다.

제3장은 임시의정원에 대해 규정하고 있고, 제4장은 광복운동자의 의무를 말하고 있는데 광복운동자가 지방의회를 구성하고 여기서 의정원 의원을 선출하도록 하고 있다. 제5장은 재정을, 제6장을 보칙을 규정하고 있다.

이렇게 개헌을 한 이유는 1923년 국민대표회의 이후 임시정부의 내부 구성원에 변화가 발생했기 때문이었다. 임시정부가 매우 적은 수의 독립운동가들로 구성되다보니 이들 중 몇 명만 신상에 변화가 발생해도 정부의 조직 자체를 변경해야 할 정도로 취약했다. 1919년 임시정부는 대통령제를 도입하고 대통령으로 이승만을 선출했는데, 대통령인 이승만이 하와이에서 활동하고 상해로 부임을 하지 않고 버텼다. 이에 상해 임시정부는 이승만을 탄핵하고 대통령제의 단점을 보완하기 위해 헌법을 개정하여 대통령제를 폐지하고 국무령제를 도입하였던 것이다. 다만 국무령은 국가원수의 성격이 강했기 때문에 헌법에는 규정되어 있지 않은 국무총리를 임명했다.

6) 제3차 개헌(임시 약헌)

"대한민국임시헌법"은 오래가지 못하였다. 대통령중심제에서 내각책임제로 변경했지만 국무령을 중심으로 한 정부의 조직을 제대로 구성할 수 없는 상황에 연이어 직면했다. 의정원에서는 만주에서 활동하던 이상용을 국무령으로 선출했는데 상해로 와서 국무령에 취임했으나 내각을 조직하지 못하고 있다가 만주로 돌아가 버렸다. 이어 양기탁을 선출했지만 본인이 취임하지 않았고, 그 다음 안창호를 선출했으나 안창호 역시 취임하지 않았다. 이에 국무령은 무조건 선출할 것이 아니라 본인 의사를 확인 후 선출키로 하고 홍진에게 의사를 물어 선출했다. 홍진은 1926년 7월 국무령에 취임하고 정부 조직도 갖추었지만 그는 전 민족을 대동단결할 민족유일당 운동에 전념하고 있었기에 이를 위해 그해 12월 국무령을 사임했다.

홍진이 사임한 후 12월 중으로 김구가 국무령으로 취임했다. 국무령으로 취임한 김구는 현행 제도로는 내각을 조직하기 어렵다는 것을 깨닫고 개헌을 추진했다. 약헌기초위원회를 조직하고 이를 통해 개헌안이 마련되었다. 명칭은 "대한민국임시약헌"이었고, 1927년 2월 15일 임시의정원에서 통과되어 4월 11일 공포되었다.

개헌유형은 이전 헌법을 폐지하고 새로 제정하는 형태였으며 당연히 국민투표는 없었다. 주요 내용은 국무위원 중심의 스위스식 관리형 정부를 채택하는 것이었다.

제1장 총강은 이전 제1장보다 조문이 한 개 늘어 총 4조로 구성

되었다. 대한민국 인민의 의무가 추가되었다. 제4조에 "대한민국의 인민은 조국을 광복하며 사회를 개혁하며 약헌과 법령을 수하며 병역에 복하며 조세를 납하는 일체 의무를 짐"이라고 규정한 것이다. 또한 1장에서는 국무회의보다 국무원이 더 큰 권한이 있음을 명시하여 의회 중심의 권력 구조를 확실히 하기도 하였다.

제2장은 임시의정원에 대한 것으로 의원은 원칙적으로 인민의 직접 선거로 선출하나 각 선거구에서 선거를 할 수 없을 때에는 임시정부 소재지에 거주하는 광복운동자가 선출하도록 했다. 그리고 의정원을 운영할 각종 규정들을 명시했다.

제3장은 임시정부에 대한 규정들로서 임시정부는 국무위원으로 조직한 국무회의의 의결로 국무를 총판한다고 규정하고 있다. 그리고 국무회의 의결과 관련된 규정과 국무회의의 권한에 대해서도 규정하고 있는데, 특이한 점은 국무회의에서 주석을 선출할 수 있게 한 점이다. 그러나 주석은 특별한 권한이 없고 국무회의를 주관하는 사회자에 불과했다. 국무위원을 중심으로 한 집단지도체제를 도입한 것이었다. 이는 스위스의 영향을 받은 것으로 중국 국민정부도 이 형태를 도입했다.

제4장은 회계를 규정하고 있는데 조세와 세율을 법률로 정한다고 하여 조세법률주의를 채택했으며 세입과 세출의 예산과 결산, 국채와 기타 국고와 관련된 사안은 임시의정원의 결의로 결정된다고 정했다. 그리고 제5장은 보칙으로써 총 5개의 장에 50개 조로 이 약헌은 구성되었다.

7) 제4차 개헌(임시 약헌)

제3차 개헌을 통한 임시 약헌 체제도 오래 지속하지는 못했다. 1932년 4월 윤봉길 의사의 홍구공원의거를 계기로 임시정부의 근거지였던 상해를 떠나야 했던 것이 주요인이었다. 임시정부는 항주(杭州), 진강(鎭江), 장사(長沙), 광주(廣州), 유주(柳州), 기강(綦江) 등지로 전전하다가 1940년 9월에 중경(重慶)에 정착했다. 이때까지 임시정부는 김구를 중심으로 한 한국국민당이 이끌었는데, 1940년 5월에 조소앙과 홍진을 중심으로 한 한국독립당과, 이청천 및 최동오 등 만주에서 활동하던 조선혁명당이 임시정부를 중심으로 합당하기로 하여 한국독립당을 창당하기에 이른다. 민족주의 계열의 3개의 당이 합당하여 세력을 확장함으로써 임시정부의 지지기반이 확대되었던 것이다.

임시정부는 이러한 세력 확장을 기반으로 1940년 9월 17일 한국광복군을 창설하였다. 그리고 새로운 조직과 체제 및 인적 자산을 배경으로 헌법의 개정이 추진되어 1940년 10월 9일 "대한민국임시약헌"이 공포되었는데 이것이 4차 개헌이었다.

4차 개헌인 "대한민국임시약헌"은 이전 약헌과 마찬가지로 전문이 없고, 전체 조문은 총 42개로 구성되었다. 축소개헌인 셈이다. 1940년 10월 9일에 개정, 공포되었다. 개헌 유형은 과거 폐지 제정이었던 것이 이번에는 전부 개정으로 바뀌었다.

4차 개헌의 특징은 집단지도체제인 국무위원회제를 폐지하고 단일지도체제인 주석제를 도입한 것이다. 이전 임시정부에서 주석은 국무회의를 주관하는 사회자에 불과했지만, 개정된 헌법에서는 주석이 임시정부를 대표하는 실질적인 대표자였다. 새 헌법은 임시의정원에서 선출된 주석에게 '임시정부를 대표하며 국군을 총감한다.'라고 하여 주석이 정부 수반임과 동시에 국군 통수권자로서 국가 원수의 위상과 권한을 부여했다.

이렇게 임시정부가 단일지도체제를 확립한 것은 전시체제에 대비한 것이었다. 임시정부가 중경에 정착한 1940년은 수년째 지속되어 온 중일전쟁의 와중에 있었고, 유럽에서는 제2차 세계대전이 발발한 때였다. 이러한 전시 상황에 대비할 필요가 있어 광복군이라는 군대가 창설되었고, 이를 통솔할 강력한 지도제체도 필요했던 것이다. 개헌 후 임시의정원은 임시정부를 이끌어 왔던 김구를 주석으로 선출했다. 김구의 주도력을 제도화한 것이었다. 마침내 주석 중심의 내각책임제가 완성된 셈이다.

개정된 "대한민국임시약헌"의 내용을 간략히 들여다보면, 제1장은 '총강'으로서 대한민국 국민의 주권자로서의 권리, 평등, 의무 등을 규정하고 있다. 제2장은 '임시의정원'에 대한 것을, 제3장은 '임시정부'를, 제4장은 '회계'를, 마지막 제5장은 '보칙'을 규정하고 있다.

8) 제5차 개헌(임시 헌장)

　제5차 개헌은 1944년 4월 22일 이루어졌다. 이날 제5차 개정 헌법인 "대한민국임시헌장"이 공포되었다. 5차 개헌 임시 헌장은 전문과 7장 62조로 임시정부 역사상 가장 길고 방대한 내용을 담고 있다. 이렇게 헌법이 확대된 이유는 당시의 역사적 배경 때문이었다.
　민족주의 진영이 임시정부를 수립하여 독립운동을 전개할 때 조선민족혁명당을 비롯한 좌익 진영은 독자적인 노선을 걷고 있었다. 그러나 이들 좌익 진영도 임시정부처럼 중경에 정착하게 되었는데 1942년 이들도 더 이상 임시정부의 존재를 무시할 수 없게 되어 임시정부에 참여하게 되었다. 이리하여 1942년 좌익진영의 무장 세력인 조선의용대가 한국광복군에 편입하였고, 그해 10월에는 조선민족혁명당, 조선무정부주의자총연맹, 조선민족해방동맹 등에서 활동하던 인사들이 임시의정원 의원으로 선출되어 의정원에 합류하게 된 것이다.
　이렇게 좌익 세력이 임시정부에 참여하게 되자 새로운 현실에 맞추기 위해 헌법 개정이 논의되기 시작했다. 제34차 임시의정원 회의에서 '임시약헌개수위원회'를 구성하기로 하고, 조소앙 등 9명의 위원이 선임되었으며, 이들에 의해 22차례의 회의 끝에 1943년 6월 18일 헌법 개정안이 만들어졌다.
　헌법 개정안은 만들어졌지만 계파별 국무위원 수를 놓고 다툼이 벌어져 서로 대립하게 되었다. 임시정부 참여 대가로 야당 측에서는 일정수의 국무위원을 할당해 주기를 원했고, 여당인 한국독립당은 가급적 숫자를 제한하고 싶었다. 격렬한 논쟁 끝에 1944년 4월 20일 임시의정원 회의를 소집, 양측이 합의한 개헌안을 통과시켰다. 의정원 회의를 통과한 개정안은 1944년 4월 22일 "대한민국임시헌장"이라는 이름으로 공포되었다.

이 임시 헌장에서는 임시정부가 3·1운동을 계승하여 조직되었음을 밝히고 있고, 부 주석제를 신설하였다. 무엇보다 좌익과 우익이 합의하여 만든 헌법이란 점이 중요한 특징이다. 부 주석제는 좌익 진영을 배려한 것으로서 조선민족혁명당의 김규식이 부주석에 취임했다.

또 하나 중요한 점은 일본의 패망이 점점 짙어지고 있던 시점에서 광복 후 대한민국을 어떤 국가로 이끌 것인가가 이 헌법에 담겨져 있다는 점이다. 일제로부터 해방되기 전 좌와 우가 힘을 합하여 공동의 이념과 목표를 설정하였다는 것, 이것이 가장 중요한 요소라고 할 것이다.

마지막으로 이 헌장과 관련하여 주목하고자 하는 것은 전문이다. 이 개정의 전문에는 "3·1대혁명에 이르러 전 민족의 요구와 시대의 추향에 순응하여 정치, 경제, 문화, 기타 일체 제도에 자유, 평등 및 진보를 기본 정신으로 한 새로운 대한민국과 임시의정원과 임시정부가 건립되었고 아울러 임시헌장이 제정되었다."라는 구절이 등장한다. 이는 "3.1운동으로 건립된 대한민국 임시정부"라는 제헌 헌법 제정 이래 그 어떤 헌법 개정에서도 빠지지 않은 문구의 기원이 되었다. 제헌 헌법 이래 9차 개정 헌법에 이르기까지 대한민국 임시정부의 법통을 대한민국이 이어오고 있다고 천명하는 것이다.

3.
대한민국 헌법의 역사: 대한민국 정부

대한민국 헌정사에서는 총 9차례의 헌법 개정이 이루어졌다. 합법적인 개헌도 있었지만 불행한 역사를 보여주는 개헌도 많았다. 일반적으로 3차(제2공 개헌), 4차(소급입법 개헌), 9차(제6공 개헌) 개헌은 합법적 개헌, 1차(발췌 개헌), 2차(사사오입 개헌), 5차(제3공 개헌), 6차(3선 개헌), 7차(유신헌법 개헌), 8차(제5공 개헌) 개헌은 불법적 개헌으로 평가된다. 9번의 개헌들 중 6차례가 불법적 개헌이고 오직 3차례만 합법적 개헌으로 여겨진다는 것은 그만큼 대한민국 헌정이 얼마나 어지러웠는지 잘 알 수 있게 해주는 하나의 지표이다.

1) 제헌 헌법

제헌 헌법은 제헌 국회가 제정한 헌법으로 1948년 7월 17일 공포되었다. 국민투표라는 절차는 거치지 않았다. 제헌 헌법의 특징은 다음과 같다.
- 대통령 간선제를 도입, 1회에 한하여 중임 허용, 임기 4년
- 기미삼일독립운동과 대한민국 임시정부 계승 명시
- 삼권 분립을 명시하고 부통령제를 두며 통제되는 계획경제를 도입
- 국회는 단원제로서 국회의원의 임기는 4년이며 부칙으로 반민특위 규정을 둠
- 탄핵위원회와 헌법위원회와 국무원 설치를 명문화함
- 반민특위에 관해서는 소급입법 논란이 있었으며, 통일과 관련한 언급이 일체 없었음이 흠으로 지적됨

〈전문〉

유구한 역사와 전통에 빛나는 우리들 대한국민은 기미 삼일운동으로 대한민국을 건립하여 세계에 선포한 위대한 독립정신을 계승하여 이제 민주독립국가를 재건함에 있어서 정의인도와 동포애로써 민족의 단결을 공고히 하며 모든 사회적 폐습을 타파하고 민주주의 제제도(諸制度)를 수립하여 정치, 경제, 사회, 문화의 모든 영역에 있어서 각인(各人)의 기회를 균등히 하고 능력을 최고도로 발휘케 하며 각인의 책임과 의무를 완수케 하여 안으로는 국민생활의 균등한 향상을 기(期)하고 밖으로는 항구적(恒久的)인 국제평

화의 유지에 노력하여 우리들과 우리들의 자손의 안전과 자유와 행복을 영원히 확보할 것을 결의하고 우리들의 정상 또는 자유로히 선거된 대표로서 구성된 국회에서 단기 4281년 7월 12일 이 헌법을 제정한다.

이제 내용으로 들어가 보자.

제1장은 '총강'으로서 대한민국은 민주공화국임과(제1조), 대한민국의 주권은 국민에게 있고 모든 권력은 국민으로부터 나옴과(제2조), 영토규정과(제4조), 자유, 평등, 창의를 존중함과(제5조), 침략전쟁의 부인과(제6조), 비준된 국제조약과 일반적으로 승인된 국제법규는 국내법과 동일한 효력을 지님(제7조)을 규정하고 있다. 역대 헌법이나 헌장들 중 가장 많은 조문을 가진 제1장이다.

제2장은 국민의 권리의무에 관한 장이다. 여기서는 모든 국민은 법률 앞에 평등함과 사회적 특수계급의 불인정을 규정하고, 신체의 자유, 거주와 이전의 자유, 통신 비밀의 보장, 신앙과 양심의 자유, 언론·출판·집회·결사의 자유, 학문과 예술의 자유 등 개인의 자유를 보장하고 있다. 여기서 특별히 언급할 점은 다른 모든 자유는 법률에 의해 제한될 수 있는데 신앙과 양심의 자유에는 법률에 의한 제한이 없다는 점이다. 그리고 구금·수색에는 법관의 영장이 있어야 한다고 규정함으로써 영장 신청자의 자격에 대한 헌법적 제한이 없다. 따라서 법률이 정하기에 따라 경찰도 검찰을 거치지 않고 직접 영장을 신청할 수 있는 길이 열려있었다는 점을 상기할 필요가 있다.

다음으로는 재산권을 비롯해서 교육 받을 권리, 근로의 권리, 근로자의 단결·단체교섭·단체행동의 자유, 사기업에서 근로자의 이익 분배에 균점할 권리 등을 보장하고 있다. 이 외에도 혼인의 순결과 가족의 건강에 대한 국가의 보호, 문서로써의 청원권, 법률에 의한 재판 받을 권리, 일사부재리의 원칙, 공개재판을 받을 권리 등 국민들의 권리와 의무에 대해 상세하게 규정하고 있다.

제3장은 국회에 관한 장으로써 국회의 권한과 국회 운영에 관한 규정, 그리고 탄핵심판에 대한 규정 등이 망라되어 있다. 오늘날 우리가 아는 국회의 거의 모든 기능과 권리에 대해 제헌 헌법에서 이미 다 규정하고 있는 것이다. 한 가지 특이한 점은 탄핵심판의 경우 모든 심판에서 재적의원 2/3 출석에 출석의원 2/3 이상 찬성을 가결요건으로 정하고 있다는 것이다.

제4장은 정부에 관한 장으로서 여기에서는 제1절 대통령, 제2절 국무원, 제3절 행정각부에 대해 규정하고 있다. 제1절에서 대통령과 부통령은 국회에서 선출하는데 재적의원 2/3 출석과 출석의원 2/3 이상 득표자를 당선자로 하며, 당선자가 없을 경우 2차 투표를 하고, 2차 투표에서도 당선자가 없으면 최고 득점자 2인에 대하여 결선투표를 실시하여 다수득표자를 당선자로 하도록 정하고 있다.

제4장은 법원에 관한 규정이다. 대법원장은 대통령이 임명하고 국회의 승인을 받아야 한다. 위헌 여부를 결정하는 것은 헌법위원회의 권한이며, 헌법위원회는 부통령을 위원장으로 하고 대법관 5인과 국회의원 5인의 위원으로 구성토록 하며, 헌법위원회에서 위헌 결정을 위한 의결 정족수는 2/3이다.

제6장은 경제, 제7장은 재정, 제8장은 지방자치, 제9장은 개헌에 관한 것이며 제10장은 부칙이다. 헌법 개정의 제안은 대통령 또는 국회의 재적의원 3분의 1이상의 찬성으로써 하고 대통령이 공고하여야 하며, 이 공고 기간은 30일 이상으로 하여야 한다. 그리고 헌법 개정의 의결은 국회의원 2/3 이상 찬성으로 한다고 규정하고 있다. 따라서 헌법 개정은 오로지 국회의 권한이며, 국민들의 의사는 전혀 반영이 되지 않게 되어있다.

제헌 헌법은 헌법학자이자 문학자인 유진오 교수의 초안을 바탕으로 만들어졌다. 유진오 교수는 의원내각제와 양원제를 주장하였으나 이승만의 강력한 반대로 정부형태는 대통령제로 변경되었다. 1948년 7월 17일에 공포되어 이를 제헌절로 기리고 있다. 공포일에는 아직 정부가 수립되지 않았기 때문에 제헌국회의 국회의장이었던 이승만이 공포하였다.

유진오 박사가 초안을 작성했지만 임시정부의 5차 개헌헌법 전문을 거의 이어받아 제헌헌법 전문을 작성하였다. 제헌 헌법의 특징들 중 하나는 특수한 경우에 대해 소급입법을 인정하는 조문을 넣었다는 것이다. 대부분의 국가에서 소급입법을 원칙적으로 금지하고 있지만 친일파 청산은 소급입법 없이는 불가능한 일이었다. 따라서 친일파 청산을 일반 법률로 처리하면 소급입법 금지 원칙에 의해 위헌이 되기 때문에 제헌 헌법 부칙 제101조에 "이 헌법을 제정한 국회는 서기 1945년 8월 15일 이전의 악질적인 반민족 행위자를 처벌하는 특별법을 제정할 수 있다"는 조항을 넣었다.

이렇게 하여 반민족행위처벌특별법(법률제3호)이 만들어졌고, 이 법률에 따라 활동한 것이 반민족행위특별조사위원회(반민특위)다.

2) 제1차 개헌(발췌 개헌)

제1차 개헌(발췌 개헌)을 간추려 보면 제2대 국회에서 일부개정으로 개정하여 전쟁 중인 1952년 7월 7일 공포했으며, 출석 166명에 찬성 163명, 기권 3명으로 통과되었다. 주요 내용은 대통령 직선제를 도입했고, 국회는 양원제를 명시했지만 언제부터 해야 한다는 규정이 없어 개헌 후에도 사실상 단원제가 유지되었고, 국무원에 대한 국회의 불신임제가 도입되었다.

제1차 개헌, 일명 발췌 개헌에서 가장 많이 수정된 곳은 '제3장 국회'이다. 국회 관련 20개 조문 중에 13개를 수정해야 했다. 그 이유는 이 개헌에서 국회의 양원제를 도입했는데, 그로 인해 '국회'라는 용어가 있는 곳을 거의 전부 '원'이라고 수정해야 했고, 민의원과 참의원의 역할이 다른 곳에서는 각각 민의원과 참의원을 지칭해줘야 했기에 그렇다. 즉, 내용상은 오로지 양원제로의 변화 하나지만, 그것을 반영하기 위한 어구 수정이 그렇게 많았던 것이다.

그 다음 장이 '제4장 정부'인데, 제4장의 제1절 대통령에서 2개 조가 개정된다. 제53조는 대통령 선출에 있어 국민들의 직접선거가 아닌, 국회에서의 간접선거를 명시하고 있었는데 이를 직선제로 수정한 것이다. 두 번째 개정된 조문은 제54조인데, 이것 역시 국회의 양원제로 인한 것으로 '대통령은 취임에 제하여 국회에서 좌의 선서를 행한다.'를 '대통령은 취임에 제하여 양원합동회의에서 좌의 선서를 행한다.'로 바꾼 것이다.

국무원 절에서도 두 개의 조문이 개정되었다. 69조 및 70조가 그것이다. 69조는 국회의원 선거 후 신 국회가 개회되었을 때에는 국무총리에 대한 국회 승인을 다시 받아야 한다는 규정이 더해졌고, 70조는 대통령이 국무회의의 의장이 되고 국무총리는 부의장이 된다는 규정인데 여기에 '③국무총리와 국무위원은 국회에 대하여 국무원의 권한에 속하는 일반국무에 관하여는 연대책임을 지고 각자의 행위에 관하여는 개별책임을 진다.'라는 항이 신설되었다. 그리고 70조의 2가 신설되었는데, 이는 민의원의 국무위원 불신임권을 새로 규정한 것이다.

제3절 행정각부에서는 73조를 개정하여 국무위원 임명에 국무총리의 제청권을 신설하였다. 중요한 것은 '국무총리의 제청에 의하여 대통령이 임면한다.'는 것이다. 즉, 임명만 국무총리가 제청하는 것이 아니라 면직도 국무총리의 제청이 있어야 할 수 있다고 규정하고 있다. 국무총리의 권한이 상당히 강화된 것으로 보인다.

제5장 법원의 81조는 국회가 양원제로 개편된 것 때문에 조문을 조정한 것이다. 헌법위원회 구성에 국회의원 5인 규정을 민의원 3인, 참의원 2인으로 수정했다.

마지막으로 제9장 헌법개정에서 98조를 고쳤다. 이 역시 양원제 도입으로 인한 것으로 과거 헌법 제안에 '국회의 재적의원 3분지 1

이상'이었던 것을 '민의원의 재적의원 3분지 1이상 또는 참의원의 재적의원 3분지 2이상의 찬성'으로, '헌법개정의 의결은 국회에서 재적의원 3분지 2이상의 찬성'이었던 것을 '양원에서 각각 그 재적의원 3분지 2이상의 찬성'으로 변경했다.

　개헌 내용이 겉으로 보기에는 이상과 같은 변화를 주기 위한 것으로 보이지만, 사실상은 초대 대통령의 연임제한을 철폐하기 위한 포석이었고, 국회에서 심의할 때 자유토론을 억압하고 헌법의 체계정당성을 무시했으며, 계엄 및 위협 분위기 속에서 강제 통과되었다. 당시는 전쟁 중이라 계엄이 선포되어 있었고, 이런 위기 상황을 십분 이용한 이승만 정권은 국제공산당의 지령을 받는다는 혐의가 있다는 이유로 국회의원들이 탄 출근버스를 견인하여 국회의원들을 강제 연행도 하고, 개헌에 반대하는 야당 의원 50명을 헌병대에 연행하기도 했으며, 6월 15일에는 7명의 야당 의원들을 국가보안법 위반 혐의로 비공개 재판도 강행했다.

　결국 7월 7일, 정부 제출안과 이미 의원내각제를 골자로 하여 제출해 놓았던 국회 제출안을 발췌하여 양원제, 대통령 직선제, 국회의 국무위원 불신임 등을 반영한 개정안을 발의하기에 이른다. 표결하는 날, 국회의사당은 경찰과 군인들에 의해 포위되어 있었고 투표는 기립투표로 진행되어 국회의 표결권을 침해하였다. 그리고 헌법에 정하는 바 공고절차 및 독회 절차를 생략했다. 전쟁 중에 임시수도 부산에서 이승만 정부는 직선제와 국회 양원제를 골자로 하는 개헌안을 제출하였으나 1952년 1월 18일 부결되었고, 국회에서는 의원내각제를 골자로 하는 개헌안을 제출하여 맞불을 놓았다.

이렇게 1차 개헌에 얽힌 과정을 부산정치파동이라 하며, 개헌의 목적이 당시 대통령인 이승만의 연임을 위한 것이라는 점은 불을 보듯 뻔한 노릇이었다. 국회가 야당이 다수라 대통령 선거를 국회에서 한다면 이승만의 연임은 불가능했고, 그래서 겉으로는 직선제라는 명분을 가지고 개헌을 하려 했던 것이었다. 이러한 개헌 과정에서 김성수 부통령은 '민주주의를 유린한 행위'라며 이승만 정권에 강한 적대감을 드러내며 5월 29일 국회에 사퇴서를 제출하고 부통령직을 사퇴하였다.

이 발췌개헌은 1952년 7월 2일, 한국전쟁 중 임시수도인 부산에 설치된 피난국회에서 통과된 대한민국 정부 수립 이후 첫 번째의 헌법 개정이면서 대한민국 헌정사상 첫 번째 친위쿠데타였다. 이 개헌은 이승만의 대통령 재선을 위하여 실시된 개헌이자 헌법을 위반한 개헌이었기 때문이다.

3) 제2차 개헌(사사오입 개헌)

제2차 개헌을 우리는 사사오입('사사오입'이란 말은 현재는 거의 사용하지 않는 수학적 용어지만 필자가 학교를 다닐 때만해도 많이 사용되었다. 그러다가 '반올림'이라는 용어가 보편적으로 사용됨에 따라 지금은 죽은 언어가 되었다.) 개헌이라고 부른다. 그 이유는 국회 표결에서 실질적으로 부결된 개정안을 억지로 수학 논리를 끌어와 가결되었다며 결의 내용을 뒤집음으로써 붙여진 이름이다.

개정된 헌법의 공포일은 1954년 11월 29일이었고, 개헌 유형은 일부개정이었으며, 국회 표결 결과는 재적 203명 중 202명 참석, 찬성 135명, 반대 60명, 기권 7명이었다. 재적 203명의 2/3이상은 135.34명이상, 즉 136명이상이어야 하는데(135명은 2/3 미만이기 때문에) 135명이 찬성하였으므로 부결이 맞다. 그러나 이승만 정권은 2/3가 135.34이고 여기서 0.34를 사사오입하면 135가 되므로 2/3 선이 135명이라는 해괴망측한 궤변을 늘어놓으며 가결되었다고 번복했던 것이다.

개헌의 주요 내용을 살펴보면, 첫째, 헌법 공포 당시의 대통령에 한해 3선 연임 제한을 철폐한다는 것이 가장 중요한 이슈였다. 헌법 공포 당시의 대통령이라면 이승만 대통령이었다. 초대 대통령에 한해 연임 제한을 철폐하여 이승만의 영구집권을 가능케 하려는 것이었다. 둘째, 주권 및 영토 변경 시 국민투표를 도입해야 한다는 것과, 셋째, 국무총리제를 폐지할 것과, 넷째, 헌법 개정에 있어서 국민 발안제를 도입하고 한계조항도 신설한 것과, 다섯째, 군법회의의 헌법적 근거를 명시한 것과, 여섯째, 대통령 궐위 시 부통령이 지위를 승계하는 부통령 승계제를 규정한 것 등이었다.

이 헌법의 불법성은 첫째, 그 의도가 초대 대통령 이승만의 독재와 영구집권을 위한 포석이었다는 것과, 둘째, 사사오입에 의한 절차적 법원칙을 무시했다는 것이다. 그리고 셋째, 가장 큰 문제는 국회 표결시 의장이 표결 결과 선포를 번복했다는 점이다. 의장이 애초에 부결로 선포해 놓고, 다음 날 가결 선포를 해서 전날의 선포를 번복한 것이다.

당시 대한민국 헌법 제55조 1항은 대통령의 임기를 4년 중임제로 제한하고 있었고 이에 따르면 이승만의 대통령 임기는 1956년에 끝난다. 이 조항은 제헌 헌법에 명시되어 있었다. 전쟁 중 간선제에서 직선제로 바꿔 재임에 성공한 이승만은 제헌 헌법에 있던 연임 제한을 자신에 한해서만 없앰으로써 영구집권을 꾀하게 된다. 그리하여 그는 이 사사오입 개헌에서 부칙에 '이 헌법 공포 당시의 대통령에 대하여는 제55조제1항 단서의 제한을 적용하지 아니한다.'라는 단서 조항을 넣었다. 그리하여 자신은 연임 제한에 해당하지 않도록 하려 한 것이었다.

그러나 사실은 이것도 문제가 많은 것이었다. 이 단서 조항에 들어간 '이 헌법'은 제헌 헌법이다. 그리고 제헌 헌법의 공포일은 1948년 7월 17일이었고, 대통령 선거는 7월 20일이었으므로 이승만은 이 헌법 공포 당시에는 대통령이 아니었다. 그러므로 엄밀히 말하자면 이승만은 해당 사항이 없었다. 그러나 당시 아무도 이런 문제는 지적하지 않았다.

미국도 대통령의 연임에 대해서는 일화가 많다. 미국의 초대 대통령은 조지 워싱턴인데, 조지 워싱턴이 대통령으로 재직할 당시에는 연임 제한이 없었다. 그래서 그가 두 번 임기를 마친 후 많은 주변 사람들이 다시 출마할 것을 권했지만 그는 왕을 없애기 위해 대통령제를 도입했는데 내가 다시 왕이 될 수는 없다면서 출마를 거부했고, 이것이 전통이 되어 그 후 미국 대통령은 재선만 하는 것이 이어져왔다. 조지 워싱턴은 왕이 아닌 대통령으로 남기 위해 국민들이 원함에도 3선을 포기했는데, 이승만은 대통령이면서 왕이 되기 위해 사사오입 개헌을 한 것이다.

미국은 조지 워싱턴 이래로 대통령은 두 번만 하는 것이 전통으로 이어져오다가 프랭클린 루즈벨트 대통령이 대공황 극복 및 2차 세계대전으로 말미암아 4선까지 하게 되었다. 이에 화들짝 놀란 미국인들은 헌법을 개정하여 향후 대통령은 두 번만 할 수 있는 것으로 못을 박게 된다. 지금 트럼프는 이 규정을 바꾸려고 개헌 얘기를 솔솔 피우고 있다.

이승만 정권은 3대 민의원 선거에서 공천 조건으로 개헌 찬성을 내걸어 최소한 114명의 찬성자를 확보했다. 그리고 무소속 의원들을 상대로 매수, 협박, 회유 등 모든 수단을 동원하여 찬성자를 추가, 개헌 정족수보다 1표 많은 총 137표를 확보하고 개헌안을 상정했다. 그러나 1954년 11월 27일 투표한 결과 135표 찬성으로 부결되었다. 최소한 2명이 반란을 일으킨 셈이었다. 의장은 부결을 선포했다.

그러나 이승만의 자유당은 다음날인 28일 긴급의원총회를 소집해서 사사오입이라는 기발한 논리를 개발했다. 위에서 말한 대로 2/3인 135.333…에서 0.333…은 0.5 미만으로서 수학의 사사오입 원칙을 적용하면 버릴 수 있는 수이므로 2/3는 135라는 것이다. 이

기발한 발상을 근거로 당시 조용순 법무부장관은 0.333…은 독립된 주체로 볼 수 없기에 사사오입의 논리로 버림 하면 개헌 정족수는 135명이라고 유권해석을 내렸다. 그리고 이를 바탕으로 최순주 국회 부의장은 개헌안 통과를 선포했다.

여당측 부의장이 통과를 선포하자 무소속의 야당 측 곽상훈 부의장은 부결을 선언하고 이철승 의원이 의장석으로 뛰어 올라가 최순주 부의장의 멱살을 잡는 등 험악한 사태가 벌어졌다. 그러자 자유당 감찰부 차장 이정재를 위시하여 그가 지휘하는 정치깡패들이 국회로 난입하여 야당 국회의원들을 위협했다. 한마디로 난장판이었다. 물론 야당 의원들의 항의는 무위로 돌아갔고, 부의장이 가결 선포한 것은 효력을 발생했다. 부의장이 산회를 선포하면서 이 소동은 막을 내렸다.

이들은 자신들의 논리를 정당화하기 위해 천문학자 이원철 박사와 서울대 수학과의 최윤식 교수를 끌어들였다. 그러나 훗날 최윤식 교수의 말에 의하면 그의 제자들인 이익흥과 손도심이 찾아와 지나가는 말로 203의 2/3가 얼마냐고 물었고, 이에 대해 135.333…이라고 답했더니 사사오입하면 얼마냐고 재차 물어서 근삿값으로 135가 된다고 답한 것이 다였다는 것이다. 이것이 사실이라면 자유당 인사들인 제자들이 스승을 농락한 사건이었다.

이 사사오입 개헌은 정치적으로 매우 문제가 있는 위헌적인 개헌이었지만 대한민국의 경제사에는 큰 전환점을 이룬 개헌이기도 하다. 제헌 헌법에서는 85조에서 천연자원은 모두 국유화한다고 규정하고 있고, 86조에서는 수송, 통신, 금융, 보험 등은 공기업으로만 운영하게 하였으며, 국제무역은 국가의 통제 하에 두게끔 했다. 또한 87조에서는 민간 기업을 공기업으로 바꿀 수 있고, 이들의 경영을 통제·관리할 수 있도록 했다. 이렇게 사회주의적 요소가 많았던 제헌 헌법을 개헌해서 "정부는 민간기업의 경영을 통제할 수 있다"라는 조항은 "특별한 경우가 아니면 통제할 수 없다"로 개정됐고, "무역은 법률이 정하는 바에 의해 통제한다"로 바뀌었다. 이로써 대한민국은 사회주의적 경제로 살짝 경도되어 있다가 자본주의 시장경제로 방향을 수정했다.

4) 제3차 개헌(제2공 개헌)

제3차 개헌은 대한민국 9차례 개헌들 중, 세 개의 합법적 개헌들 중의 하나이다. 이 개헌은 4·19혁명으로 이승만 정권이 몰락한 후 제4대 국회에서 정상적으로 이뤄진 합법적 개헌이었다.

이승만 정권이 무너진 뒤 들어선 허정 과도내각은 6월 7일부터 개헌 논의를 시작하여 불과 4일 후인 11일 헌법 개정안을 국회에 제출하여 표결에 부쳐졌다. 바로 이때 국회법이 개정되어 헌법 투표는 기명투표를 하도록 정해졌으며, 표결 결과 압도적 찬성으로 통과되었다.

제2공화국을 연 개헌이라고 해서 제2공 개헌이라고도 불리는 이 개헌은 1960년 6월 15일 공포되었으며 개헌 유형은 일부개정이고 국회 표결은 재적 218명 중 찬성 208명 반대 3명 결석 7명의 압도적인 찬성으로 가결되었다. 이승만 정부를 제1공화국이라고 한다면, 대통령중심제에서 내각책임제로 통치 구조가 변화함에 따라 제2공화국이라고 불려도 손색이 없었다. 새로운 공화국을 열었다고 하는 것은 통치체제에 매우 큰 변화가 왔기 때문이다.

이 개헌의 특징을 살펴보면 위에서 말했듯 의원내각제를 채택했고, 대통령은 5년 임기 중임제를 규정했으며, 헌법재판소를 설치하고 대법원장 및 대법관 선거제를 도입하며 기본권 침해 금지 조항을 명시했다. 대법원장 및 대법관을 대통령이 임명하지 못하고, 판사의 자격이 있는 자들로 구성된 선거인단에서 선출하도록 바꾸었는데, 어찌 보면 판사라고 하는 이해집단의 카르텔을 더욱 공고하게 할 가능성이 열린 것이기도 하지만 대통령이 대법원 판사를 임명하지 못하게 한 것은 진일보한 것이라 평가할 수 있을 것이다.

대통령은 직접선거에서 다시 간접선거로 바뀌어 양원합동회의에서 대통령을 선출하는 방식으로 변경되었다. 선관위의 헌법적 지위를 강화하고, 이승만 정권이 진보당을 일개 장관이 해산시킨 것을 교훈 삼아 헌법에 정당해산의 요건을 명시하여 엄격한 절차를 거쳐서 정당을 해산할 수 있게 하는 정당해산심판제를 도입했으며 공무원 및 경찰공무원의 정치적 중립을 제도화하기도 했다. 또한 자유권을 제한할 수 있도록 한 자유권 유보조항을 삭제했으며 언론·출판·집회의 허가 또는 검열을 금지해서 기본권이 강화되었다.

지자체장을 선거로 선출하는 지방자치도 채택했으며 민의원과 참의원으로 구성되는 양원제도 받아들였다. 양원제는 이전 헌법에서도 채택하고 있었지만 시행되지 않았는데 이 3차 개헌을 통해 명확하게 시행하도록 한 것이다.

헌법재판소의 등장과 아울러, 완전한 지방자치제의 시행 등 현재 정치에서 매우 중요한 요소로 작동하고 있는 것들이 이때 비로소 등장했다.

5) 제4차 개헌(소급입법 개헌)

제2공화국이 출범한 뒤인 1960년 10월 10일, 법원이 3·15 부정선거를 주도한 인물들에 대해, 그리고 4·19 혁명 때 시민에게 발포 명령을 내린 관련자들에게 솜방망이 처벌을 선고했다. 그러자 이에 불만을 품은 학생들이 국회를 점거하는 시위를 전개했다. 이 사건을 발단으로 하여 이승만 정권 시절 권력에 영합한 세력들을 처벌하기 위한 제도 마련에 논의가 시작되었고, 그 법적 근거를 마련하기 위해 10월 17일 개헌안이 국회에 제출되어 한 달 정도의 치열한 논의 끝에 11월 29일 의결되었다.

이 개헌의 목적은 반민주행위자를 처벌하고, 부정축재자를 행정적으로 그리고 형사적으로 처벌하기 위한 특별법 제정을 허용하고, 유관수사기관 설치에 관한 헌법적 근거를 명시하기 위한 것이었다. 이러한 목적이 달성되기 위해서는 어쩔 수 없이 소급입법이 될 수밖에 없었다. 따라서 자신이 한 행동에 대해 그 행동이 실행될 때 존재하지 않았던 법률에 의한 처벌을 금지하는 형벌불소급의 원칙을 어기게 된 것이다. 그리하여 이 개헌에 소급입법 개헌이라는 이름이 붙었다.

세계 역사에 있어서도 형벌불소급의 원칙을 무시할 수밖에 없는 상황들이 발생한다. 대표적인 예가 독일의 나치 가담자 처벌과 프랑스의 나치 부역자 처벌이었다. 독일의 나치가 설칠 때나 프랑스에서 나치 부역자가 설칠 때 그들을 처벌할 법규는 존재하지 않았다. 그러나 이들은 인류를 반역한 죄와 국가와 민족을 배반한 잘못을 저질렀다. 그 잘못을 저지르는 시기에는 그 잘못의 원흉이 권력을 쥐고 있어 그들을 처벌하는 것이 불가능했다. 그 원흉들을 제거한 후에야 이들에게 부역한 자들을 처벌할 입법이 가능해졌고, 그래서 이런 경우 소급입법을 하고, 소급하여 형사상 처벌을 할 수밖에 없다. 그러므로 이 개헌을 소급입법 개헌이라 하여 불법적 개헌이라고 하는 것은 재고할 필요가 있다고 생각한다.

또한 소급입법을 두고 포퓰리즘적 개헌이고 입법이라고 주장하는 것은 반민족 행위, 친독재 행위에 대해 면죄부를 주려는 시도 그 이상도 이하도 아니었다고 본다. 만약 소급입법을 통한 처벌을 그 어떤 이유로도 금지한다면, 권력자는 역사 앞에 얼마든지 큰 죄를 지을 수 있다. 법을 좌지우지할 수 있는 권력을 쥔 다음부터는 자신의 모든 행동을 합법화할 법을 마련하고 그 어떤 횡포를 부려도 나중에 그를 처벌할 길이 없기 때문이다.

이 개헌은 제5대 국회에서 1960년 11월 29일 통과되어 공포되었으며, 개헌 유형은 일부 개정이고, 국회 표결 결과를 보면 먼저 참의원에서는 재적 58명 중 찬성 44표, 반대 3표, 무효 2표, 기권 3표, 결석 6명으로 통과되었고, 민의원에서는 재적 233명 중 찬성 191표, 반대 1표, 무효 6표, 기권 2표, 결석 33명으로 넉넉하게 통과되었다.

소급입법 개헌이라는 불명예스러운 별명이 붙기는 하였지만, 대한민국 역사에서 정확하게 세 번 있었던 합법적 개헌들 중의 하나이다. 바로 직전의 제2공화국 헌법과 이 소급 헌법이 현행 헌법을 제외하면 합법적 개헌의 전부였다. 그러니까 이제 보게 될 제5차 개헌부터 현행 헌법 전까지의 4차례의 개헌은 모두 합법적 개헌이 아니다.

6) 제5차 개헌(제3공 개헌)

제5차 개헌은 박정희가 군사 쿠데타로 정권을 잡은 후 그것을 합법화하고, 나아가 본인이 지속적으로 권력을 유지하기 위한 방편으로 시도한 개헌이었다. 그리하여 이 개헌은 불법적 개헌으로 분류된다.

무엇보다 개헌 과정 자체가 불법 투성이었다. 박정희는 쿠데타를 일으킨 후 국회를 강제로 해산시키고 '국가재건최고회의'라는 기구를 만들었다. 그리고 그 기구에서 6월 6일 국가재건비상조치법이라는 법을 만들어 시행했다. 종전의 헌법은 이 법에 저촉되지 않는 범위에서 효력을 인정했다. 개헌안 역시 국가재건최고회의에서 만들어 발의하였으므로 헌법적 정당성이 없는 개헌을 진행한 것이다. 개헌안의 발의는 국회가 아닌 국가재건최고회의였고, 따라서 국회 표결은 없었으며, 국가재건최고회의가 발의한 것을 1962년 12월 17일 국민투표에 부쳤는데, 투표율 85.3%, 찬성 78.8%, 반대 19.0%로 압도적인 지지를 얻어 개헌안은 통과되었다. 그리고 12월 26일 공포되었다. 그러나 이 헌법의 발효는 부칙 제1조에서 '이 헌법은 이 헌법에 의한 국회가 처음으로 집회한 날로부터 시행한다.'고 정하고 있어 이듬해인 1963년 12월 17일에야 효력이 발생했다.

이 헌법의 주요 내용은 다음과 같다.
- 4·19 혁명의 이념을 계승함을 최초로 명시
- 5·16 군사 쿠데타를 혁명으로 명시함
- 삼일기미독립운동과 임시정부의 법통을 이어받았음을 명시한 헌법 전문을 개정
- 국회는 단원제로 회귀
- 국회의원이 탈당하거나 정당이 해산하면 국회의원 자격 상실을 규정하는 등 강력한 정당중심 정치 구현
- 대법원장 및 대법관 선거제 폐지
- 이익균점제 폐지
- 인간의 존엄성 명시
- 헌법재판소 폐지
- 위헌법률 사법심사제 도입
- 영장 청구에 있어서 검사 독점제 시행
- 강제 자백의 증거능력 부정 조항 신설

이상과 같은 내용의 개정안이 통과되어 새로운 제3공화국이 들어서게 되었다. 이 헌법은 또한 최초로 국민투표를 통해 개정되었다고 하는 의미도 가지고 있다.

그 내용을 좀 더 상세하게 살펴보자면 우선 전문이 전면적으로 개정되었다. 이전 헌법의 전문은 '유구한 역사와 전통에 빛나는 우리들 대한국민은 기미 삼일운동으로 대한민국을 건립하여 세계에 선포한 위대한 독립정신을 계승하여 이제 민주독립국가를 재건'한다고 하여 대한민국은 이미 건립되었고, 이는 임시정부를 계승함을 의미하는데, 새 헌법에서는 전문에 '유구한 역사와 전통에 빛나는 우리 대한국민은 3·1운동의 숭고한 독립정신을 계승하고 4·19의거와 5·16혁명의 이념에 입각하여 새로운 민주공화국을 건설'한다고 하여 삼일운동의 '독립정신'을 계승할 뿐 그 정신으로 건립한 '대한민국'은 없다. 오로지 5·16 쿠데타가 혁명이라는 분을 칠하고 등장하고 있는 것이다.

그리고 헌법 제1조와 제2조가 제1조로 통합되었다. 이전에는 '제1조 대한민국은 민주공화국이다. 제2조 대한민국의 주권은 국민에게 있고 모든 권력은 국민으로부터 나온다.' 라고 규정하고 있었는데 이 헌법에서부터 **'제1조 ①대한민국은 민주공화국이다. ②대한민국의 주권은 국민에게 있고, 모든 권력은 국민으로부터 나온다.'** 라고 하여 두 개의 조로 나뉘어 있던 것을 1, 2항으로 통합한 것이다. 이는 제2조를 좀 더 강조하여 1조로 통합한 것으로 보이는데 바람직한 방향이었다고 본다.

또 하나 중요한 점은 권력이 분점 되기 쉬운 내각책임제를 철폐하고 단 한 명에게 권력이 집중되는 대통령제로 회귀했다는 것이다. 이는 다분히 박정희 본인이 모든 권력을 쥐고 영구집권하려는 야욕을 그 안에 숨기고 있었다는 것을 보여준다. 대통령제가 아니면 자신의 그 야욕을 달성할 길이 없었기 때문이다.

그럼에도 불구하고 이전 헌법의 틀에서 완전히 벗어나지는 않았는데 의원내각제의 상징이라 할 국무총리제를 채택했고, 국무총리는 대통령의 국무위원 임명에 제청권이 있었다. 그리고 국회는 국무총리 및 국무위원들의 해임을 대통령에게 건의할 수 있었으며, 국무총리와 국무위원들은 국회에 출석하여 발언할 수 있게 하였는바 이러한 것들이 내각책임제의 유산이라고 할 것이다.

또 하나 크게 달라진 것은 이전에는 영장 청구의 주체를 '수사기관'이라고 하여 검찰 만이 아니라 경찰 등 수사를 하는 기관은 전부 법원에 영장을 청구할 권한이 있었으나, 이 헌법에서 영장 청구는 오로지 검사만 할 수 있도록 규정함으로써 오늘날 검사 반란, 검사 내란, 검사 독재의 길을 열어주었다. 검찰과 관련한 유일한 헌법적 조항은 이것 하나인데, 이것을 중심으로 오늘날 검사들이 어마어마하게 큰 권력을 형성하고 그들만의 카르텔을 구축하여 나라를 절단 내고 있는 것이다. 박정희가 죽어서도 우리에게 남겨준 커다란 함정이라 하겠다.

위에서도 말했지만 대한민국 헌정사에서 헌법이 명시하였던 헌법 개정 조항이 완전히 무시된 개헌이었다. 군부가 기왕에 있던 헌법을 무력화시키고 아무런 헌법적 근거 없이 국회를 해산시키고 아무런 헌법적 근거가 없는 국가재건최고회의라는 기구를 만들어 이 기구가 결정한 대로 국민투표를 통해 헌법을 개정한 것이다. 이 헌법을 토대로 박정희는 군사독재 권력을 다져갈 수 있었다.

7) 제6차 개헌(3선 개헌)

제6차 개헌(3선 개헌)은 그 이름 그대로 박정희가 3선을 위해 단행한 개헌이었다. 1963년 12월에 대통령에 취임한 박정희는 그의 두 번째 임기가 1971년 12월에 끝날 예정임에 따라 장기집권을 하기 위해서는 3선 연임을 금지하는 조항을 개헌해야만 했다. 1969년에 들어서자 행정부 쪽에서 슬슬 개헌에 대한 군불을 지피기 시작했다. 박정희는 지금은 개헌 논의를 할 때가 아니고 반공과 경제에 집중할 때라고 말하면서 점잖은 척 하기도 했으나 그도 그해 7월 25일에는 개헌을 정부와 대통령에 대한 신임과 연결할 의사가 있음을 밝히는 특별담화를 발표했다.

원래 헌법에는 대통령의 개헌 발의권이 있었으나 제3공화국 개헌을 하면서 자신에 대한 반대를 누그러뜨리기 위해 헌법에서 대통령의 개헌 발의권을 삭제했다. 그럼에도 불구하고 개헌 논의는 행정부가 앞장서서 시작했으며, 민주공화당이 행동대원 노릇을 했다. 야당 정치인들은 야당 정치인들대로, 학생들은 학생들대로, 재야는 재야대로 삼선개헌 반대를 위한 투쟁에 들어갔다. 정국은 연 초부터 들끓었고, 헌법 개정안 발의권이 없는 행정부는 공공연하게 이슈를 만들어 내며 앞서 나갔다.

그리고 박정희가 특별담화를 발표한 7월 25일, 민주공화당은 개헌안을 국회에 상정했다. 그리고 9월 14일 새벽, 야당(신민당) 의원들을 따돌리고 민주공화당 중심으로 국회 제3별관에서 기습적으로 가결했다.

가결한 국회는 제7대 국회였고, 개헌 유형은 일부개정이었으며, 국회 표결 결과는 출석 122, 찬성 122, 불참 49였다. 국회에서 가결된 개헌안은 국민투표에 부쳐져 10월 17일 마침내 삼선개헌이 확정되었다. 국민투표 결과는 투표율 77.1%, 찬성 65.1%, 반대 31.4%였다.

이 개헌은 박정희에게 장기 집권의 길을 열어주는 것이 주목적이었으나 크게 달라진 것도 하나 있었다. 그것은 국회의원 정원이었다. 제3공화국 헌법에서는 국회의원의 수가 150인 이상, 200인 이하의 범위에서 법률로 정한다라고 하여 국회의원의 최대 정원이 200명이었는데, 삼선개헌 헌법에서는 150인 이상 250인 이하로 규정하여 국회의원 정원이 최대 50명이 더 늘어날 수 있는 여지를 두었다. 사실 국회의원 정원은 제3공화국 헌법 이전에는 법률로서 정한다라고만 헌법에서 규정하고 있었다. 그런데 박정희가 권력을 잡으면서 국회의원 수를 헌법에서 규정하기 시작한 것이다. 그 밖에도 국회의원의 국무총리 및 국무위원 겸직이 허용되었다.

삼선 개헌을 통해 박정희는 장기 집권의 기회를 가지게 되었고,

실제로 그 다음 유신 헌법 개정을 통해 영구집권의 길로 들어선다. 대한민국의 비극의 씨앗이 바로 이 삼선 개헌 헌법에서 싹이 트고 있었던 것이다.

참고로 박정희는 3선 개헌을 시도할 때 7·25 특별 담화문을 발표하면서 이 개헌을 본인의 신임과 결부시키는 개헌(plebiszit)이라고 주장하였다. 만약 개헌안을 발의하고 헌법이 정하는 바대로 절차를 거쳐 개헌을 했다면 레퍼렌덤이 되었을 것이다. 레퍼렌덤은 국민투표로서 적법 절차에 따라 헌법에 정해진 대로 개헌 투표를 하는 등을 말한다. 플레비지트는 같은 국민투표지만 헌법에서 명시적으로 규정하지 않은 것들, 예를 들어 국가의 주요한 정책이나 대통령의 신임 등을 국민투표로 의사를 묻는 것을 말한다. 따라서 박정희는 삼선 개헌 투표를 자신의 신임과 연결시켰기에 이 투표는 레퍼렌덤이 아니라 플레비지트에 해당하고, 이러한 플레비지트는 제6공화국의 헌법재판소에 의해 위헌적 행위라고 판시한 바 있다.

8) 제7차 개헌(유신헌법 개헌)

대한민국을 망국의 길로 인도하고 박정희 개인에게도 비극의 길로 안내한 유신헌법이 만들어진 것이 바로 제7차 개헌이었다. 3선 개헌을 하고 박정희가 3선을 향해 나아간 마지막 선거에서 김대중 당시 신민당 대선 후보는 이번 선거에서 박정희가 당선되면 그 다음은 4선 개헌이 아니라 대만의 총통제가 모델로서 영구집권을 획책할 것이라며, 박정희 독재에서 벗어날 마지막 기회가 지금이라고 호소했다. 그의 이 호소는 표를 얻기 위한 대 국민 공포심 조작이 아니라 현실이었음이 바로 드러난 셈이다. 박정희는 1971년 3선에 성공한 후 2년 차인 1972년 10월 17일에 다시 장기 집권을 넘어서서 자손 대대로 영구집권을 할 토대를 마련하기 위해 계엄을 선포하고 개헌에 돌입한다. 바로 유신헌법 제정이다.

필자는 당시 고등학교 1학년이었는데, 일요일마다 다니던 새문안교회를 가면서 광화문 앞에 두 대의 탱크가 시청 쪽을 향하여 포신을 겨누고 서 있는 모습에 울분을 금치 못했던 기억이 50년 이상이 지난 지금도 뇌리에 생생하다. 비단 광화문만이 아니었다. 시내 곳곳에 군용 지프가 세워져 있었고 군인들이 시민들을 감시하고 있었다. 퇴계로의 대한극장 건너편 골목에도 지프가 한 대 서 있었다.

박정희는 계엄을 선포하여 국회를 해산하고 정당활동을 중지시키며 헌법의 일부를 정지시킨다. 그 후로 정지된 헌법과 관련된 사안은 비상국무회의가 권한을 행사하도록 한다. 국회가 해산되었으므로 국회와 관련된 헌법은 정지된 상태여서 비상국무회의가 개헌안을 심의 통과시키고 국민투표에 부친 것이다. 개헌 유형은 전부개정으로 진행하였으며 그 내용은 박정희에게 대한민국의 거의 모든 권한을 넘긴 것이었다.

그 주요 내용은 다음과 같다.
- 대통령 간선제 및 연임 제한 철폐, 임기 6년 등 종신 대통령의 길 열음
- 대통령의 국회 해산권, 대통령의 국회의원 1/3 추천권(실질적으로 임명권), 대통령의 긴급조치권, 대통령의 법관임명권
- 국정감사 폐지
- 통일주체국민회의 설치
- 개헌절차 이원화로 개헌의 가능성 차단
- 자유민주질서 명시
- 평화통일의 원칙 천명
- 언론 검열 부활
- 지방의회 구성은 통일 이후로 유보

이와 같은 내용으로 인해 대통령은 허울뿐인 민주공화제에서 실질적인 군주로 등극하게 되었고, 삼권분립은 실질적으로 완전히 붕괴했으며, 아무 때나 비상조치에 의해 헌정이 중단될 수 있었고, 지방자치는 현실적으로 포기되었다. 실로 대한민국 정부 수립 후 최악의 정치상황, 최악의 인권 유린 시대가 도래 한 것이다.

비상국무회의를 통과한 개헌안은 국민투표에 부쳐져 투표율 91.9%, 찬성 91.5%, 반대 7.7%로 통과되었다. 당시 초중등 반공교과서에서 북한은 독재 국가라 투표율과 찬성율이 100%에 가깝다고 선전해 왔는데, 유신헌법 국민투표가 거의 북한 수준에 도달한 것이

었다. 투표율 91.9%라는 엄청난 수자가 당시 얼마나 공포 분위기에서 투표가 진행되었는지 단적으로 증명한다. 모든 공무원들과 통반장들이 집집마다 돌면서 투표를 독려했고, 투표를 하지 않으면 북한의 아오지 탄광으로 끌려 갈 것만 같은 그런 공포분위기를 조성했다.

당시에는 언론도 수시로 북한의 아오지 탄광을 언급했는데, 북한에서는 말 한 마디 잘못하면 아오지 탄광으로 끌려가 죽도록 일한다는 것이 그 주 내용이었다. 이런 것은 은연중에 너희들도 자칫하면 아오지 탄광과 같은 신세가 될 수도 있다는 암시를 국민들의 무의식에 심어주기 위한 것이 아니었을까 의심한다. 그리고 실제로 당시 국민들은 그런 정도의 불안감을 가지고 있었고, 그 공포심이 국민들로 하여금 90% 이상이 투표소로 발길을 향하게 했던 것이다.

1972년 11월 21일 실시된 국민투표에서 압도적 지지를 받아 통과된 유신헌법은 그해 12월 27일 공포되었고 공포와 동시에 효력을 발생했다. 유신헌법 안이 국민투표로 통과한 1주일 후인 11월 28일, 박정희는 대학에 내려졌던 휴교령을 해제하고 12월 14일 0시를 기하여 계엄령을 해제했다. 비상계엄이 해제된 다음날인 12월 15일, 아직 공포 및 발효도 안 된 유신헌법의 규정에 따라 통일주체국민회의 대의원 선거가 실시되었고 2,359명의 대의원이 선출되었다. 12월 23일 열린 통일주체국민회의 대회에서 박정희가 단독 입후보한 가운데 대통령 선거를 실시하여 찬성 2,357표, 무효 2표로 임기 6년의 제8대 대통령 박정희가 선출되었다.

통일주체국민회의 대의원은 무보수의 자원봉사 직이었다. 소위 지역에서 유지라고 하는 사람들이 출마하여 선거 공약이라고는 박정희에 대한 충성맹세가 전부인 상황에서 감히 박정희에게 반대표를 던질 사람은 없었다. 당선된 대의원들은 장충체육관에 모여 투표를 했는데, 여기서 체육관 선거라는 오명을 가지게 되었다. 2,359명의 대의원 전원이 참석하여 반대표 한 표도 없이 단 2표만 무효표가 나왔고, 나머지는 전부 찬성표인, 실질적으로 100% 찬성이라고 할 수 있는, 북한 체제와 하나도 다름이 없는 그런 선거로 박정희는 대통령이 된 것이다.

통일주체국민회의에 관한 헌법 조문들을 보면 정말 가관이다. 대통령은 통일에 관련한 정책은 통일주체국민회의에 회부할 수 있고 여기서 과반 득표로 통과되면 국민의 총의로 본다고 규정하고 있다. 통일 정책에 관한 한 대통령이 마음대로 하겠다는 것이다.

대통령이 추천한 국회의원 정수의 1/3에 해당하는 국회의원 후보에 대한 선출은 개별적으로 심사할 수 없고, 오로지 전체를 받느냐 마느냐에 대한 투표만 할 수 있다. 따라서 대통령은 국회의원 정수의 1/3을 무조건 확보할 수 있어 헌법 개정에 대해 절대반지를 가진 셈이 되었다. 대통령이 반대하는 그 어떤 헌법 개정안도 국회를 통과할 수 없다. 뿐만 아니라 국회를 통과한들 헌법 개정은 최종적으로 통일주체국민회의의 의결을 거치도록 해서 오로지 대통령만 헌법을 개정할 수 있는 절대 권력을 가지게 된 것이다.

유신헌법에서 가장 웃기는 대목은 부칙에 있다고 생각한다. 부칙

제1조에는 이런 구절이 있다. "이 헌법을 시행하기 위하여 필요한 법률의 제정과 이 헌법에 의한 대통령·통일주체국민회의 대의원 및 국회의원의 선거와 기타 이 헌법시행에 관한 준비는 이 헌법 시행 전에 할 수 있다." 도대체 이게 무슨 말일까? 헌법은 공포되고 시행되어야 헌법의 효력이 있다. 그러니, 헌법이 공포되기 전에 이 헌법의 내용대로 통일주체국민회의를 구성하는 것은 법적 근거가 전혀 없다. 그런데 앞으로 이 헌법이 공포될 것이라는 점을 확신하고 미리 헌법이 정한 행위를 하는 것은 타임머신을 타고 미래에 갔다 왔어야만 가능한 일이다. 세상 천지에 헌법이 규정한 내용을 그 헌법이 공포되기 이전부터 유효하다고 규정한 헌법은 아마 인류 역사상 대한민국 유신헌법이 유일무이하지 않을까 싶다.

부칙을 이용하여 독재를 정당화한 것은 여기에 그치지 않는다. 제7조는 비상국무회의의 모든 행위에 대해 면죄부를 주고 있고, 거기서 제정한 모든 법령들을 합법화하고 있다. 제9조는 유신을 선포하고 계엄령을 내린 1972년 10월 17일 사이에 대통령이 행한 모든 비상조치도 제소의 대상이 되거나 이의를 할 수 없다고 하여 박정희 자신의 모든 행동에 대해 사면을 선포하고 있다. 제11조는 '①특수범죄처벌에 관한 특별법·부정선거관련자처벌법·정치활동정화법 및 부정축재처리법과 이에 관련되는 법률은 그 효력을 지속하며 이에 대하여 이의를 할 수 없다. ②정치활동정화법 및 부정축재처리법과 이에 관련되는 법률은 이를 개폐할 수 없다.'고 하여 자신이 특별한 목적으로 제정한 법에 대해 완전한 보호를 하고 있고, 특히 정치활동정화법 및 부정축재처리법과 이에 관련되는 법률은 거의 헌법적 지위로 올려놓고 있다.

또한 대통령은 독자적인 판단 하에 긴급조치를 선포할 수 있게 되었고, 국민들의 기본권 제한 및 영장 없는 구속이 가능하게 되었다. 언론과 출판에 대한 사전 검열은 일상이 되었고 군인, 군속, 경찰공무원 등은 공무 집행 중 발생한 피해를 국가를 상대로 사적 주체로서 배상 청구를 하지 못하게 되었다. 그리하여 이들 공무원들과 군인들은 업무 중 사고를 당해도 하찮은 금액의 국가가 마음대로 주는 것만 받고 끝내야만 했다. 이때 들어간 이 조항은 지금까지 살아 있어서 헌법이라는 권위를 가지고 그 민낯을 드러내고 있다.

유신헌법의 통과로 제4공화국이 수립되었고, 대한민국 현대사에서 가장 극악한 독재 권력을 맞이하게 되었다. 그리고 그 독재 권력은 스스로의 모순 때문에 비참한 최후를 맞이하게 된다. 역사의 아이러니가 아닐 수 없다.

9) 제8차 개헌(제5공 개헌)

　박정희의 유신체제로 수립되었던 제4공화국은 박정희에 대한 김재규의 총살로 비극적이고도 급격하게 그 종말을 맞이했다. 김재규는 유신의 심장을 쏘았다. 그러나 박정희의 죽음으로 인한 자유와 민주주의에 대한 열망과 희망도 잠시 뿐, 박정희 이상의 희대의 악마가 독재자로 다시 등극했으니 그자가 바로 전두환이었다. 전두환은 권력을 쥐기 위해 박정희 권력 18년 동안 사건을 조작해 고문하고 살해한 사람들의 수와는 비교가 안 되게 훨씬 더 많은 사람들을 살해한, 문자 그대로 학살을, 한 순간에 단행하는 끔찍한 면모를 보였다. 박정희의 적자를 자임하고 나선 새로운 독재자는 광주민주항쟁을 학살로 제압하고 제5공화국을 열었으니 그것이 바로 제8차 개헌이었다.

　전두환은 박정희가 죽은 해인 1979년 12월 12일, 소위 12·12사태라고 불리는 군사반란을 통해 실권을 쥐고 난 후 이듬해인 1980년, '서울의 봄'으로 민주화 요구가 확산하자 그해 5월 17일 전국으로 비상계엄을 확대한다. 원래 1979년 10월 26일 박정희가 죽은 다음날인 27일, 제주도를 제외한 전국에 비상계엄이 선포되어 있었는데 이를 제주도까지 확대한 것이었다. 많은 사람들이 1980년 5월 17일의 비상계엄 확대를 새로운 비상계엄 선포로 착각하는데, 이는 당시에 워낙 민주화 열풍이 강해서 비상계엄 하에 있다는 것을 실감하지 못하다가 전두환이 전국 확대를 선포하니까 새로운 비상계엄 선포로 오해한 것이다.

전두환이 비상계엄 확대를 선포하자 이에 광주에서 대규모 저항이 일어났고 전두환은 군 병력을 동원해 5·18 민주화운동을 학살로 제압한다. 그리고 5월 31일에 '국가보위비상대책위원회'를 구성하고 여기서 헌법 초안을 만들어 개헌을 시도했다.

그해 9월 1일 국가보위비상대책위원회 위원장인 전두환이 대통령직에 오르고, 5·17 내란 이후 기능을 상실한 국회는 10월 27일에 해산 당했으며, 정당들 역시 모두 해산 당했다. 그리고 1981년 4월 11일 제11대 국회가 구성되기 전까지는 국가보위비상대책위원회가 확대 개편된 국가보위입법회의에서 입법권을 행사하게 되어 헌법 개정안을 통과시키고 10월 23일 국민투표에 부쳤다.

개헌의 유형은 전부개정이었으며, 국회표결은 당연히 없었고, 국민투표 결과 투표율 95.5%, 찬성 91.6%, 반대 7.0%로 통과되었다. 통과된 헌법은 1980년 10월 27일 공포되어 발효되었다.

새로운 헌법의 내용을 간략히 정리하자면 다음과 같다.
- 대통령 선거는 유신체제와 마찬가지로 간선제로 임기는 7년, 연임 철폐(단임제)
- 대통령 임기 개정에 대한 조건 추가(임기연장을 위한 개헌은 개헌 당시의 대통령에게는 적용하지 못한다는 규정 추가)
- 유신헌법의 비민주적인 조항들을 대부분 폐지함

- 통일주체국민회의 폐지
- 정당제에 의한 경쟁선거 명시, 정당에 대한 국고 보조제 도입, 국정조사권 부활
- 무죄추정의 원칙 명시
- 기본권 침해 금지조항 명시
- 대법원장의 법관 임명권 명시
- 유신헌법에서 폐지되었던 강제 자백의 증거능력부정조항 부활
- 구속적부심사제 부활 및 연좌제 폐지
- 전통 문화의 계승 및 창달 명시

이밖에도 독과점 금지, 중소기업보호육성에 대한 의무를 규정했고, 헌법개정방법의 일원화 등 여러 가지 변화가 있었고, 특히 국민의 행복추구권을 명시하고 사생활 보호, 자유 보호, 소비자 보호를 명시하는 등 개혁적인 조문들도 들어가게 되었다. 이는 전두환이 자신의 정권 찬탈을 일부 합리화하기 위한 꼼수였지 정말 그가 이런 문제에 대해 신념이 있어서 넣은 것은 아니라고 확신한다.

전두환이 등장하면서 새로운 용어가 사용되기 시작했는데, '독재'라는 용어 대신 '권위주의'라는 말이 사용되기 시작했다. 전두환도 분명 독재자이고 독재적 통치를 행했는데도 불구하고 언론은 권위주의라고 표현하기 시작했다. 이는 물론 영어 표기인 'authoritative'를 번역한 것이기도 하지만 '독재' 보다는 '권위주의'가 훨씬 덜 부정적임에는 틀림없다.

개헌 내용을 좀 더 살펴보자면 우선 소위 '권위주의적 통치'의 근거를 제공했다. 다음으로는 대통령 간선제와 대통령의 국회해산권이 그대로 유지되었다. 그러나 대통령의 긴급조치권은 폐지되어 대통령의 권한이 일부 축소되었다. 그리고 대통령의 법관 임명권도 대법원장에게 돌아가서 사법부의 독립성이 어느 정도 회복되었다. 그럼에도 불구하고 헌법 제77조 3항에 '국회의원의 선거구와 비례대표제 기타 선거에 관한 사항은 법률로 정한다.' 라고 하여 비례대표 선출에 관한 헌법적 근거를 마련하였다. 그러나 관련법에서 지역구 의석의 2/3를 제1당에게 몰아주고 나머지 의석을 지역구 5석 이상을 획득한 정당에게 나눠주는 제도로서 여당에게 압도적으로 유리한 제도였다. 유신헌법에 비하면 진일보한 측면이 많으나 아직도 삼권분립이 제대로 확립되었다고 보기에는 여러모로 부족한 헌법이었다.

10) 제9차 개헌(제6공 개헌)

제9차로 개헌된 헌법이 현행 헌법이다. 1987년 10월 29일 공포되었으며 제6공화국을 열게 한 헌법이다. 1987년 6월 항쟁의 결과 국민들이 가지게 된 헌법이어서 87체제라고도 불리는 헌법이다.

이 헌법은 1987년 9월 18일 전부개정으로 발의되었고 9월 21일 공고, 10월 12일 제12대 국회 의결을 거쳐 10월 29일 국민투표를 거쳐 확정되었으며 부칙에 의하여 1988년 2월 25일에 발효되었다.

국회 표결은 재적 272명 중 재석 258명, 찬성 254, 반대 4로 통과되었다. 국민투표에서는 투표율 78.2%, 찬성 93.1%, 반대 5.5%로 통과되었다.

주요 내용을 간략하게 정리하면 다음과 같다.
- 대통령은 직선제로 선출하고 임기 5년의 단임제
- 헌법 전문에 대한민국 임시정부 법통 계승을 최초로 명시함(과거 헌법들은 헌법 제정 주체들의 정통성 결여로 임시정부 법통을 주장하지 않거나 하지 못함)
- 대통령의 국회해산권 폐지하고 국회의 국무위원 해임의결권을 해임건의제로 변경
- 국정감사 부활
- 헌법재판소 부활
- 군의 정치적 중립 의무화
- 언론검열을 폐지하고 집회 및 결사의 자유 보장
- 근로자 단체행동권 보장
- 사회적 약자 권익보호 명시
- 최저임금제 시행을 명시
- 형사보상청구권의 확대와 체포 또는 구속 시 가족 통지 의무 및 공판진술권 신설
- 국회 연간 회기일수 제한 폐지
- 재산권 수용 시 정당한 보상제도 도입

개헌을 추진하게 된 배경은 1987년 4월 13일, 당시 대통령이었던 전두환이 현행 헌법을 그대로 끌고 가겠다는 호헌 선언을 하면서 시작했다. 전두환의 발표에 대해 당일 야당들과 대한변호사협회가 일제히 반박 성명을 발표했고, 재야 단체들과 대학 교수들도 개헌을 요구하는 가운데 박종철 고문치사 사건이 수면 위로 떠올랐다. 경찰에 의하면 "(책상을) 탁 치니 (놀라서) 억 하고 죽었다."라고 하며 은폐하던 서울대학교 학생 박종철 고문치사 사건이 정의구현사제단에 의해 밝혀진 것이다.

박종철 고문치사 사건에 더해서 불에 기름을 끼얹는 사건이 발생했는데 1987년 6월 9일 연세대학교 학생 이한열 군이 최루탄에 맞아 사망하는 사건이 발생한 것이다. 사건 다음날인 10일에 당시 여당이던 민주정의당이 노태우를 대통령 후보로 지명함에 따라 학생들과 일반 시민 및 직장인들이 대규모로 민주화를 요구하며 나서게 되고, 6월 항쟁이 격화됨에 따라 결국 개헌에 동의하게 된다. 학생들만의 시위에는 폭력적인 백골단의 무자비한 진압 등으로 대응하던 정부는 마침내 일명 '넥타이 부대'라고 불린 직장인들과 일반 시민들이 거리에 나서자 결국 항복하게 된다.

이 개헌으로 오랜만에 합법적 절차를 거치게 되었을 뿐만 아니라 현행 헌법재판소 설치 및 운영에 이르기까지 사회에 큰 영향과 발전을 가져왔다. 그럼에도 불구하고 당시 우리나라 국민들은 최악의 상황을 모면하기 위해 이 헌법 개정안에 무조건 찬성하지 않을 수 없었다는 함정이 숨어 있기도 했다. 이 점도 현재 개헌을 해야 할 당위

성에 한 몫을 한다고 본다. 그 함정이 최근의 정치적 상황에서 표면에 드러나기도 했다.

이 개헌의 핵심은 대통령 직선제였다. 이로써 대통령을 간접선거로 뽑음으로써 군부가 대를 이어 권력을 독점할 수 있는 길을 차단하고, 대통령 선출권을 국민들에게 돌려주게 한 것이었다. 박정희 군사반란으로부터 시작한 군부 독재, 엄밀히 말하자면 그 이전 이승만의 독재로부터 한 번도 국민들이 제대로 행사한 적이 없었던 대통령 선출권을 드디어 획득하게 되었던 것이다.

좀 더 세부적으로 개헌 내용을 살펴보자면, 위에서 살펴보았듯이 우선 헌법 전문에서 최초로 대한민국 임시정부의 법통 계승을 보다 분명하게 명문화하였다. 제헌 헌법에서 단순히 '대한민국을 건립'하였다는 말로 임정을 간접적으로 언급만 한 것을 넘어서 현행 6공화국이 임정의 법통을 계승하였다는 점을 명확히 했다.

권력 제도 측면에서 대통령은 5년 단임제가 되었고, 국회는 국정감사권을 다시 가지게 되었으며, 헌법재판소가 부활했고, 판사 임명권이 대법원장 독단으로 행사되지 못하도록 대법관 회의의 동의를 구하게 만들었다. 아울러 대통령의 국회해산권이 삭제되었다.

기본권 측면에서는 자유를 폭넓게 보장하기 위해 적법절차 조항과 체포 및 구속 시 고지 및 가족 통지를 명문화하고 언론·출판·집회·결사에 대한 허가와 검열을 다시 금지하였다. 이 조항 덕분에 1990년대 중반까지 존재했던 음반과 영화에 대한 사전심의가 헌법재판소의 위헌 판결에 의해 폐지되었고 음반은 사후 심의로, 영화는 등급분류로 전환되었다. 그러나 등급 분류제 역시 검열이라는 영화계의 비판도 존재한다. 그리고 헌법학자들 사이에서도 굉장히 논란이 많은, 헌법 21조 4항(언론·출판은 타인의 명예나 권리 또는 공중도덕이나 사회윤리를 침해하여서는 아니 된다. 언론·출판이 타인의 명예나 권리를 침해한 때에는 피해자는 이에 대한 피해의 배상을 청구할 수 있다.) 같은 조항이 여전히 존재한다.

아무리 좋은 헌법이라도 모든 것이 완벽한 것은 아니다. 지금까지의 헌법 중 가장 민주적인 헌법답게 우리 역사상 최장수 헌법의 지위를 누리고 있는 것도 사실이나, 시대에 많이 뒤떨어지고, 심각한 문제점이 부각되지 않는 것도 아니었다.

아직도 일제 식민지 체제의 골격이 연상되는 부분도 있고, 유신 헌법의 잔재가 남아 있기도 하다. 윤석열 검찰공화국이 탄생되고 기득권의 특권과 반칙이 횡행하게 된 것이 현행 헌법과 무관하다고 할 수 없는 부분이 있다.

정치권에서 가장 자주 등장하는 레토릭은 '제왕적 대통령'이라는 용어이고, 이를 타개하기 위해 의원내각제, 이원집정부제 등 다른 정치 체제로의 전환을 요구하고 있다. 그러나 일반 국민들은 이러한 다른 형태의 정치 제도는 정치인들이 담합하여 권력을 나누어 누리려는 꼼수라고 판단하고, 현재의 대통령 중심제를 적극적으로 고수하고 있는 상황이다.

일반 국민들이 바라는 것은 첫째, 대통령 임기 조정과 연임이다. 임기 5년을 4년으로 줄이고 대신 1회에 한하여 연임을 가능케 하자는 것이다. 그 다음으로는 결선투표제의 도입이다. 실제로는 가장 큰 국민적 지지를 받는 후보가 표가 분산되어 엉뚱한 사람이 당선되는 폐단을 막기 위해 반드시 결선투표제를 도입하자는 의견이 많다.

나아가 2024년 12월 3일, 전 대통령인 윤석열에 의해 선포되었던 비상계엄 당시 국무회의에서 총리를 비롯한 국무위원 그 누구도 대통령의 극단적 독단과 폭주를 막지 못했다는 점, 이 과정에서 행해진 대규모 위헌 행위로 인해 6공화국 헌법과 87년 체제 또한 한계에 봉착했다는 평가가 많아졌다. 특히 대통령의 권한을 이전에 비해 축소했다고 한들 여전히 매우 강하기 때문에 개헌을 통해 대통령의 권한을 더 축소해야 한다는 목소리도 정치권에서 나오고 있다. 개헌 부분은 이 책의 뒷부분에서 좀 더 상세하게 다루도록 하겠다.

11) 역대 개헌안 국회 표결 결과

1950년 3월 14일: 내각제 개헌 부결
재적 185, 가 79, 부 33, 기권 66, 무효 1, 불참 19 (정족수 123)

1952년 1월 18일: 대통령 직선제 개헌 부결
재적 175, 가 19, 부 143, 기권 1, 불참 12 (정족수 117)

1952년 7월 4일: 발췌 개헌 가결
재적 183, 가 163, 기권 3, 불참 17 (정족수 122)

1954년 11월 27일: 사사오입 개헌 부결 후 가결 번복
    재적 203, 가 135, 부 60, 기권 7, 불참 1 (정족수 136/135)

1960년 6월 15일: 제2공화국 개헌 가결
    재적 219, 가 208, 부 3, 불참 7 (정족수 146)

1960년 11월 23일: 소급입법 개헌 가결
    참의원: 재적 58, 가 44, 부 3, 무효 2, 기권 3, 불참 6 (정족수 39)
    민의원: 재적 233, 가 191, 부 1, 무효 6, 기권 2, 불참 33 (정족수 156)

1962년 12월 6일: 제3공화국 개헌 가결 (국가재건최고회의에서 의결)
    재적 25, 가 22, 불참 3 (정족수 17)

1969년 9월 14일: 삼선 개헌 가결
    재적 171, 가 122, 부 0, 불참 49 (정족수 114)

1972년 12월 27일: 유신헌법 개헌 가결
    국회 의결 없었음

1980년 10월 27일: 제5공 개헌 가결
    국회 의결 없었음

1987 10월 12일: 제6공 개헌 가결 (현행 헌법)
    재적 272 가 254, 부 4, 불참 14 (정족수 182)

4.
대한민국 헌법과 관련한 당면 과제들_개헌과 관련하여

1) 일제의 잔재, 그리고 박정희의 유산

- 일제의 잔재

제헌헌법은 대한민국 정부가 수립되면서 최초로 제정한 헌법으로서 그 역사적 중요성은 아무리 강조해도 지나침이 없다. 그런데 이 제헌헌법에서 일제의 잔재가 그대로 잔존할 수 있도록, 아니 해방 후 한국 사회가 일제의 잔재에 의해 지배되도록 만든 조항이 있었으니 그것이 헌법 제100조와 제103조이다.

제100조는 '현행법령은 이 헌법에 저촉되지 아니하는 한 효력을 가진다.' 이고, 제103조는 '이 헌법 시행 시에 재직하고 있는 공무원은 이 헌법에 의하여 선거 또는 임명된 자가 그 직무를 계승할 때까지 계속하여 직무를 행한다.' 이다. 이 두 조문 때문에 일제 잔재가 우리 정부에 남아서 돌이킬 수 없는 해악을 끼치게 되었다. 왜냐하면 헌법 100조에 의해서 일제법령과 법제 전반이 미군정을 거쳐서 그대로 수용되었고, 동시에 미군정 당시의 친일파 관료가 제헌헌법 103조에 의하여 그대로 대한민국 정부의 공무원이 되었기 때문이다.

물론 100조에는 '이 헌법에 저촉되지 아니하는 한'이라는 조건이 붙었었다. 그러나 이 조건은 선언적인 성격에 머물게 되었다. 왜냐하면, 단 한 번도 구 법령이 제헌 헌법에 저촉되는지의 여부를 검토한 적이 없었기 때문이었다. 따라서 제헌 헌법이 제정되기 전에 시행되던 구 법령과 미군정이 포고한 군정법령은 같은 주제로 새로운 법이 제정되기 전까지는 전혀 그 어떤 방해도 받지 않고 그대로 시행되었다.

헌법 103조에 의한 일제시대, 미군정 시대의 친일파 관료들의 정부 내 잔존도 전혀 거리낌 없이 지속되었다. 법률적으로도 인적 자산 면에서도 일제 잔재는 우리 역사에 고스란히 남아서 오늘날까지 친일파로 인한 부작용과 나아가 반역사적이고 몰역사적인 사태가 반복되고 있는 원인이 되었다.

특히 경찰·검찰·법원의 관리는 해방 후에 주로 일제하의 관리가 주류를 이루었다. 당장 나라를 경영하는데 필요한 관리가 일제하에서 관리가 된 사람들 밖에 없었기 때문에 이는 불가피한 점이 없지는 않았다. 경찰·검찰·법원은 사회 질서를 유지하는 데 필수적이고 상시적으로 필요한 조직이다. 하루도 없으면 사회 질서가 유지될 수 없다. 그리하여 검찰관과 법관은 일제하의 판검사 출신 이외에 일제하에 법원과 검찰청의 서기와 통역 및 임시직원 등이 미군정 하에서 검찰관과 법관으로 임용되었다.

인력의 부족으로 인해 일제 고등문관시험 행정과 합격자까지도 판검사 및 변호사 자격을 부여하였고, 그 후에도 판검사 특임시험 등으로 부족한 인력을 보충하기 위해 판검사를 변칙적으로 양산했다. 심지어 일제하에서 치안유지법과 전향제도 및 보호관찰제도의 운영에 보조한 직원이 해방된 상황에서 아무런 사죄나 심사절차 없이 기용되었다. 그리고 이것이 문제였다.

해방된 나라에서 당장 인력이 필요해서 저들을 어쩔 수 없이 데려다 부려먹더라도 적어도 저들의 수장은 정상적인 국민들 중에서 발탁했어야 옳았다. 그리고 저들의 과거 행적을 철저하게 조사하여 죄질이 나쁜 인간, 민족에 대한 배반의 정도가 심한 인간은 처벌하고 공직에 다시는 발붙이지 못하게 막았어야 했다. 비교적 죄질이 가벼워 업무를 맡길 대상들도 철저한 민주주의 및 민족주의 교육을 시켜서 최소한의 양식은 가질 수 있도록 한 연후에 기용해야 했다. 그러나 민족주의 계열이나 임시정부 계열에 아무런 인맥이 없어 인력난에 처한 이승만은 친일부역자들을 무제한으로 기용하여 광복 후의 우리 정부를 친일파들의 소굴로 만들어 버렸다.

일제강점기 시대에 조선총독부 산하에서 공적 업무를 맡은 사람들의 사고방식은 친일과 숭일이 될 수밖에 없었다. 그리고 숭일은 일본의 군국주의와 일본 파시즘, 일본식 권위주의와 관료주의로 통하기 때문에 그들의 머리는 이런 것들로 가득 차 있었을 것이다. 그런 그들이 해방되어 나라를 다시 찾고 새로운 정부가 들어섰다고 갑자기 민주주의를 이해하고 민주적인 사고로 그 방식이 변화할 수 없는 노릇이었다.

그 결과 우리의 법률을 규정한 법조문들은 일제의 법률전문용어로 가득 차게 되었고, 우리 글로 작성한 법조문을 우리 국민들이 이해할 수 없는 아이러니가 초래되었다. 법조문만이 아니라 법률에 대한 철학이나 이론조차 일본식을 그대로 답습하는 일이 비일비재했다. 다행히 법조문에 일본식 표현이 많은 것에 대한 문제의식이 일어 2004년부터 법무부와 법제처가 '알기 쉬운 법령 만들기' 사업을 추진하면서 일본식 법률용어를 우리말로 고치고 있지만, 개선 속도가 느려 아직도 우리 법령 속에는 일본식 용어와 표현이 남아 있다.

국회에서도 이 문제에 팔을 걷고 나섰다. 제21대 국회에서 만든 '일제잔재법률용어 청산을 위한 국회의원 모임'이 바로 그것이다. 이 모임은 정청래 의원이 대표를 맡았었다. 2020년 12월 17일 언론 인터뷰에서 정청래 대표는 "우리나라 최초의 제헌 국회는 제헌 헌법에 따라 '빈민족 행위 처벌법'을 만들고 반민 특위 구성을 하였지만 1년이 채 못 되어 해산하면서 청산이 제대로 이루어지지 못했다"고 하면서 "2000년대 '일제강점하 반민족행위 진상 규명에 관한 특별법'이 제정되고, '친일인명사전'이 공개되는 등 역사를 바로 세우기 위한 움직임이 다시 시작 되었지만 여전히 일제 잔재는 우리 생활 속에 남아 있다"고 강조했다. 이러한 문제의식의 발로로 우선 "현행 법률 중 일본식 표현을 사용한 법률용어 청산을 통해 우리 법률 속에 남아 있는 일제의 잔재를 바꿔가겠다"고 밝혔다. 실제로 21대 국회의원들 중 이 모임에 속한 한 의원이 발의한 법령의 상당수가 이 문제 해결을 위해 용어를 수정하는 것이기도 했다.

　일본식 법률제도로 인해 필자가 피해를 본 것을 예로 들어 보겠다. 필자에게는 딸이 하나 있는데 미국에서 유학할 때 태어나 초등5년을 마치고 다함께 귀국했다. 그런데 어느 날 무심코 넘겨보던 주민등록등본을 보니 아이의 생일이 하루 뒤로 넘어가 있었다. 11일이 생일인데 12일로 기록되어있는 것이다. 그래서 이것은 단순히 아이의 출생신고를 받고 주민등록을 한 구청 직원의 실수일 것이라 생각하고 최초 등록한 구청으로 전화를 걸었다. 아이 생일이 11일인데 아마도 구청 직원이 실수한 것 같으니 원래 출생신고서를 찾아서 정정해 달라고 요청했다. 시간이 걸린다고 해서 아마도 그 다음날 전화를 다시 했던 것 같다.

　전화를 했더니 찾아보겠다고 한 직원이 답하기를 이것은 어느 누구의 잘못도 아니고 우리나라 법률 때문에 그렇게 기록되었다고 하면서 우리나라 규정에 의하면 해외에서 출생한 경우 그 나라에서 출생한 시간을 우리나라 날짜와 시간으로 환산해서 호적(가족관계증명서, 기본증명서 등)에 기록해야 한다는 것이다. 기가 막혔다. 한 사람의 생년월일이 두 개가 된 셈이니 자연적 사람은 하나인데 그 사람의 법적 기록은 두 개가 존재하게 된 것이다. 그래서 이 기록의 규정에 대한 책임은 누가 지고 있느냐고 묻고 물어 결국 대법원까지 올라가면서 항의를 했다. 어떻게 이럴 수 있느냐? 그럼 우리 애가 여기서 범죄를 저지르고 미국으로 도망가면 우리나라는 12일 생을 찾을 테고 미국 정부는 11일 생으로 알 테니 찾을 길이 없지 않느냐, 어쩌자고 한 사람에게 두 개의 아이덴티티를 부여할 수 있느냐는 등 여러 가지 이유를 들어 항의를 했다.

한 사람의 정체성은, 혹은 신분은 이름과 성별과 생년월일로 정해진다. 다른 모든 것이 같아도 생년월일이 다르면 그는 다른 사람이다. 그런데 당시 우리나라는 한 사람에게 두 개의 신분, 혹은 정체성을 부여하고 있었던 것이다. 그래서 마지막으로 항의한 대법원 직원에게 왜 이렇게 하느냐고 물었더니 간명한 답이 돌아왔다. 일본이 그렇게 하기 때문에 우리도 그렇게 한다는 것이다.

뒤통수를 망치로 얻어맞은 듯한 충격이 왔다. 아! 우리나라의 일제 잔재가 이렇게도 깊고 넓구나. 심지어 새로 태어난 아기의 출생신고도 아무런 철학적 이념적 검토도 없이 무작정 일본 제도를 따르니 하물며 다른 분야에서는 얼마나 많이 따르고 있겠는가? 그 범위가 상상이 안 갔다. 그리고 얼마나 깊이 친일 사상이 법조계에 침투해 있으면 이런 것까지 일본을 따를 것인가? 생각하니 눈앞이 아찔했다. 그런데 그 직원의 그 다음 말은 나로 하여금 경악케 했다. "그런데 이제 일본도 이 제도를 폐기하고 현지 출생신고서 시간으로 호적을 정리하고 있어서 우리도 곧 폐지할 예정입니다." 이 법조계란

곳은 일본이 똥도 맛있게 먹어야 한다고 하면 따라서 먹을 인간들로 가득 차 있구나 싶었다.

- 박정희의 유산

박정희가 제3공화국 개헌부터 3선개헌과 유신헌법 개헌을 통해 우리 역사에 미친 영향은 이루 말할 수 없이 광대하고 그 폐해의 깊이는 마리아나 해구 부럽지 않게 깊다. 친일파들이 이 땅에서 완벽하게 기반을 잡아 득세를 할 바탕을 마련해 준 사람이 박정희이고, 전두환이 등장할 씨앗을 움트게 함으로써 결국 광주에서 대 학살극이 벌어지게 만든 것도 박정희라고 할 수 있다.

그러나 여기서는 박정희를 총체적으로 평가하는 것이 아니라 헌법을 통해 아직까지 내려오고 있는 박정희의 유산을 정리하려하는 것이므로 순전히 헌법에 한해서 그 실상을 밝혀보고자 한다.

박정희는 국가재건최고회의를 통해 헌법을 개정함으로써 국회가 없어도 개헌이 가능하다는 선례를 남긴 장본인이다. 박정희의 이 선례를 그대로 따라한 인물이 전두환이었다. 박정희는 국가재건최고회의를, 전두환은 국가보위비상대책위원회를 만들었다. 그리고 국가보위비상대책위원회가 국가보위비상입법회의로 승격되어 국회의 기능을 대신하게 했다.

박정희는 또 헌법에 경과규정을 주로 두는 부칙에 말도 안 되는, 과거 사건을 정당화시키는 조문들을 넣는 꼼수도 만들어 냈다. 헌법을 공포하고 헌법으로서 그 효력을 발생하기도 전에 미리 정치적 과정을 진행하고, 그 후 발효될 헌법에 이 과정을 합리화하는 규정을 넣는 수법을 종종 이용했다.

일단 5.16 쿠데타 후 국가재건최고회의에서 제정한 제3공화국 개헌에서 부칙 제1조에 '이 헌법을 시행하기 위하여 필요한 법률의 제정과 이 헌법에 의한 대통령·국회의원의 선거 기타 준비는 이 헌법 시행 전에 할 수 있다.' 라는 규정을 넣어 헌법 시행 전에 일어난 사건을 마치 헌법 시행 후에 일어난 사건처럼 '할 수 있다.' 라고 서술하고 있는 것이다. 이 얼마나 황당한 일인가! 모든 경과규정들은 헌법이 발효된 이후에 부득이 개정된 헌법을 시행하기 어려울 때 그 시행의 시기를 연기시키는 데 사용되는 것이지 이미 일어난 일에 대한 합리화로 이 경과규정을 사용할 수는 없다. 그리고 이런 꼼수는 이승만 정권에서도 사용되지 않았던 것인데 박정희의 제3공화국 개헌에서 처음으로 이 꼼수가 등장했다.

그러나 박정희가 헌법에 남긴 가장 큰 문제는 모든 영장의 청구권을 검찰로 일원화하여 검찰권을 강화한 것이라고 할 수 있다. 앞에서도 언급했지만 5·16 쿠데타로 권력을 찬탈한 후 단행한 개헌에서 제2장 국민의 권리와 의무, 제10조 3항에서 '체포·구금·수색·압수에는 검찰관의 신청에 의하여 법관이 발부한 영장을 제시하여야 한다.' 라고 하여 이전에 모든 수사기관에게 있던 영장 청구의 권한을 오로지 검찰만 가지도록 만든 것이다. 이 조항으로 인하여 오늘날 우리는 검찰 쿠데타를 겪고 있고, 내란의 종식도 힘들고 더디게 가고 있음을 온 국민들이 몸소 체험하고 있다.

그 이전의 헌법에서는 '체포, 구금, 수색에는 법관의 영장이 있어야 한다. 단, 범죄의 현행 범인의 도피 또는 증거인멸의 염려가 있을 때에는 수사기관은 법률의 정하는 바에 의하여 사후에 영장의 교부를 청구할 수 있다.' 라고 규정하여 검찰이나 수사기관의 영장 청구권이 직접적으로 서술되어 있지도 않고, '수사기관은 법률의 정하는 바에 의하여 사후에 영장의 교부를 청구할 수 있다.'라는 구절에서 유추하여 모든 수사기관은 법원에 영장을 청구할 수 있음을 알 수 있다.

박정희 군사독재정권은 왜 영장 청구권을 검찰로 단일화했을까? 검찰은 비교적 작은 조직이고 경찰은 광대한 조직이다. 이 광대한 조직인 경찰을 영장 청구권이라는 권한 하나로 검찰에 종속시킬 수가 있다. 그렇다면 정권은 검찰만 통제하면 모든 국가의 폭력적 권력을 통제할 수 있다. 경찰에 비해 훨씬 작은 검찰을 통제하는 것은 경찰을 직접 통제하는 것보다 훨씬 수월하고 효율적이다. 검찰만 손에 장악하고 있으면 모든 수사권을 장악하게 되는 것이다. 이런 이유로 박정희 정권은 영장 청구권을 검찰로 단일화했으며, 이것이 검찰 권력을 비대하게 자라게 한 원인이 되었다.

검찰청은 법무부 산하의 일개 외청이다. 이 일개 외청에 차관급이 40명이 넘는다는 게 말이나 되는가? 검찰청 산하에 차관급이 40명이 넘으면, 그러면 검찰총장은 장관급인가? 다른 부서의 외청은 전부 청장이 조직의 최고 관리자이지만 검찰청은 청장이 아니라 총장이라고 한다. 이렇게 필요 없이 조직이 비대해지고 권력이 집중되니까 부작용이 발생하지 않을 수 없다. 검사 윤석열 정부의 등장과 그들의 내란은 시간의 문제였을 뿐 언젠가는 우리 국민들이 겪어야 할 비극이었고 우리 헌정사의 운명이었다. 박정희가 남긴 정말 거대한 악의 유산이 아닐 수가 없다.

2) 국회와 헌법

국회는 대한민국 헌법의 역사에서 가장 많은 영욕을 겪은 헌법 기관이다. 박정희에 의해서 두 번 해산 당하고 전두환에 의해서 한 번 해산 당한, 길지 않은 역사에서 세 번이나 해산을 당해야 했다. 국회가 국민을 대표하는 기관임을 감안하면, 대한민국 국민들은 100년도 안 되는 세월 동안 세 번이나 독재자에 의해 그 주권을 부정당한 뼈아픈 경험을 해야 했다.

헌법에서 국회는, 헌법상 가장 중요한 국가의 정체와 국가의 기본적인 뼈대를 규정하는 제1장 총강과 국민들의 기본권과 권리 의무를 규정한 제2장 국민의 권리의무 다음으로 제3장에서 다룬다. 가장 중요한 두 가지 기둥을 규정한 다음 국가 기관으로서는 최초로 다뤄지는, 법철학적으로 말하자면 국민들의 의사를 대변하는 최고의 기관으로 그 중요성을 인정받는다. 심지어 박정희가 쿠데타를 일으킨 후 개헌한 헌법인 제3공화국 헌법에서도 국회는 제3장 통치기구의 제1절을 차지하고 있었다.

그런데 박정희는 유신개헌을 하면서 국회가 있던 자리에 통일주체국민회의를 밀어 넣었고, 국회는 행정부의 모든 기관 다음으로 쫓아냈다. 유신헌법에서는 제3장이 통일주체국민회의, 제4장 대통령, 제5장 정부 다음으로 제6장 국회가 자리했고 제7장이 법원, 제8장이 헌법위원회, 제9장이 선거관리, 제10장이 지방자치, 제11장이 경제, 제12장이 헌법개정, 그리고 부칙으로 구성되었다.

　이렇게 박정희에게 천대 받은 국회는 전두환의 제5공화국 개헌에서도 마찬가지로 뒷전이었다. 통일주체국민회의가 사라져서 그 자리에 정부가 들어서고, 별도의 장으로 다뤘던 대통령이 정부 장 안으로 들어가서 국회가 제4장의 자리로 두 단계 올라가기는 했지만, 대통령을 비롯한 행정부보다 뒤 순위로 밀린 것은 마찬가지였다. 독재자들은 자신의 권력을 강화하고 권위를 내세우기 위해 헌법 내에서 국가 기구를 규정하는 부분의 최상단에 대통령을 두려고 했다. 그리고 나서 독재에 가장 위협이 되는, 대통령과 더불어 국민들의 위임을 받은 기관인 국회를 최대한 그 위상을 낮추려고 노력한 것이다.

　이러한 헌법 내의 국회 위치는 현행 헌법인 제6공화국 헌법 개정에 와서야 다시 제자리를 찾아갔다. 박정희가 영구 집권을 위해 유신을 선포한 1972년 이래 15년 만에 국회는 헌법에서 제자리를 찾아갔다. 그러니까 한 나라의 민주주의 수준을 알아보려면 제일 먼저 할 일이 그 나라 헌법에서 국회가 어떤 위치에 있는가를 보는 것이라 생각한다. 국가 기관 중 가장 세밀하게 국민들을 대변하는 곳이 국회라고 본다면, 국회야말로 한 나라에서 최고의 권위와 권력을 가져야 정상이다. 즉, 태생적으로 막강한 권력을 가진 대통령을 견제하기 위해서는 명분 상 만으로도 국회는 최고의 권위를 가지는 기관으로 존중 받아야 한다. 우리는 작금의 윤석열 내란 사태에서 이러한 국회 권위의 진가를 체험하기도 했다.

이제 헌법에서 규정한 국회가 개헌의 역사에 따라 어떻게 변모해 왔는지 살펴보자.

- 제헌 헌법

제헌국회에서 이미 국회의 구성과 기능에 관해서 거의 모든 것을 망라해 규정했다. 다만 국회의원의 정수에 대해서는 아무런 언급이 없었다. 국회는 국회의장 1인과 부의장 2인을 두고 의결 정족수는 과반 출석에 출석의원 과반 찬성으로 의결되며 가부 동수일 때는 의장이 결정권을 갖도록 했다. 국회의원의 임기는 4년이며 법률안 제안권은 국회와 정부가 공동으로 가진다고 규정했는데, 이 규정은 우리 헌법에서 단 한 번도 변함없이 지켜지는 규정이다. 참고로 미국의 경우 행정부는 법률안 제안권이 없고 오로지 국회만 법률안 제안권을 가진다. 그래서 미국 대통령은 국회의원들 개인과의 협상도 매우 자주 한다. 원하는 법률안을 제안해 줄 국회의원이 필요해서이다.

국회의 국정감사권도 확립되었고 행정부의 대통령을 위시하여 부통령, 국무총리, 국무위원, 심계원장, 법관 기타 법률이 정하는 공무원의 탄핵소추권도 부여되었다. 모든 탄핵은 국회 재적의원 수의 2/3 출석과 2/3 찬성으로 결의할 수 있었다. 국회의원의 회기 중

불체포 특권과 국회의원의 국회 내 발언에 대한 면책특권도 제헌 헌법에서 인정되고 있었다.

- 발췌개헌 헌법(1차 개헌)

제헌 국회에서 제정된 제헌 헌법은 제정 된지 불과 4년 만인 1952년 이승만 정권의 연장을 위해 개헌 되는데 이 개헌에서 국회는 그 조직이 완전히 새로 구성된다.

무엇보다도 국회가 민의원과 참의원, 두 개의 원으로 나뉘는 양원제가 도입된다. 그리고 민의원의 임기는 4년 그대로지만 참의원의 임기는 6년으로 하고, 매 2년마다 1/3을 개선하도록 규정했다. 민의원은 미국의 하원, 참의원은 상원으로 생각하면 쉽게 이해가 갈 것이다. 그러나 이 양원제는 실제로 시행되지 않았다. 다음의 사사오입 개헌 때에도 국회에 관한 조문은 그대로 계승되었지만 역시 시행되지는 않았다. 그러다가 4·19 혁명 후 이루어진 제2공화국에서 개헌을 한 후에야 양원이 성립되었다.

발췌개헌에서 국회는 양원제 시행 이외에는 제헌 헌법에서 규정한 국회의 기능과 조직이 그대로 유지되었다. 국회에 관한 조문이 13개나 개정이 되었지만 그것은 전부 양원제 신설로 인한 것이었다. 조직 역시 양원제로 인한 부분적인 변화가 있을 뿐이었다. 참의원의 의장은 부통령이 된다는 것이 그것이다. 참의원에도 부의장은 두 명을 두게 했다.

- 사사오입 개헌(2차 개헌)

　발췌개헌 때와 마찬가지로 이승만 정권의 연장을 위한 개헌이었으므로 국회에 관한 내용은 크게 달라진 것은 없다. 세부적으로 보면, 국회 정기회를 규정한 34조가 이전에 정기회 날짜까지 명시했던 것을 연 1회 개회하는 것으로 단순화했다. 예산안 처리에 관한 규정인 37조에서 참의원이 민의원과 다른 결정을 했을 때에는 민의원에 재의를 구하고 여기서 민의원의 결정을 최종 결정으로 한다는 규정이 추가되었다. 제39조에서는 예산안과 법률안의 양원에 대한 제출에 있어 그 선후 순서 등에 관한 규정을 개정했다. 제40조의 개정 역시 이와 비슷한 것이었다. 제42조의 2항이 신설되어 참의원은 대법관, 검찰총장, 심계원장, 대사, 공사 기타 법률에 의하여 지정된 공무원의 임명에 대한 인준권을 가지게 되었다. 제44조는 '국무총리, 국무위원과 정부위원'이 국회의 요구에 따라 국회에 출석, 답변하여야 한다는 것을 '국무위원과 정부위원'으로 축소했다. 46조에서는 탄핵소추 대상에 국무총리가 추가되고 탄핵 요건이 더 강화되었다.

- 제2공화국 개헌(3차 개헌)

　제32조에서 민의원 정수에 관한 규정과 참의원 선거구에 관한 규정, 그리고 그 정수에 관한 규정이 개정되거나 신설되었다. 33조는 민의원 임기가 4년이고 해산되면 임기는 종료됨을 규정했다. 35조에 2항을 신설하여 민의원 해산과 관련된 규정들을 실었다. 36조는 참의원 의장을 부통령으로 했던 것을 참의원에서 선출하는 것으로

변경했다. 부의장은 2인에서 1인으로 줄였다. 이외에도 몇 가지를 개정했으나 47조의 탄핵 의결이 된 공무원은 최종 결정 때까지 그 직무가 정지된다는 규정을 제외하면 크게 중요한 것들은 아니었다.

- 소급입법 개헌(4차 개헌)

이 개헌은 4·19 혁명 시 발포 명령자 등 범법자들을 처벌하기 위한 목적으로 소급입법을 정당화하려는 개헌이었으므로 국회에 관한 규정은 단 하나도 개정되지 않았다.

- 제3공화국 개헌(5차 개헌)

박정희의 쿠데타로 제3공화국이 열리고 개헌을 통해 국회도 많은 변화를 갖게 되었다. 대략 20개 조에 불과했던 국회 관련 조문도 28개 조로 확대되었다. 그리고 가장 큰 변화는 양원제에서 단원제로 다시 환원되었다는 것이다.

주요 내용을 살펴보면 다음과 같다.
· 국회의원 정수는 150인 이상, 200인 이하
· 국회의원의 후보자는 반드시 정당 추천을 필요로 함(무소속 출마 금지/궁극적으로 정당 권한 강화)
· 합당 또는 제명으로 인한 사유 외에 당적에 변경이 오면 자격 상실(정당 권한 강화)

- 정기회의 회기 120일, 임시회의 회기 30일 초과 금지(국회의 기능 및 권한 축소)
- 대통령이 법률안 재의를 요구하지 않거나 재의 요구한 법률안이 국회에서 재의결되었음에도 대통령이 5일 이내에 공포하지 않을 경우 국회의장이 대신 공포할 수 있음
- 이전에 국회가 국가의 예산을 심의 확정한다는 단순한 규정을 정부의 예산안 제출 시한, 국회가 예산안을 의결하지 못했을 경우 준예산 집행의 범위, 회계연도를 넘어가는 계속사업비의 국회 의결 필수 규정, 예비비 지출의 국회 승인 등 예산과 관련한 규정을 대폭 보강
- 정부의 추가경정예산 편성권 및 국회의 정부 동의 없는 예산 증액 및 새 비목 설치 금지 신설
- 탄핵 대상 공무원의 탄핵 정족수는 대통령을 포함하여 재적 의원 과반수의 찬성으로 의결
- 국채 발행과 국가 예산 수반 계약 시 국회 의결 요건 신설
- 조세의 종목과 세율을 법률로 정한다고 하는 조세 법률주의 신설
- 조약의 체결 및 비준에 대한 동의권과 선전포고, 해외 파병, 외국군의 주둔에 대한 국회 동의권 신설
- 재판과 진행 중인 범죄수사 및 소추에 간섭할 수 없음

이상과 같은 내용들이 제3공화국 개헌에서의 변화들이다. 박정희가 자신의 쿠데타를 합리화하고, 자신의 진정성과 선명성을 보여

주기 위해 내용상으로는 국회에 긍정적인 변화들이 많았다.

- 3선 개헌(6차 개헌)

3선 개헌의 목적이 3선 이상의 연임을 금지하는 규정을 철폐하고 박정희로 하여금 3선에 도전할 수 있도록 하는 것이었으므로 국회에 관하여는 바꿀 필요가 별로 없었다. 그리하여 단 두 조항만 변경하는데, 그것도 모두 대통령에게 필요한 것들을 바꾼 것이었다.

이전의 헌법에서 제39조는 '국회의원은 대통령·국무총리·국무위원·지방의회의원 기타 법률이 정하는 공사의 직을 겸할 수 있다.' 라고 하여 국회의원은 법률이 정하는 공사의 직 만이 아니라 대통령과 국무총리, 그리고 국무위원도 겸할 수 없었는데 이를 '국회의원은 법률이 정하는 공사의 직을 겸할 수 없다.'라고 하여 단순히 법률 개정만으로도 국회의원이 무엇이든 겸할 수 있게 바꾼 것이다. 즉, 대통령은 자신의 측근을 국회의원과 장관을 겸임케 할 수도 있게 되었다.

또 하나 바뀐 것은 대통령 탄핵과 관련한 것이었다. 이전 헌법에서는 대통령을 포함하여 모든 공직자에 대한 탄핵은 재적의원 과반수의 찬성으로 의결이 가능했는데, 이제 대통령에 한해서는 탄핵소추 발의 요건이 국회의원 30인 이상에서 50인 이상의 발의로, 의결은 재적의원 2/3 이상의 찬성으로 하게끔 개정되었다.

그리고 탄핵이 최종적으로 확정되기 위해서는 대법원장(혹은 경우에 따라 국회의장) 포함 대법원 판사 4인과 국회의원 5인을 위원으로 하는 탄핵심판위원회에서 2/3인 6인 이상의 찬성이 있어야 한다. 그런데 대법원장과 대법원 판사는 대통령이 임명하므로 4인은 대통령 측 인사로 보아 무방하다. 이것만으로도 탄핵을 막을 수 있는데 거기다 국회의원 역시 여당 측이 최소한 2인은 확보할 수 있어 대통령이 탄핵 당할 일은 불가능이라고 해도 과언이 아니다.

이런 어려운 과정이 남아 있는 탄핵 과정에서 국회 의결을 2/3로 한 것은 결국 대통령은 탄핵하지 말라는 것과 진배없다. 미국처럼 국회 의결이 최종적이라면 재적의원 2/3가 타당하다고 할 수 있겠으나 탄핵심판위원회, 혹은 헌법재판소의 탄핵 심판이나 국민투표 등이 최종적인 절차로 남아 있는 경우에는 국회 의결을 재적의원 과반수 찬성으로 하는 것이 옳다고 본다.

- 유신헌법 개헌(7차 개헌)

유신헌법은 박정희의 영구집권을 획책한 개헌이었으므로 국회의 권한을 대폭 축소했다. 먼저 사라진 것들을 살펴보자.

국회의원 후보의 정당 추천제가 사라져 무소속 출마가 가능해졌다. 이전 헌법 제38조의 국회의원 임기 중 자격 상실 조항도 없어졌다. 마음 놓고 해먹으라는 이야기다. 제57조의 국정감사권도 사라졌고, 제58조의 국회의원 30인 이상의 요구가 있을 때 국무총리와 국무위원들이 의무적으로 출석, 답변해야 한다는 조항도 사라졌다. 그리고 제62조의 탄핵심판위원회 조문이 별도의 제8장 헌법위원회가 신설되었기에 제4항을 61조로 이동하고 나머지는 삭제했다. 4항은 탄핵 결정의 효과를 규정한 것이다.

이제 바뀌거나 신설된 것을 보자.

제76조 1항에서 국회의원 선출을 국민에 의하여 선출된 의원만이 아니라 통일주체국민회의의 선거로도 선출한다고 규정했다. 그리고 국회의원의 수를 150-250인으로 명시했던 것을 '법률로 정한다.'로 변경했다.

제77조에서 국회의원의 임기를 6년으로 늘렸고, 통일주체국민회의가 선거한 국회의원의 임기는 3년으로 제한했다. 이는 대통령에게 충성을 보이지 않는 의원은 3년 만에 갈아치울 수 있게 하려는 의도가 다분하다. 제40조, 국회의원이 직위를 남용하여 온갖 특혜나 이익을 취득하거나 남으로 하여금 취득하게 알선해서는 안 된다는 조항은 '제81조 국회의원은 그 지위와 특권을 남용하여서는 아니 된다.'로 간단하게 정리되었다.

제82조에서 국회 임시회 소집 규정이 국회재적의원 1/4에서 1/3로 강화되어 야당 단독으로는 임시회 소집을 거의 불가능하게 만들었고, 정기회의 회기를 120일에서 90일로 축소하여 국회가 정부를 대상으로 일을 제대로 못하게 막았다. 심지어 국회는 연간 모든 회기를 합하여 150일을 초과하지 못하게 못을 박았다. 이전에 없던 규정으로서 국회는 열심히 일하지 말고 대통령의 거수기 노릇이나 하라는 뜻이었다. 그리고 대통령이 요구한 임시회에 관한 규정들을 신설하였는데, 대통령이 소집한 임시회에서는 오로지 대통령이 제출한 의안에 한하여 처리가 가능하며 대통령이 요구한 기간에

한하여 개회하도록 했다. 즉, 대통령이 요구해서 소집한 임시회에서 국회는 딴 짓을 할 생각을 말라는 것이었다.

제85조에서는 국회의 비공개 회의를 출석의원 과반수의 요구로 할 수 있었던 것을 국회의장 직권으로도 할 수 있게 바꿈으로써 대통령이 국회의장만 장악하면 아무 때고 국회 회의를 비공개로 돌릴 수 있게 만들었다. 제86조에서는 국회에 제출된 의안들의 폐기 조건에 통일주체국민회의 선출 국회의원의 임기 만료와 국회가 해산된 때를 추가했다.

탄핵에 대한 요건도 더욱 강화되었는데, 국회의원 30인 이상의 발의라는 탄핵발의 요건이 재적의원 1/3 이상으로, 대통령에 대한 탄핵소추는 국회의원 50인 이상의 발의에서 재적의원 과반수의 발의로 강화했다. 통일주체국민회의 선출 국회의원이 전체 재적 의원 수의 1/3에 달하는 점을 고려하면 야당 단독으로는 탄핵 결의는 고사하고 발의도 할 수 없는 구조로 만든 것이다.

과거 탄핵 심판에 관한 규정은 제62조에 의해 탄핵심판위원회를 둔다고 명시하였는데 유신헌법에서는 제8장 헌법위원회를 별도로 두어 헌법위원회에 관한 규정을 담았다. 그리하여 탄핵심판위원회에 관한 규정인 제62의 4항 탄핵심판 결과에 대한 규정만 제99조 탄핵심판 관련 조문으로 병합되고 62조의 나머지 규정들은 삭제되었다.

한가지, 국회의 권한이 강화된 것이 딱 하나 있는데, 그것은 국무총리와 국무위원들에 대한 해임결의권이다. 과거에는 해임을 건의할 수 있었으나 이제는 결의권이 생겨서 국회가 해임을 결의하면 대통령은 무조건 해임해야만 한다.

- 제5공화국 개헌(8차 개헌)

제5공화국은 전두환에 의해 시작된 공화국이다. 전두환은 광주항쟁을 무력으로 해결한 후 헌법 개정을 통해 자신의 권력 기반을 공고히 하려고 시도했다. 일단 그는 총에 맞아 사망한 박정희와는 다른 인물임을 보여주어야 했다. 그런 시도로서 국회에 대해 약간 전향적인 입장을 보였다.

일단 통일주체국민회의의 국회의원 선출권이 빠졌다. 그리고 국회의원의 수가 200인 이상으로 다시 회귀했다. 과거에는 150-250인이었으나 이제 200인 이상으로 하한선만 정한 것이다. 비례대표제도 부활했다. 국회의원 임기도 6년에서 4년으로 회귀했다. 제82조에서는 국회의원의 청렴의무를 규정했다. 유신헌법에서 삭제되었던 3선개헌 헌법의 제40조가 더 강화되어 다시 부활한 것이다.

제90조에서는 과거 '새 회계연도 개시 30일 전까지 예산안을 의결해야 한다는 규정을 국회가 지키지 못할 경우, 예산안이 의결될 때까지 준예산을 집행할 수 있다'고 한 것을, '회계연도가 시작될 때부터 준예산 집행이 가능하다'고 문구를 수정했다. 이전에는 추가 지출이 발생할 경우 예비비의 지출에 있어서 국회의 승인이 필요했으나 이제는 예비비를 국회에서 총액으로 승인받게 하여 세부적인 지출은 행정부의 재량에 맡기게 되었다.

또한 제97조에 의해 사라졌던 국회의 국정조사권이 회복되었다. 그리고 99조에서는 임명동의안을 가결한 국회는 국무총리에 한하여 임명동의한지 1년이 지나기 전에는 해임결의를 할 수 없도록 했다. 이상이 제5공화국 헌법에서 달라진 국회에 대한 규정 전체이다.

- 제6공화국 헌법(제9차 개헌)

제6공화국 헌법은 유신헌법에서 많이 축소되었던 국회의 권한과 국회에 대한 제약이 제5공화국 헌법에서 약간 회복되었던 것을 거의 완전히 회복시켰다.

무엇보다 헌법에서 국회가 가졌던 자리를 회복했다. 제3장의 자리로 돌아 온 것이다. 그리고 임시회 소집 요건에서 재적의원 1/3의 요구가 필요했던 것을 다시 1/4로 회복시켰다. 90일로 제한되었던 정기회기 기간을 100일로 늘렸으며, 일 년간 총 개회 일수에 대한 제한은 아예 완전히 사라져 국회는 국회가 원하는 만큼 임시회를 열 수 있게 되었다. 그리고 대통령이 요구한 임시회에 대한 제한도 다 사라져서 비록 대통령이 요구한 임시회라 할지라도 국회의 다른 사무까지 볼 수 있게 되었다. 개회 일수에 대한 제한이 사라진 만큼 이러한 제약은 아무 의미가 없기 때문이었다.

국회 회기에 대한 제한이 과거처럼 있었다면, 윤석열 내란을 진압하는 데 막대한 지장이 초래했을 것이다. 내란 진압 과정에서 국회는 만약의 사태를 대비해서 임시회 회기를 상시 개회 중으로 유지해왔다. 탄핵은 단일 회기 중에는 재발의가 불가능하므로 임시회를 폐회한 다음 곧바로 임시회를 열어 재발의도 얼마든지 할 수 있고 그렇게 했다. 이러한 국회 활동에 제약이 있었다면 그렇게 신속하게 내란을 종식시키는 절차를 진행하기 매우 어려웠을 것이다.

국회의 비공개회의 내용에 대한 공표도 무조건 금지였다가 법률이 정하는 바로 수정되었다. 대통령의 국회해산권이 사라져 법률안이 자동 폐기되는 것도 국회의원의 임기가 만료되거나 국회가 해산되는 경우였던 것을 국회의원 임기 만료로 개정되었다.

반면 총리나 국무위원에 대한 해임 결의는 삭제되었고, 해임 건의안으로 약화되었다. 그리하여 해임 결의와 관련된 항목들이 삭제되거나 개정되었다. 또 헌법재판소가 신규 설치됨으로 인해 탄핵에 관한 규정에서 헌법위원회가 헌법재판소로 바뀌었고, 헌법위원회 위원이 헌법재판소 재판관으로 대치되었으며, 신규로 감사원장이 추가되었다.

이상으로 우리 헌법의 역사에 있어서의 우리 국회의 변천사를 살펴보았다. 100년도 안 되는 짧은 기간 동안 헌법은 9차례나 개정되어 총 10종의 헌법을 우리는 경험했다. 그 안에서 그래도 위기 시 가장 국민들을 보호하고 헌정질서를 회복하기 위해 노력하고 투쟁한 것은 국회였다. 우리 국민들이 국회에 대해, 그리고 국회의원들에 대해 그렇게 비난을 많이 하지만, 대통령은 독재하려는 기회 잡기에 혈안이 되어 있었던 적이 많았고, 행정부는 대통령에게 충성하기에 바빴으며, 법원 역시 독재자 시절에는 그 눈치 보느라 주눅이 들어 있었다. 어찌 보면 우리 역사에서 국민들을 가장 소리 없이, 그리고 독하게 배반한 것이 사법부일 것이다. 독재자가 원하는 대로 판결을 내려주고 심지어 사법 살인도 서슴지 않았던 곳이 바로 그 사법부이기 때문이다.

지금도 우리는 실시간으로 사법부가 독재자의 개망나니가 되어 칼춤을 추고 있는 현장을 목격하고 있다. 국민들에게 총부리를 들이대고 심지어 박정희 군부독재시절 사법부의 현직 법관들까지 수거 대상자로 올려 감옥에 넣거나 살해하려 한 내란 주범에게 구속 정지라는 희대의 법적 사기까지 치고 있는 것을 우리는 보고 있는 중이기 때문이다. 윤석열에게 구속 취소로 석방 결정을 내려 준 지귀연 판사는 우리 역사에서 길이길이 박제해야 할 이름이라는 것은 이 책을 읽는 독자들은 다 동의할 것이다.

이번 윤석열 내란 사태에서도 헌정을 유지시키고, 국민들을 안전하게 보호한 것은 우리의 국회였다. 누가 뭐래도 국민들이 직접 뽑은 다수의 국회의원들이야말로 집단지성의 산 표본이었다. 국회와 우리 헌법사의 상호 작용과 그 연관성을 살펴보면서 어떤 일이 있어도 국회의원들의 행정부와 기타 기관에 대한 견제력은 왕성하게 지켜줘야 하겠다는 결론을 내리게 된다.

3) 정당, 지방자치, 그리고 직접민주주의와 헌법

- 정당과 헌법

헌법상에서 정당에 대한 규정은 그리 많지 않다. 우선 제헌 헌법으로부터 제2차 개헌(사사오입 개헌)까지는 정치 결사를 의미하는 '정당'이라는 용어는 오로지 전문에서만 등장한다. 전문의 마지막 부분에서 '우리들의 정당 또 자유로이 선거된 대표로써 구성된 국회에서 단기 4281년 7월 12일 이 헌법을 제정한다.'에 나오는 단어 정당이 정당에 대한 유일한 언급이다.

그러다가 3차 개헌인 제2공화국 개헌에 이르러서야 마침내 정당에 대한 정당다운 언급이 헌법에서 명시된다. '제13조 모든 국민은 언론, 출판의 자유와 집회, 결사의 자유를 제한받지 아니한다. 정당은 법률의 정하는 바에 의하여 국가의 보호를 받는다. 단, 정당의 목적이나 활동이 헌법의 민주적 기본질서에 위배될 때에는 정부가 대통령의 승인을 얻어 소추하고 헌법재판소가 판결로써 그 정당의 해산을 명한다.' 다만 정당이 독립된 조문으로서의 지위도 갖지 못하고 언론, 출판, 집회, 결사의 자유와 묶음으로 언급된다.

이 조문은 4차 개헌인 소급입법 개헌 때까지 그대로 유지되다가 제5차 개헌, 즉 제3공화국 개헌에서 다시 변화를 맞는다. '제7조 ①정당의 설립은 자유이며, 복수정당제는 보장된다. ②정당은 그 조직과 활동이 민주적이어야 하며, 국민의 정치적 의사형성에 참여하는데 필요한 조직을 가져야 한다. ③정당은 국가의 보호를 받는다. 다만,

정당의 목적이나 활동이 민주적 기본질서에 위배될 때에는 정부는 대법원에 그 해산을 제소할 수 있고, 정당은 대법원의 판결에 의하여 해산된다.' 이렇듯 당당하게 독립된 조문으로서 제7조로 규정되었다. 이 7조는 제8차 개헌(5공 개헌) 때까지 그대로 유지되고, 5공 개헌에서는 위의 ③항이 '③정당은 법률이 정하는 바에 의하여 국가의 보호를 받으며, 국가는 법률이 정하는 바에 의하여 정당의 운영에 필요한 자금을 보조할 수 있다.' 라는 항과 '④정당의 목적이나 활동이 민주적 기본질서에 위배될 때에는 정부는 헌법위원회에 그 해산을 제소할 수 있고, 정당은 헌법위원회의 결정에 의하여 해산된다.' 라는 두 개의 항목으로 나뉘어져 정당에 대한 국가보조금 지급의 근거를 마련한다. 그리고 제8차 개헌에서 만들어진 제7조의 4개 항은 고스란히 조문의 숫자만 바뀌어 제9차 개헌(제6공 개헌)에서 제8조로 그대로 계승된다.

그리고 3차 개헌 이후부터 '정당'이라는 용어는 정당 가입 자격, 정당의 해산 등과 같은 조문들 속에 종종 등장하게 된다.

- 지방자치와 헌법

우리 헌법에서 지방자치도 다른 요소들만큼 우여곡절을 많이 겪었다. 먼저 헌법상의 지방자치 규정에 대해 살펴보자.

이렇듯 지방자치는 임시정부 시대의 임시헌법에서도 시행을 규정은 하고 있지만 현실적으로 지방자치 단체나 정부를 구성할 길이 없어 그 시행은 유예되었었다. 그런 연고로 해방이 되고 제헌 헌법을 제정하면서 지방자치를 위한 장을 마련하였다. '제8장 지방자치'가 그것이다.

> 제8장 지방자치
> 제96조 지방자치단체는 법령의 범위내에서 그 자치에 관한 행정사무와 국가가 위임한 행정사무를 처리하며 재산을 관리한다. 지방자치단체는 법령의 범위내에서 자치에 관한 규정을 제정할 수 있다.
> 제97조 지방자치단체의 조직과 운영에 관한 사항은 법률로써 정한다. 지방자치단체에는 각각 의회를 둔다. 지방의회의 조직, 권한과 의원의 선거는 법률로써 정한다.

이렇게 지방자치에 대한 조문이 들어갔고, 이 조문들은 발췌개헌과 사사오입 개헌까지 그대로 유지되었다. 그리고 제2공화국 수립 후 이루어진 제2공화국 헌법(제3차 개헌)에서 지방자치는 좀 더 정교하게 규정된다.

> 제11장 지방자치〈개정 1960. 6. 15.〉
> 제96조 지방자치단체는 법령의 범위내에서 그 자치에 관한 행정사무와 국가가 위임한 행정사무를 처리하며 재산을 관리한다. 지방자치단체는 법령의 범위내에서 자치에 관한 규정을 제정할 수 있다.
> 제97조 ①지방자치단체의 조직과 운영에 관한 사항은 법률로써 정한다.
> ②지방자치단체의 장의 선임방법은 법률로써 정하되 적어도 시, 읍, 면의 장은 그 주민이 직접 이를 선거한다. 〈신설 1960. 6. 15.〉

③지방자치단체에는 각각 의회를 둔다.
④지방의회의 조직, 권한과 의원의 선거는 법률로써 정한다.

97조가 단순히 법률에만 맡겨두지 않고 좀 더 구체적으로 지방자치를 명시하게 된 것이다. 원래 조문은 1, 3, 4항으로 두고 2항이 추가된 것이다. 적어도 시, 읍, 면의 장은 주민 직접선거로 선출하라는 것이었다. 그 조항들은 소급입법 헌법인 제4차 개헌에서도 그대로 유지가 되었다.

그러다가 박정희의 쿠데타 이후 지방자치는 헌법에서 수난을 겪는다. 제3공화국 헌법인 5차 개헌 헌법에서는 다음과 같이 규정한다.

제5절 지방자치
제109조 ①지방자치단체는 주민의 복리에 관한 사무를 처리하고 재산을 관리하며 법령의 범위안에서 자치에 관한 규정을 제정할 수 있다.
②지방자치단체의 종류는 법률로 정한다.
제110조 ①지방자치단체에는 의회를 둔다.
②지방의회의 조직·권한·의원선거와 지방자치단체의 장의 선임방법 기타 지방자치단체의 조직과 운영에 관한 사항은 법률로 정한다.

5차 개헌 헌법에서 축소 개정된 지방자치 관련 규정은 6차 개헌(3선 개헌) 헌법에서도 그대로 유지되었다. 그리고 마침내 유신헌법 개헌에서 큰 변화를 가져오게 되는데, 지방자치가 통일 이후로 연기된 것이다. 다음은 그 관련 조문들이다.

제10장 지방자치

    제114조 ①지방자치단체는 주민의 복리에 관한 사무를 처리하고 재산을 관리하며 법령의 범위 안에서 자치에 관한 규정을 제정할 수 있다.
    ②지방자치단체의 종류는 법률로 정한다.
    제115조 ①지방자치단체에는 의회를 둔다.
    ②지방의회의 조직·권한·의원선거와 지방자치단체의 장의 선임방법 기타 지방자치단체의 조직과 운영에 관한 사항은 법률로 정한다.
부칙 제10조 이 헌법에 의한 지방의회는 조국통일이 이루어질 때까지 구성하지 아니한다.

부칙 제10조에서 지방의회를 조국통일이 이루어질 때까지 구성하지 아니한다고 규정하여 현실적으로 지방자치를 영구히 연기해 버린 것이다. 그러더니 전두환 정권이 만든 제8차 개헌(제5공화국 헌법)에서 또 다음과 같이 살짝 바꾼다.

제8장 지방자치

    제118조 ①지방자치단체는 주민의 복리에 관한 사무를 처리하고 재산을 관리하며, 법령의 범위 안에서 자치에 관한 규정을 제정할 수 있다.
    ②지방자치단체의 종류는 법률로 정한다.
    제119조 ①지방자치단체에 의회를 둔다.
    ②지방의회의 조직·권한·의원선거와 지방자치단체의 장의 선임방법 기타 지방자치단체의 조직과 운영에 관한 사항은 법률로 정한다.
부칙 제10조 이 헌법에 의한 지방의회는 지방자치단체의 재정자립도를 감

안하여 순차적으로 구성하되, 그 구성 시기는 법률로 정한다.

지방의회의 구성 시기를 조국 통일 이후로 미뤘던 것을 법률로 정한다로 바꾸어서 지방자치의 가능성이 현실이 되었다. 그리고 마침내 현행 헌법이 된 제9차 개헌(제6공화국 개헌)에서 다음과 같이 변경한다.

제8장 지방자치
　제117조 ①지방자치단체는 주민의 복리에 관한 사무를 처리하고 재산을 관리하며, 법령의 범위 안에서 자치에 관한 규정을 제정할 수 있다. ②지방자치단체의 종류는 법률로 정한다.
　제118조 ①지방자치단체에 의회를 둔다. ②지방의회의 조직·권한·의원선거와 지방자치단체의 장의 선임방법 기타 지방자치단체의 조직과 운영에 관한 사항은 법률로 정한다.

이 헌법에서는 더 이상 부칙에서 지방자치와 관련한 조문을 두지 않았다. 그리하여 지방자치가 바로 시행될 수 있는 길을 열었다. 그렇다면 이제 헌법은 헌법이고, 현실적으로 지방자치는 어떻게 이루어져왔는지 살펴보자.

위에서 살펴보았듯이 우리나라의 지방자치는 제헌헌법에 근거가 마련되었고, 헌법의 규정에 따라 1949년 '지방자치법'을 제정하여 구체화되었는데, 이 법에 의하면 특별시장과 도지사는 대통령이 임명하고, 지방의회 의원은 주민이 선출하며, 시·읍·면장은 지방의회에서 선출하도록 하였다.

 지방자치법이 1949년 제정되었으나 다음 해 한국전쟁이 발발하면서 지방의회 구성은 늦어지다가 1952년에야 지방의회 의원 선거가 실시되어 지방의회가 출범하게 되었다. 그 후 지방의회만이 아니라 자치단체장도 선거로 선출하도록 법이 개정되면서 1956년에 시·읍·면장 직선제가 도입되었지만, 1958년에 다시 임명제로 전환되는 우여곡절을 거쳐 1960년에 비로소 모든 자치단체장이 직선제로 선출되었다.

 그러나 지방자치가 본격적으로 시행되자마자 1961년 5월 박정희의 쿠데타로 군사혁명위원회에 의해 지방의회는 해산되고 지방자치단체장은 다시 임명제로 바뀌면서 지방자치는 크게 후퇴하였다. '군사혁명위원회 포고 제4호'는 '민의원과 참의원, 지방의회는 1961년 5월 16일 오후 8시를 기해서 해산한다.'라고 공포했으며, '지방자치에 관한 임시조치법'에서 '지방자치단체장은 공무원으로 임명하고, 지방의회는 폐지한다.'라고 규정했다. 나아가 위에서 언급한 대로 1972년 유신헌법은 부칙 제10조를 통해 '지방의회는 조국통일이 이루어질 때까지 구성하지 아니한다.'라고 규정함으로써 지방의회 구성은 기약 없이 연기되었다.

 위에서 보았듯이 1980년 5공화국 헌법은 지방의회 구성 시기를 법률로 정하도록 하였고, 1988년 개정된 '지방자치법'에서 이를 구체화했다. 이 법을 근거로 1991년 지방의회의원 선거, 1995년 지방자치단체장 선거가 치러지면서 완전한 민선 지방자치시대가 개막되었다. 1995년 제1회 전국동시지방선거가 치러진 것이다. 지방의회는 4년 일찍 시작되었지만 자치단체장까지 직선으로 선출하기 시작한 1995년 7월 1일을 우리나라 지방자치가 본격적으로 시작된 원년으로 삼는다.

- 직접민주주의

원래 민주주의가 발전한, 혹은 유래한 고대 그리스의 민주주의는 직접민주주의였다. 시민들이 아고라에 모여 토론도 하고 정치인의 연설도 들으면서 중요한 문제의 결정도 했다. 당시의 노예를 제외한 시민들이란 소수였기에 이런 직접민주주의가 가능했다.

그러나 그리스 특히 아테네에서의 민주주의는 아테네의 쇠퇴와 함께 사라졌으며, 봉건제와 절대왕정을 거쳐 서구에서 혁명을 통해 민주정치가 시행되기까지 오랜 세월이 걸렸다. 서구에서 민주주의가 빛을 보기 시작한 때는 아테네처럼 직접 민주주의를 행하기에는 인구가 너무나 많았다. 민주주의란 원래 비효율적인데, 직접민주주의는 그 비효율성을 더 극대화하므로, 그래서 사람들이 만들어 낸 것이 대의제를 근간으로 한 간접민주주의였다. 이제 사람들은 민주주의라고 하면 당연히 대의제 민주주의를 머리에 떠올린다. 대통령을 선거로 뽑고 그 대통령을 견제할 세력으로 국회의원을 뽑는 것을 당연한 것으로 여긴다.

그러나 대의제 민주주의, 간접민주주의를 시행하면서 우리는 많은 모순과 문제들을 발견해왔다. 국민들이 가진 권력을 대통령에게 맡겼더니 그 대통령은 국민들이 준 권력으로 거꾸로 국민들을 억압하고 통제하며 영구집권의 꿈을 키운다. 그런 대통령을 견제하라고 국회의원들을 뽑았더니 그 국회의원들이 대통령과 작당하여 함께 권력을 누릴 시도를 한다. 그리고 그 시도는 많은 경우 효과를 보았다.

　이런 상황에 우리 삶에 대혁명이 도래했다. IT 기술시대의 도래가 바로 그것이다. 20세기 말에는 컴퓨터가 등장했는데, 21세기에 들어서면서 컴퓨터와는 비교가 안 되게 편리하고 직접, 항상 접근이 가능한 스마트폰이 등장했다. 그리고 완벽한 보안이 가능한 기술도 개발되었다. 이제 이 스마트폰만 가지고 있으면 언제 어디서나 그 자리가 아고라가 될 수 있게 되었다. 한 자리에 모이지 않아도, 군중이 너무 많아 내가 하는 말이 거의 모든 사람들에게 도달하지 못하는 그런 불편을 겪지 않아도, 언제 어디에서나 내 목소리를 내고 타인의 목소리를 들을 수 있는 기술이 우리 손 안에 있다.

　따라서 이제 우리는 의지만 있다면 얼마든지 직접민주주의를 구현할 수 있게 되었다. 아무 때나 즉석에서 내 의견을 발표할 수 있고, 어떤 사안에 대해 표결도 할 수 있다. 그것도 빛의 속도로 가능하다. 기술적으로는 직접민주주의의 길이 넓고 빠르게 열려 있다.

　물론 현대인의 삶이 모든 사안을 직접민주주의적으로 결정할 정도로 여유가 있지는 않다. 그러나 과거 어느 때보다 직접민주주의의 길이 열린 것은 부정할 수 없다. 대통령을 선출해서 문제 있는 대통령을 임기가 다 끝날 때까지 기다릴 것이 아니라, 그 문제가 일정한 한계에 도달하면 스마트폰으로 투표를 진행해서 파면할 수도 있다.

국회의원도, 시장도, 시도의원도 심각한 문제를 일으키면 임기가 끝날 때까지 기다릴 필요 없이 즉각적으로 소환해서 파면할 수도 있다.

물론 이런 소환과 파면이 너무 쉬우면 득보다 실이 많은 혼란과 비효율이 등장할 것이다. 개인의 목소리가 너무 많이, 그리고 자주 들리면 그 비효율성과 이로 인한 부작용은 상상을 초월할 수 있다. 그렇기 때문에 지나치게 급격하고 광범위한 직접민주주의의 시행은 바람직하지 않을 것이다. 그러나 이제 어느 선까지 직접민주주의를 할 것인지, 어떤 새로운 직접민주주의적 제도를 도입할 것인지 논의의 장은 열어야 한다고 본다.

만약 87체제를 해체하고 새로운 공화국의 문을 열거나, 그 정도는 아니더라도 개헌을 한다면 새로운 헌법에는 직접민주주의에 대한 시민적 관점이 반드시 반영되어야 한다고 믿는다. 대통령의 탄핵에 관한 한 헌법재판소가 아닌 국민투표로 최종 결정을 한다거나, 국회의원을 포함하여 지방자치단체의 장이나 지방의회 의원 등 선출직에 대한 소환이나 신임 투표 등에 관한 새로운 규정이 반드시 들어가야 할 것이다.

4) 기타 현재 이슈: 동일노동 동일임금, 생태환경, 성 평등, 법 왜곡죄의 문제 등

- 동일노동 동일임금

제헌헌법에서의 경제적 관념은 매우 사회주의적이었다. 제헌헌법 제85조는 '광물 기타 중요한 지하자원, 수산자원, 수력과 경제상 이용할 수 있는 자연력은 국유로 한다.'고 하여 주요 자원을 전부 전 국민 공동의 자산으로 정의했다. 나아가 제87조에서는 '중요한 운수, 통신, 금융, 보험, 전기, 수리, 수도, 가스 및 공공성을 가진 기업은 국영 또는 공영으로 한다.'고 하여 국민들의 삶에 필수적인 거의 모든 것을 국영 혹은 공영으로 할 것을 명하고 있다. 심지어 대외무역조차 국가의 통제 하에 둔다고 규정하고 있다. 현존하는 국가들 중에 이 정도로 사회주의적 경제 체제를 유지하고 있는 나라가 어디 있을까 싶을 정도이다.

헌법에서의 이러한 사회주의적 경향성은 제헌헌법 이후 발췌개헌 헌법에도 그대로 유지가 되며, 사사오입 개헌에 들어가면서 이러한 사회주의적 기조가 급격하게 바뀐다. 주요 자원의 국유화는 언급도 없고, 이들의 채취, 개발 또는 이용을 특허할 수 있다고 하여 이들 자연 자원들이 사적 영리 목적으로 이용될 수 있음을 보여주고 있다. 그럼에도 불구하고 대외무역은 여전히 국가의 통제 하에 둔다고 규정하고 있어 무역에 대한 국가적 통제에 상당한 의지를 가지고 있다. 그리고 이 기조는 사사오입 개헌, 제2공화국 개헌, 소급입법 개헌까지 유지된다.

그리고 제3공화국 개헌 시에 또 한 번 변화를 보이는데, '대외무역을 국가의 통제 하에 둔다.'에서 '대외무역을 육성하며 이를 규제·조정할 수 있다.'로 옮겨가는 것이다. 제3공화국과 3선 개헌 헌법까지 이 기조가 유지되는데, 유신헌법이 제정되면서 다시 한 번 더 변화를 겪는다. 국가의 주요 자원에 대한 입장을 표명하는 조문에 기존의 내용을 1항으로 두고 2항을 추가하여 '국토와 자원은 국가의 보호를 받으며, 국가는 그 균형 있는 개발과 이용을 위한 계획을 수립한다.'라는 조문이 등장한다. 이 기조는 그 후 지속되어 현행 헌법에도 글자 하나 안 바뀌고 그대로 유지되고 있다.

이처럼 우리 헌법은 경제에 있어서 사회주의적 입장을 견지했다가 차츰 자본주의적 시장경제로 이행해 왔는데, 이것이 우리 경제를 급속도로 발전시키는 데에 일조했음을 부인할 수는 없다. 그러나 그 대가로 극심한 양극화가 도래했는바 OECD 국가들 중에서 양극화가 가장 극심했던 미국을 제치고 지금은 우리나라가 OECD 국가들 중 양극화가 가장 심한 나라가 되었다.

이렇게 양극화가 극심하게 된 원인은 어디에 있을까? 그 원인은 다양하겠지만 가장 큰 원인으로 나는 1997년 말 우리나라를 급습한 IMF 구제금융 사태라고 본다. 정확하게는 IMF 구제금융 사태를 수습하는 과정에서 노동유연성을, 그것도 매우 왜곡되고 비정상적인 노동유연성을 도입한 탓이라고 본다.

원래 노동유연성은 모든 노동자들에게 똑 같이 적용되어야 한다. 어떤 노동자에게는 유연성이 허리를 휠 정도로 적용되고 다른 어떤 노동자에게는 결코 굽히지 않아도 되는 정도로 유연성이 적용 안 된다면, 이는 노동자 계급 안에 또 계급을 만드는 것이라 심각한 부작용이 따를 수밖에 없다. 그런데 IMF가 요구하는 노동유연성을 도입하면서 기존의 정규직 노동자에게는 이 유연성이 적용되지 않게 최대한 보호하고, 사각지대, 힘없는 노동자 그룹에게는 그 힘없는 정도에 따라 점점 더 강력한 유연성을 적용함에 따라 이 유연성으로 인해 생계에 직접적으로 타격을 받는 노동자들을 사지로 몰아넣은 것이다. 그리고 그것이 가장 극명하게 드러난 것이 동일노동 다른 임금이라고 나는 생각한다.

같은 작업장에서 같은 노동을 하는데, 노동자로서의 신분이 정규직이면, 신분이 비정규직인 노동자보다 임금은 거의 두 배로 받고, 노동유연성이 적용되지 않아 해고될 가능성은 수 백 배 낮은 그런 현실이 지금 벌어지고 있는 것이다. 똑 같은 작업장에서 똑 같은 노동을 하는데, 한 사람은 어지간한 잘못을 저지르고 문제를 노정해도 해고될 가능성이 거의 없고, 다른 한 사람은 성실하게 일하고 그 어떤 문제도 없어도 항상 해고될 위험에 노출되어 있으며 임금은 절반 정도 밖에 받지 못하는, 어느 누가 보아도 불합리하고 부조리한 현실이 우리의 현실이다.

따라서 언젠가 헌법이 개정된다면 동일노동 동일임금이 모든 노동자의 헌법적 권리로 천명되면 좋겠다는 생각을 하게 된다. 경제부문에 '모든 노동자는 동일한 노동을 함에도 불구하고 노동자로서의 신분 때문에 차별적 임금을 지급받지 않는다.'라는 조문 하나 넣는 것이 그렇게 힘들지는 않을 것 같다. 나아가 '노동자의 신분이 불리할 경우 이 불리함은 임금으로 보상되어야 한다.'라는 조문이 들어가도 매우 좋다고 생각한다.

정규직은 해고될 위험성이 그 회사가 존속하는 한 거의 없다. 따라서 안정적인 소득이 보장되므로, 비정규직은 해고될 위험성이 높은 관계로 안정적인 소득이 보장되지 않으므로, 그러므로 이 둘 사이에 임금에 있어 차별이 있어야 한다면 당연히 비정규직이 더 많이 받는 것으로 차별되어야 옳다. 그런데 현실은 안정적인 소득이 보장되는 정규직이 훨씬 더 많은 임금을 받고 있다. 반드시 시정되어야 옳다고 본다.

- 생태환경

지금 세계는 기후위기로 몸살을 앓고 있다. 산업혁명이 일어난 후 전 세계의 대기 온도는 1도 이상 올랐고, 3도 이상 올라가면 지구상에서 인류가 생존하기 어렵다는 것이 학자들 사이의 공통된 인식인 것 같다. 그리고 3도까지 오르지 않아도, 일단 어느 지점에 도달하면 온도가 올라가는 것을 막을 길이 없어 파멸은 피할 수 없는 미래의 현실이 될 수 있다고 한다.

그래서 전 세계의 대기업들은 자발적으로 RE100을 실천하고 있고, 유럽도 유럽 택소노미(EU Taxonomy)를 제정하여 기후위기에 대응하고 있다. 그런데 우리나라는 지난 윤석열 정부에서 이러한 세계적 추세에 역행하는 생태환경 정책을 추진했다. 기후위기에 대한 대응과 생태환경을 보호하는 것이 우리의 생존과 직결되는 문제인데, 아무런 문제 인식 없이 지금 대한민국은 생태환경 문제와 기후위기와 관한 한 아무 문제가 없는, 혹은 생각 없는 태평성대이다.

우리 헌법 제1장 총강에서는 국가의 기둥을 세우고 있다. 이 기둥들 중의 하나로 생태환경과 기후위기 기둥도 하나 세우면 좋겠다는 생각이다. 제3조 대한민국의 영토는 한반도와 그 부속도서로 한다. 다음에 제4조에서 '대한민국의 영토인 한반도는 기후위기로부터 자유롭고 생태환경적 오염으로부터 안전함을 누릴 권리가 있다.' 라고 선언하는 것이 어떨까 싶다. 헌법에 이런 기둥이 하나 서 있으면 이 헌법 규정을 근거로 얼마나 다양하고 좋은 법률들을 만들어 시행할 수 있을까! 우리 헌법이 이제는 기후위기와 생태환경적 문제에 대해 반드시 답을 주어야 한다고 믿는다.

- 성 평등

대한민국 국민들은 과거 40-50년간 남성과 여성 사이의 불평등의 문제를 해결하느라 매우 힘든 과정을 지나왔다. 가부장문화권에서 우월한 지위를 누리던 남성들은 갑자기 불어 닥친 여성해방의 물결에 적응하느라 힘들어했고, 여성들은 체감 상 너무나 느린 여성권익 신장의 속도에 또 고통 받아 왔다. 그리고 어느 순간 삶의 여러 분야들 중 특정한 분야에서는 여성의 권리가 남성의 그것보다 높아지는 현상도 없지 않아 있었다. 사회적으로 보면 여전히 남성들이 여성들보다 더 큰 권리와 권력을 가지고 있지만, 개인적인 차원, 가정에서의 위상을 보면 간혹 여성들이 더 큰 권력을 가지고 있는 것처럼 보이기도 한다.

이런 상황에서 불거져 나온 다양한 성적 취향을 가진 개인들의 자유와 평등, 그리고 삶의 문제들에 대한 지적과 권리 주장은 급기야 양성평등은 봐줄 수 있으나 성평등은 도저히 용납할 수 없다는 주장과, 양성평등과 성평등은 불가분리의 것이라는 주장들이 서로 충돌하면서 국가적 분열의 지경에까지 도달하고 있는 것이 현실이다. 지난 윤석열 내란 사태에서 기독교인들, 특히 개신교인들이 윤석열의 편에 선 것도 상당한 이유가 이 성평등의 문제 때문이었다. 개신교인들은 차라리 무속을 택하면 택했지 동성애는 두 눈 뜨고 봐줄 수 없다고 하면서 윤석열 지지 집회에 나왔던 것이다.

이처럼 극과 극이 대립하는 상황에서 성평등에 관한 내용이 헌법에 들어간다면, 이 헌법은 국민투표를 통과하기가 거의 불가능하다고 본다. 필자 개인적인 생각은 따라서 성평등의 문제는 한동안 헌법 논의에서는 비켜가는 것이 현실적이지 않을까 싶다.

필자가 과거 경기도의원으로 재직 시절 실제로 차별금지 조례를 만들기 위해 한동안 노력한 적이 있었다. 다양한 차별에 성적 취향에 따른 차별도 포함해서 차별금지 조례를 만들기 위해 많은 사람들을 만나고, 동성애 그룹들과 모임도 갖고 토론을 하기도 했다. 그런데 결국 조례안을 발의도 못해보고 중단한 경험이 있다. 동성애 그룹들이 어떤 연고인지 모르지만 갑자기 조례 제정에 소극적으로 나오면서 동력이 모이지 않아 흐지부지되고 말았었다.

차별금지 조례를 추진하고 있다는 소문에 상당히 많은 동료 의원들이 농담 반 진담 반으로 빈정거리기도 했다. 아마 발의했더라면 엄청난 표 차이로 부결되었을 것이라 짐작한다. 따라서 이 문제는 헌법에서 먼저 다룰 것이 아니라 사회적 분위기와 문화적 변화를 위해 사회 각계각층에서 노력을 기울이고, 사회운동적 차원에서 많은 에너지를 쏟은 후에 진행하는 것이 옳지 않을까 생각해 본다.

- 법 왜곡죄

지금 우리나라 권력기관의 법 왜곡 문제는 심각한 정도가 아니라 거의 망국적 상황이라 해도 과언이 아니다. 특히 사법부의 법 왜곡은 민주주의의 근간인 법치주의를 흔들어 무너뜨릴 위험성으로 치명적이다. 검사는 법을 왜곡해서 사적 이익을 챙기는 도구로 삼아 별 희한한 짓을 다 하고 있고, 판사도 법을 자의적으로 해석하는 것을 넘어서서 선별적으로 적용하고 심지어 자신이 새로운 법을 만들어가면서 왜곡시키고 있는 실정이다. 그리하여 22대 국회에 법왜곡죄 관련 형법 개정안이 발의되어 있는 상황이다. 그 내용을 보면 다음과 같다.

형법 일부개정법률안(이건태 의원)
　　제123조의2(법왜곡) 검사, 사법경찰관 및 기타 수사업무에 종사하는 자가 수사, 공소, 공소유지, 형집행 등에 관한 직무를 수행함에 있어서 피의자, 피고인을 처벌하거나 처벌받지 않게 하거나 가볍게 처벌할 목적으로 다음 각 호에 해당하는 행위를 한 때에는 10년 이하의 징역과 10년 이하의 자격정지에 처한다.

　　1. 범죄혐의를 발견하고도 수사를 하지 아니한 경우
　　2. 범죄사실이 인정됨에도 기소를 하지 아니한 경우
　　3. 피의자, 피고인의 유리, 불리를 불문하고 증거를 은닉, 부제출, 조작한 경우

4. 증거해석, 사실인정, 법률적용을 왜곡하거나 그 정을 알면서 묵인한 경우

법왜곡죄에 관하여 가장 많이 언급되고 있는 것이 독일의 법왜곡죄인데 그 내용은 아래와 같다.

독일 형법

제339조(법률왜곡) 법관, 기타 공무원 또는 중재법관이 법률 사건을 지휘하거나 재판을 함에 있어 당사자 일방에게 유리하거나 불리하게 법률을 왜곡한 경우 1년 이상 5년 이하의 자유형에 처한다.

참고로 스페인도 유사한 법을 가지고 있다.

스페인 형법

제446조 법관이나 치안판사가 의식적으로 불공정한 판결이나 결정을 내릴 경우 형벌이 부과된다.

1. 형사피고인에 대한 불공정한 재판이 아직 집행되지 않은 경우에는 1년 이상 4년 이하의 징역에 처하며, 피고인에 대한 형집행이 완료된 경우에는 2년 이상 4년 이하의 징역 및 12개월 이상 24개월 이하의 벌금형을 병과한다.

제447조 법관이나 치안판사가 중대한 과실이나 용납할 수 없는 무지로 명백하게 불공정한 판결이나 결정을 선고한 경우에는 2년 이상 6년 이하의 공직임용금지형을 부과한다.

법왜곡죄의 도입과 더불어 생각할 문제가 과연 다양한 민형사 사건과 기소를 판사 개인과 검사 개인에게 맡기는 것이 옳은 것인가

하는 문제이다. 민주주의는 그 어느 누구의 선의도 절대적이거나 항상 그렇지는 않다고 전제하는 데서 시작한다. 그 어떤 지도자도 독재를 할 수 있고 국민들의 뜻을 저버릴 수 있다고 보기 때문에 선거를 통해 선출하고 그것도 임기를 두고 있다.

판사와 검사를 대통령이나 국회의원보다 더 믿고, 그들이 정년 퇴직할 때까지 국민들의 신임을 배신하지 않을 것이라는 확신은 어디서 유래한 것일까? 실제로 일상생활에서는 대통령이나 국회의원 못지않게 국민들에게 영향을 미치는 곳이 사법부이고 검찰이다. 평생 경찰서나 법원에 단 한 번도 안 가는 사람은 없을 것이다. 그럼에도 불구하고 우리 헌법은 이들 판사와 검사들을 국민들이 직접 견제하는 장치를 단 한 번도 만든 적이 없다. 징계도 내부의 절차이고 탄핵은 대통령 만들기보다 더 어렵다. 대통령은 탄핵 당하지만 검사나 판사는 탄핵 당한 역사가 없다.

이를 해결하는 방식에는 두 가지가 있다. 하나는 법을 자신의 이익을 위해 사용하거나 의도적으로 잘못된 법 적용을 할 때에 형사상 처벌을 가중하는 방법과, 애초에 판사나 검사에게 모든 결정권을 주지 않는, 구조적으로 방지하는 방법이 있다. 그리고 이 두 가지 방법은 상호보완적이지 하나로 완벽하게 법 왜곡을 방지할 수는 없다.

이런 관점에서 볼 때 이건태 의원이 발의한 법왜곡죄 신설에 대해서도 찬성하지만 다른 한편 미국의 사법제도를 도입하는 것도 고려해볼 만 하다고 생각한다. 재판에서 유무죄 판결은 배심원이 하고, 기소도 중범죄 이상의 기소는 사법조사권을 갖는 대배심에서 기소

여부를 판단하게 하는 것이다. 대법원은 법률심이기 때문에 배심원단이 필요 없겠지만 고등법원까지는 배심원들이 유무죄 여부를 판단하게 하고, 판사는 재판을 진행하고 배심원들의 판단에 따라 형량을 선고하는 권한만 줘야 한다. 심지어 형량도 배심원들이 결정하게 하는 것도 좋다. 배심원들이 결정한 형량에 대해 판사는 약간의 재량권만 행사할 수 있게 하면 된다.

배심원제를 도입하고 대배심제를 도입해도 그래도 판사와 검사는 불법을 저지를 가능성이 매우 높다. 그래서 이들에 대한 범죄사실 여부를 조사하고 청문하고 판단하는 기구도 반드시 필요하다. 이 기구가 유죄 혐의를 찾아내면 법왜곡죄로 기소하게 하거나 수사기관으로 이첩하면 된다. 그리고 대법원장과 검사장을 선거로 선출하는 것도 고려해볼만하다. 제2공화국 헌법에서 대법원장과 대법관들은 판사 자격이 있는 사람들이 선거로 선출하는 제도를 도입하기도 했었는데, 대법관들은 임명을 하더라도 대법원장은 대법관들 중에서 국민들이 선거로 뽑는 제도를 도입하면 좋을 듯하다.

검찰청은 없애버리고 광역자치단체별로 검사국을 두면 될 것이다. 한 사건을 맡은 검사는 그 검사가 그 사건의 최종심까지 기소를 유지하게 하면 고검과 대검이 있을 이유가 없다. 광역자치단체별로 검사국을 두고 기초단체나 법원에 미국처럼 지방검찰사무소를 두거나 기소과를 두면 된다. 그리고 광역의 검사국에 검사장을 두고 그 검사장은 지방선거 때 주민들이 선거로 선출하게 한다. 광역의 검사국은 그 광역 내의 검사들에 대한 인사 등 행정적 업무만 처리하는 기관으로 작동하게 한다.

이렇게 철저하게 권력을 나누고 견제하게 해야 한다. 현재 선출직 공무원들은 4년마다 철저하게 검증하고, 대통령은 단임제로 5년이면 무조건 그만둬야 하는데, 임명직이면서 평생 신분이 보장되고, 국민들 위에서 엄청난 권력을 휘두르는 사법부와 검찰을 그들만의 리그로, 그들만의 카르텔을 공고하게 쌓아서 온갖 범죄행위로 점철되게 그렇게 그냥 내버려 둘 수는 없다.

5) 개헌 어디로 갈 것인가

개헌 논의는 뜨거운 감자다. 맛있게 익은 감자가 있어 덥석 입에 넣었는데, 너무 뜨거워 도저히 삼킬 수가 없고, 그랬다가는 식도가 익을 것 같은 불안감이 엄습하니까, 그렇다고 입에 넣은 것을 뱉어내자니 영 모양새가 빠진다. 그래서 이러지도 저러지도 못하는 것을 뜨거운 감자라고 한다.

지금 개헌 논의가 그렇다. 윤석열이 탄핵 당하고 나니까 이때다 하고 개헌 논의를 끄집어 들었는데, 계산들이 복잡했다. 이걸 끄집어내면 모든 시선이 여기로 집중이 되어 윤석열의 내란도 잊혀지고, 이재명에 대한 인기도 시들해질 것 같아 꺼내 들었는데, 아뿔싸, 이걸 뱉어낼 수도 없고, 삼키자니 여론의 후폭풍이 무섭다. 폭풍 정도가 아니라 태풍이 불 것 같으니 말이다.

이것을 이재명 전 대표가 깔끔하게 정리했다. "개헌은 해야 하나 지금은 논의할 때가 아니다. 개헌 논의는 대선 이후로 미뤄야 한다."라는 언급에 최소한 민주당에서는 개헌 논의가 잦아들었다. 국힘 쪽에서도 갑자기 시들해졌다.

개헌 논의는 분명 대선 전에는 뜨거운 감자다. 식을 때까지 둬야 한다. 그렇다고 언제까지나 그냥 둘 수는 없다. 적당히 식었을 때 먹어야 한다. 너무 식으면 맛이 없다. 아무도 안 쳐다본다. 적당히 식었을 때 먹어야 하고, 그 '적당히'라는 시기는 대선이 끝나고 내란에 대한 정리가 어느 정도 되고난 후일 것이다. 대체로 금년(2025년) 여름 내지 하반기가 아닐까 싶다.

개헌을 한다면 가장 큰 이슈가 검찰 및 사법부 개혁일 것이다. 지난 윤석열 정권에서 검찰과 사법부만큼 '우리가 이정도로 썩었어요.' 라고 자신 있게 커밍아웃 한 권력 기관이 없다. 과거에는 한 때 기재부가 그냥 두면 안 되겠다 싶을 정도로 비난 받을 때가 있었는데, 사법부와 검찰의 커밍아웃으로 기재부는 명함도 못 내밀 처지가 되었다. 기재부 입장에서는 표정관리 해야 할 상황이다. 그렇다고 기재부가 안전할 것이라 속단하면 오산이다.

검찰 및 사법부 개혁 다음으로 주요한 이슈는 대통령제냐 내각제냐 하는 논쟁일 것이다. 그리고 대통령제라고 한다면 대통령제를 어떻게 손 볼 것인가 하는 점이 이슈다. 대통령의 임기와 중임문제가 핵심이다. 대통령과 국회 사이의 견제 장치는 무엇을 어떻게 바꾸거나 신설해야 할까 하는 논의가 있을 수 있다.

마지막으로 개헌을 한다면 꼭 다뤄야 할 주제가 지방자치다. 지방자치는 매우 중요한 이슈이고 많은 사람들이 관심을 가지는 사안이지만, 가장 바꾸기 어렵다. 왜냐하면 칼자루를 쥐고 있는 사람들이 중앙에서 권력을 독점하고 있기 때문이다. 대통령과 국회의원들이 지방에 권력과 권한을 많이 이양해야 하는데, 그렇게 되면 자신들의 권력과 권한이 축소된다. 과연 스스로 자신들의 권한과 권력을 이양할 것인가?

역사적으로 강자가 스스로 권력을 포기한 적이 없다. 항상 약자들의 단결과 투쟁으로 권력은 이양되었고 평등이 증가했지 강자가 스스로 나눠주지는 않는다. 그러므로 사실 가장 크게 이슈화해야 할 주제가 지방자치라고 본다. 앞의 두 이슈는 자신들의 문제라 열심히 다루겠지만, 지방자치는 쉽지 않다. 문재인 대통령이 대선 공약으로 미국의 연방제 수준으로 지방자치를 하겠다고 하고서는 게 눈 감추듯 모르쇠 했다. 일반 국민들과 시민사회가 들고 일어나야 할 사안이다.

- 검찰 및 사법부 개혁

검찰과 관련된 헌법의 조문은 딱 한 가지이다. '검사의 신청에 의하여 법관이 발부한 영장'이라는 내용이다. 이 내용이 제12조 3항, '체포·구속·압수 또는 수색을 할 때에는 적법한 절차에 따라 검사의 신청에 의하여 법관이 발부한 영장을 제시하여야 한다.'에서 등장한다. 다음부터는 '법관이 발부한 영장'이라고만 해도 될 터인데 못 미더웠는지 제16조에서 다시 한 번 되풀이한다. '제16조 모든 국민은 주거의 자유를 침해받지 아니한다. 주거에 대한 압수나 수색을 할 때에는 검사의 신청에 의하여 법관이 발부한 영장을 제시하여야 한다.' 이 조항 때문에 검사들은 이 세상에서 신의 경지에 도달할 수 있었다. 모든 영장은, 체포건 구속이건 압수수색이건 검사를 통하지 않고서는 신청 자체가 불가능하다. 이 영장의 장벽을 넘지 않고서는 그 어떤 범죄자도 처벌할 수가 없다. 체포, 구속, 압수수색 없이 어떻게 수사를 하겠는가?

이 문제를 해결하는 방법은 간단하다. '검사의 신청에 의하여 법관이 발부한 영장'을 '법관이 발부한 영장'으로 수정하면 된다. 여기에 박정희의 3공 이전처럼 '수사기관이 신청한다.'는 내용을 넣을 필요가 없다. 굳이 덧붙인다면 '법에 의하여 법관이 발부한 영장'으로 고치면 된다. 이렇게 하면 법에서 정하기만 하면 그 어떤 주체도 영장을 법관에게 신청할 수 있기 때문이다.

예를 들어 국세청이나 지자체에 있는 준 사법기관에서도 단순히 법률 개정이나 제정만으로도 검찰을 거치지 않고 바로 법관에게 영장을 신청할 수 있게 된다. 준 사법기관에게 이런 큰 권한을 맡겨도 되는가의 논의는 별도로 하고 영장제도의 운영에 큰 융통성을 가지게 된다는 점에서 바람직하다고 본다.

헌법과는 관계없는 내용이지만 영장을 발부하는 것도 영장전담판사에게 맡길 것이 아니라 모든 판사가 영장을 발부할 수 있게 하면 사회적으로 좀 더 논쟁이 줄어들고 법관에 대한 불신도 낮아질 수 있다. 예를 들어 특정 정치적 논쟁이 걸린 사안의 경우 영장전담판사가 누구냐에 따라 영장이 발부되기도 하고 기각되기도 한다. 이로 인해 영장전담 판사의 부담이 엄청나게 커지기도 하고 그 비례대로 권력이 커지기도 한다. 몇 명 안 되는 영장전담 판사가 특정 정치인이나 권력자에 대한 수사의 길목을 지키고 그의 운명을 좌우하고 있는 게 현실이다.

검찰과 관련된 헌법 조문은 한 가지 뿐이지만 한 가지 신설해야 할 것이 있다. 그것은 대배심의 신설이다. 형사재판의 경우 기소는 '중범죄의 경우 기소는 대배심에서 결정하며, 대배심에 회부될 중범죄의 종류와 범위는 법률로서 정한다.' 라는 조문이 바로 그것이다. 이렇게 헌법에서 검사의 영장 신청 독점과 기소 독점을 해체해 버리면, 검찰의 권력은 바닥으로 떨어지고 검찰은 더 이상 국민 위에 군림하지 못하게 될 것이다.

사법부와 관련한 헌법 조문은 상당히 많지만(헌법 '제5장 법원' 장 아래에 10개의 조문이 있다.) 그중 최악은 '제103조 법관은 헌법과 법률에 의하여 그 양심에 따라 독립하여 심판한다.'라는 조문이다. 특히 '그 양심에 따라'라는 구절이 말도 안 되는 구절이라 생각한다. 양심은 사람에 따라 다 다르다. 사이코패스의 양심, 소시오패스의 양심, 나르시스트의 양심, 성평등자의 양심, 민주주의자의 양심, 파시스트의 양심, 부자의 양심, 가난한 자의 양심 등 자신이 처한 상황이나 계급이나 권력의 정도나 심지어 생물학적 여건이나 인생의 경험 정도에 따라 양심은 판이하게 다르게 나타난다.

그리하여 이 조문은 '제103조 법관은 헌법과 법률에 의하여 공동체적 이익을 따라 공동체적으로 심판한다.'라고 해야 옳다. 이현령

비현령의 양심이 아니라, 대한민국이라는 나라의 공동체적 이익을 추구해야 한다고 생각한다. 그리고 독립하여 자기 마음대로, 자신의 사적 이익에 따라, 자신이 속한 사회적 계급이나 집단의 이익에 따라 심판하는 게 아니라 공동체의 뜻을 모아 공동체적으로 심판해야 옳은 심판이 될 수 있다고 본다. 현행 헌법 103조는 법관에게 신과 같은 지위를 부여한, 정말 황당한 조문이다. 개인의 양심에 법의 해석을 맡기니까 지귀연 판사와 같은 해괴망측한 법관이 존재하게 되는 것이다.

그리고 헌법에 조문 하나를 신설해야 하는데, 그것은 '주요한 재판의 판결은 배심원단이 해야 하며 주요한 재판의 범위와 배심원단의 구성 및 운영은 법률로서 정한다.'가 그것이다. 그리고 '배심원단의 판단은 형사재판의 경우 유죄 및 무죄, 민사재판의 경우 신청인의 승소 및 패소 이외에 형량과 판결의 규모도 포함한다.'고 해야 한다. '배심원단의 형량과 판결 규모에 대해서는 판사가 법률이 정하는 범위 내에서 재량권을 발동할 수 있다.'라는 조문도 포함하여 법률 전문가인 판사가 배심원단 판결의 경직성을 어느 정도 해소해 주는 것은 바람직하다고 본다.

- 대통령중심제와 내각책임제

실제 중요성과는 별개로, 개헌과 관련하여 현재 가장 큰 주목을 받고 있는 주제가 대통령중심제냐 아니면 내각책임제냐 하는, 정부 구조의 문제이다. 여기에 이해관계에 따라 이원집정부제를 주장하는 목소리도 만만치 않게 크다.

　이 문제를 다루기 전에 먼저 우리나라 정부 형태의 역사가 어떻게 흘러 왔는지 잠시 살펴보자.

　제헌헌법에서는 대통령과 부통령을 국회에서 무기명 투표로 선출하도록 했다. 재적의원 2/3 출석과 출석의원 2/3 이상의 득표자를 당선자로 하며, 당선자가 없을 때에는 2차 투표를 하고, 2차 투표에서도 당선자가 없으면 3차 투표에서 최고 득점자 2인에 대해 투표하여 다수 득표자를 당선자로 정했다. 대통령의 임기는 4년이고 재선에 의하여 1차 중임할 수 있다. 제헌헌법에서 긴급명령발동권, 조약 체결권과 비준권, 선전포고권, 국군통수권, 공무원임명권, 계엄선포권, 사면권, 불소추 특권 등 대통령 중심제에서의 대통령의 권한을 거의 다 확립했다.

　이렇게 시작한 대통령중심제는 그러나 바로 다음 개헌(발췌개헌, 1952년 7월 7일)에서 큰 변화를 가져온다. 바로 대통령 직선제이다. 국회에서 다수당 의석을 차지하지 못함으로써 이승만은 다음 대통령 선거에서 이길 수 없을 것 같은 불안감에 발췌개헌이라는 꼼수를 써서 대통령 직선제로의 개헌에 성공한다. 그리고 1954년 11월 29일 사사오입개헌을 통해 초대 대통령에 한해 대통령 임기 제한을 철폐한다. 부칙에 이 헌법 공포 당시의 대통령에게는 연임제한 조문이 적용되지 않는다는 규정을 넣음으로써 이 목적을 달성한다.

　3차 개헌인 제2공화국헌법에서는 내각책임제가 도입된다. 우리 역사에서 최초의 내각책임제이면서 유일한 내각책임제 헌법이었다.

대통령은 직선제에서 다시 국회에서 선출하는 간선제로 바뀌었고, 임기는 4년에서 5년으로 늘어났으며 1차에 한하여 연임할 수 있었다. 그러나 이 헌법에 의하여 선출된 윤보선 대통령은 연임은커녕 임기를 1년도 채우지 못하고 박정희의 쿠데타로 인해 자리를 내려놓아야 했다.

제4차 개헌인 소급입법 개헌에서는 개헌의 목적이 소급입법이었으므로 정부 구조에는 아무런 변화가 없었고, 박정희 정권의 제5차 개헌인 제3공화국 헌법에서 정부 구조는 다시 대통령중심제로 돌아왔다. 대통령의 임기는 4년이고 1회에 한해 연임할 수 있었다. 제6차 개헌인 3선 개헌에서는 대통령의 연임제한이 3선까지로 확대되었다. 그리고 제7차 개헌인 유신헌법 개헌에서 대통령 연임 제한은 완전히 철폐되었고, 임기는 6년으로 늘어났으며, 대통령 선출은 통일주체국민회의라고 하는 어용기관에서 체육관 선거로 하도록 만들었다. 박정희 종신 집권을 가능케 한 개헌이었고 대통령제였다. 그리고 이때 우리 헌정사 최초로 대통령의 국회해산권이 인정되었다. 이전의 국회 해산권은 3차 개헌인 제2공화국 헌법에서 국무위원회에 주어졌었는데, 이는 내각책임제였으므로 당연한 것이었다.

제8차 개헌인 제5공화국 개헌에서 대통령의 간선제는 유지되었으나 통일주체국민회의는 폐지되었고, 중임은 금지되어 단임제가 되었으며, 임기는 7년이 되었다. 대통령 선출은 대통령선거인단으로 하여금 투표하게 하였고, 대통령 선거인단은 5천 명 이상의 숫자를 국민의 보통·평등·직접·비밀선거에 의하여 구성하도록 하였다.

그리고 1987년 10월 29일 공포된 제6공화국 헌법(현행 헌법)은 대통령을 5년 단임제 및 직선제로 규정했다. 마침내 대통령의 과도한 권력과 장기 집권을 중단시켰으며 민주적인 절차로 최고 권력자를 선출할 수 있게 되었다. 대통령의 국회해산권도 없어졌다. 이 헌법에 의해 노태우가 최초로 대통령으로 당선된 이래 우리 헌법과 대통령제는 잘 지켜져 왔다. 최소한 윤석열이 내란을 일으켜 국회무력화를 통해 무엇인가를 획책하기 전까지는 말이다.

지난 역사에서 우리나라 정치의 모든 문제는 대통령으로부터 발생다고 볼 수 있다. 이승만 대통령이 그러했고, 박정희가 그러했고, 전두환이 그러했고 노태우가 그러했다. 심지어 문민정부가 들어선 김영삼 대통령도 IMF 구제금융 사태를 불러들여 불명예스러운 퇴진을 맞았다. 그리고 이명박, 박근혜, 윤석열이라는 세 명의 대통령이 감옥에 가거나 탄핵을 당하는 불상사가 빚어졌다. 윤석열에 대한 재판이 완료되면 이들 세 명의 대통령이 모두 감옥에 가는 기록을 세우게 될 것이 확실하다.

그래서 정치권에서는 우리나라 정치의 문제가 제왕적 권력의 대통령제에 있다고 입을 모은다. 그러나 이를 가만히 들여다보면 거짓이다.

대통령제 자체의 문제라기보다는 대통령이 된 사람의 자질이 문제였음이 분명하기 때문이다. 왜냐하면, 이들 장기 집권하거나 독재를 행한 대통령들이 전부 불법적인 방법으로 그렇게 하였지 우리 헌법이 허용하고 법률이 정하는 바대로 행동해서 그런 권력을 획득한 경우는 단 한 번도 없기 때문이다. 따라서 내각책임제나 이원집정부제를 한다고 하여 이런 폐단이 안 나타난다는 보장이 없다. 당장 이웃나라 일본만 보더라도 2차 대전 후 줄곧 내각책임제를 시행해오고 있지만 일당독재의 역사가 그치지 않는다. 다만 독재를 정당히 하고 있어서 겉으로 잘 드러나지 않을 뿐, 그 폐해는 마찬가지이다. 대통령제에서 독재와 부정부패는 대통령 한 명에게 집중되어 그 규모가 잘 드러나고 눈에 잘 보일 뿐, 내각책임제는 좁게는 집권 여당의 국회의원, 넓게는 국회의원 전체가 대통령의 권한과 그 권력을 나누어가져서 그 규모가 1/n로 작아지므로 잘 드러나지 않고 잘 보이지 않을 뿐이다.

따라서 어떻게 보면 내각책임제가 훨씬 더 부정과 부패에 취약하다고 볼 수 있다. 대통령중심제에서는 여당과 야당이 치열하게 다투므로 대통령에 대한 견제가 매우 강력하고 부정과 부패가 쉽게 드러난다. 그래서 대통령이 국회의 견제를 무력화시키기 위해 온갖 꼼수와 불법적인 방법을 동원하는데, 내각책임제에서는 작게는 국회 내 집권 여당, 넓게는 전체 국회가 권력을 가지므로 국회가 국회를 스스로 견제해야 하는 모순에 빠진다. 그리하여 내각책임제 국가가 오히려 더 심각한 부정과 부패, 독재의 길로 빠져가며, 국민들은 그것을 잘 모르고 속기 십상이다.

그러므로 내각책임제나 대통령과 국회가 권력을 분점 하는 이원집정부제로의 개헌은 우리 국민들이 결코 받아들이지 못한다. 이런 사실을 정치인들이 모를 리 없다. 그럼에도 불구하고 끊임없이 제왕적 대통령제를 거론하며 내각책임제나 이원집정부제를 들고 나오는 것은 첫째, 그래도 혹시나 하는 것이고, 둘째, 이 논쟁을 통해 국민들의 관심을 다른 곳으로 돌리기 위한 꼼수이다. 그러므로 지금, 내각책임제나 이원집정부제 운운하는 정치인이 있다면, 그는 반드시 퇴치되어야 할 정치인이다. 두 번 다시 정치판에 발을 들여놓지 못하게 싹을 잘라야 한다.

그렇다면 답은 명확하다. 현행과 같은 대통령 중심제로 가며, 임기 4년에 1회에 한하여 연임을 가능케 하고, 대신 이에 대한 견제 책으로 대통령에 대한 탄핵은 국회 과반 출석에 출석의원 2/3 찬성으로 결의되며, 국회에서 결의된 탄핵안은 최종적으로 국민투표를 거쳐 확정짓게 하는 것이다. 국민투표는 전체 유권자 과반 투표에 과반 찬성으로 탄핵이 성립하는 것으로 한다.

우리는 작금의 윤석열 내란 사태에서 대통령 탄핵의 최종 결정을 헌법재판소에 일임하는 것이 얼마나 위험한 것이지 명확하게 목도했다. 탄핵 결정문이 읽혀지는 그 순간까지 전 국민들이 애가 타고 밤잠을 못 자는 사태가 이어졌다. 국민들이 직접 선거로 선출한 대통령의 탄핵은 일차적으로 국민들의 대표성을 띄고 있는 국회가 결의하고, 최종적으로 국민들의 직접 투표를 통해 확정짓게 하는 것이 옳다. 헌법재판소에서 탄핵을 결정하게 한 것은 노태우가 자신의 탄핵을 방지하기 위한 고육지책으로 고안한 것이라 본다. 임명직 헌법재판소 재판관들에게 나라의 운명을 맡기는 것이 얼마나 어리석은 짓인지 우리는 똑똑히 목격했기 때문에, 이 문제도 반드시 헌법 개정에서 논의되어야 한다.

- 지방자치

헌법 개정에 있어서 가장 뜨거운 감자는 뭐니 뭐니 해도 지방자치다. 문재인 대통령이 당선되면서 필자가 가장 크게 기대한 것이 사실 이 지방자치였다. 미국식 연방제에 준하는 지방자치를 실현하겠다는 문재인 대통령의 말을 진심으로 믿었고, 그래서 미국식 연방제까지는 어림도 없겠지만 상당한 수준까지 지방자치가 실현되리라 기대했다. 헌법을 개정하면서까지 지방자치를 발전시키지는 않으리라 짐작했다. 그러나 지방자치법을 바꾸는 선에서라도 상당한 수준으로의 개혁이 있을 것으로 기대했는데, 결과는 완벽한 실망 그 자체였다. 현실적으로 아무 것도 바뀐 게 없다고 해도 과언이 아니었다.

미국식 연방제란 무엇인가? 미국에는 통치 구조상 3개의 층이 있다. 가장 상층에 연방정부가 있고, 그 아래에 주정부가 있으며, 가장 아래에 시정부가 있다. 우리나라는 '자치단체'라고 하는데 미국은 '정부'라고 한다. 여기서 우리나라와 미국 사이에 넘을 수 없는 갭이 있다. 우리나라에는 단 하나의 정부만 있고 나머지는 전부 단체다. 호남향우회나 광역이나 기초나 같은 '단체'라는 용어를 사용한다. 자치단체를 자치정부로 용어라도 바꿔달라고 한 것조차 받아들여지지 않았다.

미국식 연방제의 가장 큰 특징이 이 3개 층으로 구성된 정부 사이의 관계에 놓여있다. 제일 먼저 연방정부가 할 수 있는 일을 나열한다. 그리고 연방정부는 이렇게 나열된 것 외에는 아무 것도 못한다. 나머지는 전부 주정부의 사무가 된다. 그리고 주정부의 사무도 나열된다. 주정부 역시 나열된 것 외에는 아무 것도 못하며, 연방정부의 사무와 주정부의 사무로 나열되지 않은 나머지 모든 것은 기초정부, 즉 시정부의 사무가 된다.

우리나라는 완전히 거꾸로다. 기초단체가 할 수 있는 일이 중앙정부의 법률에 의해 나열된다. 기초단체는 나열된 것 외에는 아무 것도 못한다. 다음으로 광역단체가 할 수 있는 사무가 나열되는데 이 역시 중앙정부(중앙정부라는 용어도 편의상 사용하는 것이지 정확하게 하자면 중앙정부는 없다. 그냥 단 하나의 정부가 있을 뿐이다.)가 정해준다. 기초와 광역은 정부가 정해준 사무 외에는 아무 것도 못하며, 그 외의 모든 사무와 권한은 정부의 몫이다.

이러다보니 광역과 기초의 의회들은 정부에서 위임한 사무가 아니면 주민들에게 그 어떤 의무를 지우는 조례도 하나 못 만든다. 그래서 조례가 모두 권장한다, 장려한다는 식으로 조문이 만들어진다. 조례를 어겨도 범칙금이나 과태료 하나 부과할 수 없다. 정부의 법률에서 과태료를 얼마 부과할 수 있다고 허용하지 않는 한 단 일 원도 부과하지 못한다.

건축허가권도 기초단체장과 광역단체장에게 부여했지만, 이는 행정 업무를 넘겨받았을 뿐 실질적인 권한은 정부에 있다. 왜냐하면 정부가 법률로서 건축허가 요건을 명시했고, 이 요건을 지키는 한 단체장은 건축허가를 하지 않을 수 없기 때문이다. 지역의 여건을 고려해서 허가를 제때 발급하지 않았다가 손해배상 청구 소송에서

져서 거금을 개인 돈으로 배상한 판례가 만들어졌기 때문에 이제 아무도 지역의 상황을 고려한 건축허가권 행사를 하려하지 않는다. 그저 정부의 법률만 충실히 지키려고 노력할 뿐이다.

게다가 조세 부과권도 정부가 다 쥐고 있어서 지방자치단체는 정부가 주는 돈만 가지고 예산을 집행해야 한다. 그래서 지방은 세수가 매우 취약하다. 취약한 지방자치단체에 정부는 온갖 정책을 시행하면서 그 정책의 예산을 일부나 대부분을 담당하라고 강제하기도 한다. 지방 세수 자급률이 낮다고 하는데, 그 이유가 과도한 정부의 정책 예산을 매칭이라는 우아한 용어로 강제하기 때문이다. 정부의 모든 사업을 정부 예산만으로 집행하면 지방도 그럭저럭 견딜만하다. 그러나 온갖 복지 정책을 마련하면서 그 사업을 하는 생색은 정부가 다 내고, 실제 그 예산은 광역과 기초가 대부분 담당하는 경우가 허다하다. 정책 시행 첫해에는 정부 예산이 50% 넘게 책정되지만, 몇 년 지나면 거꾸로 지방자치단체가 80% 이상을 담당하는 경우가 허다한 것이 현실이다.

이런 상황에서 어떻게 미국 연방제에 준하는 지방자치를 하겠는가? 문재인 대통령의 공약은 사기였다. 나는 사기라도 좋으니 어느 정도는 해 주리라 믿고 기대했었는데, 결국 사기 당하고 말았다.

그렇다면 우리나라 상황에서 어느 정도의 지방자치가 적당할까?

• 용어의 문제

일단 용어부터 정리하자. 지방자치단체가 아니라 지방정부라고 하자. 광역정부, 기초정부라고 하면 어디 덧나는 것도 아니고 얼마나 보기도 좋고 듣기도 좋은가. 국가의 권위도 살아난다. 시청 청사를 들어가면서 호남향우회, 영남향우회, 해병전우회 사무실 들어가는 기분으로 들어가서는 정부의 면목이 서지 않는다.

• 미국식과 우리나라 제도의 타협점

미국식과 우리나라 식의 중간지점에서 만날 수 있다고 본다. 즉, 연방정부의 사무를 나열하고 주정부의 사무를 나열하고 그 외의 모든 사무는 지방정부의 사무와 권리가 되는 미국식과, 정부가 모든 것을 다 쥐고 지방은 정부가 던져 주는 것만 행사할 수 있는 것의 중간점은, 정부의 법률에 위배되지만 않으면 일정 정도의 범위 내에서 지방자치정부가 자율적으로 조례를 만들어 시행할 수 있게 허용하는 것이다.

• 헌장의 문제

미국은 연방정부와 주정부가 헌법을 가지고 있고 기초정부는 헌장을 가지고 있다. 우리는 광역에서 헌법을 제정하라고 하는 것은 과하니 광역과 기초에 헌장을 가질 수 있게 허용하는 방향으로 가는 것이 어떨까 한다. 미국은 기초정부가 헌장을 거의 자유롭게 만들어 시행할 수 있다. 이게 어느 정도냐 하면, 각자 시의 시의원을 정당

공천으로 선출할 것인가 정당제 없이 전부 무소속으로 선출할 것인가부터 시장을 선출할 것인가 아니면 시의회 의장을 시장 겸임케 할 것인가도 결정할 수 있다. 시의 자질구레한 조례와 관련한 재판을 담당할 행정판사 혹은 치안판사를 어떻게 임명할 것이며 시의 직제에서 직접 선거로 선출할 공무원의 종류와 숫자도 정할 수 있다.

우리나라의 경우 미국처럼 완전 개방형으로 헌장을 허용하면 엄청난 혼란이 초래할 수 있다. 그래서 정부가 각 광역 및 기초 정부의 헌장을 만들어 주는 방식과, 광역용 헌장 몇 개, 기초용 헌장 몇 개를 만들어 놓고, 그들 중에 각 광역과 기초 정부가 선택하게 하는 방식이 있다. 정부가 일일이 직접 만들어 주는 것은 정부 업무에 과도한 부하가 걸리고 경직되어 있다고 보아 후자의 방식, 다양한 헌장 모델을 만들어 놓고 지방이 알아서 선택하게 하는 방안이 가장 합리적이지 않을까 생각한다.

- 사법체계의 문제

법원은 광역 단위로 1심법원과 2심법원을 두고 3심은 정부의 대법원이 담당하면 된다. 그리고 기초정부에는 그 지방의 조례에 관한 재판을 하는 치안판사, 혹은 지방행정판사를 두고 재판을 하게 하면 될 것이다.

- 검찰의 문제

검찰청은 해체하고 광역단위로 기소국을 신설한다. 이 기소국은 지금같이 검사들이 사무를 보는 곳이 아니라, 민선의 검사장이 기초정부에 있는(혹은 법원에 있는) 기소과의 기소관들을 위한 행정 업무만 관장한다. 한 사건에 대한 기소 및 유지는 처음 담당한 기소관이 끝까지 담당하면 달리 고등검찰청이나 대검찰청이 필요하지 않다.

• 경찰의 문제

현재 국가수사본부를 전국적으로 확대 개편해서 중대범죄들을 수사하고, 현재의 경찰서와 지방경찰청은 전부 기초와 광역정부 관할로 편입시킨다. 그중 경찰서나 지방경찰청에서 강력사건을 담당했던 부서나 필요한 수사 인력은 국수본으로 이동시키고 지방의 아동청소년 관련 사건이나 사소한 사건들은 경찰서에서 담당케 한다. 경찰서장은 시장에게 지휘 받고, 지방경찰청장은 광역단체장의 지휘를 받으면 된다. 지금 경찰이 국가 직이라 지역 주민들에게 매우 고자세인데, 이렇게 바뀐다면 주민들의 생활과 직결되는 경찰 업무에서는 매우 친주민적이 되어 그 문화가 변화되리라 예상한다.

에필로그

지금까지 윤석열의 내란이 시작된 계엄선포로부터 우리 헌법의 역사와 개헌의 문제까지 짚어 보았다. 계엄으로 인해 중단된 헌정이 어떤 과정을 거쳐 회복되었고, 그 과정에서 응원봉이 어떤 역할을 했는지도 개략적으로 정리했다.

지금 젊은 세대는 계엄이 무엇이며 계엄이 선포되면 어떤 일이 벌어지는지 잘 모른다. 우리나라가 과거 오랜 기간 수많은 사람들이 목숨을 걸고 투쟁하며 노력한 덕분에 아시아에서 민주주의가 가장 발달한 나라가 되었으며, 이제 두 번 다시 군부가 총칼로 국민들을 협박하여 권력을 획득하려 시도하지는 않을 것이라는 믿음 속에서 살아 온지가 어느덧, 10년이면 강산도 변한다는 그 강산이 변해도 4번 이상 변할 세월이었다.

전두환의 광주 학살을 경험한 세대는 나이 어린 막내가 60대이고, 대부분 70대를 넘어섰다. 그리고 50대는 어렸을 때 일어났던 일이라 어렴풋한 기억 속에 위 세대들로부터 들은 것으로 아는 게 전부였다. 그래도 비교적 자기 생의 가까운 시절에 일어난 일이라 관심도 많았고 정보도 많았고 학살에 대한 이야기를 접할 기회도 많았다. 그러나 세대에서 세대로 이어지면서 광주에 대한 서사도 점점 잊혀지고, 관심도 점점 멀어지면서 지금의 20, 30대는 계엄에 대한 인식이 옅을 수밖에 없었다.

　이런 점을 고려해서 이 책에서는 계엄에 대한 기본적인 개념을 소개하고, 과거 대한민국에서 일어났던 계엄 사건들을 거의 주마간산 격이긴 해도 전부 소환해 보았다. 광주민주화운동을 기억하는 60대 후반 이후 세대들은 계엄이라고 하면 두렵고 떨려서 계엄 저지 행동에 쉽게 나서기는 어렵다. 많은 야당 국회의원들이 계엄의 밤에 떨리는 마음으로, 가족들과 어쩌면 이것이 마지막일 수도 있다는 생각으로 국회로 향한 이유이다. 계엄이 얼마나 무서운 것인지 굳이 설명한 것은 윤석열의 계엄을 통한 내란을 진압하는 데 혁혁한 공을 세운 2030 세대들에게, 그대들이 얼마나 위험한 일에 얼마나 용기 있게 나섰는지 자부심을 가지게 할 목적도 있었다.

　계엄군의 국회 진입이라는 공포스러운 상황 하에서 국회의원들은 신속하게 국회로 모여 계엄을 해제했다. 그리고 그 여세를 몰아 계엄령을 발동한지 11일 만에 국회는 윤석열 탄핵 의결에 성공했다. 이 또한 광화문에서, 그리고 여의도에서 함께 모였던 시민들이 없었으면 불가능했을 것이다. 광화문에서부터 등장하기 시작한 응원봉은 시위 문화에 새로운 장을 열었다. 국회에서의 첫 탄핵 시도가 있었던 2024년 12월 7일에는 촛불과 응원봉이 섞여 있었는데, 가결되던 14일에는 이미 응원봉이 대세가 되었고, 촛불은 순식간에 자취를 감췄다. 시위대가 부르는 노래도 과거 운동권 노래 일색이었다가 어느새 소녀시대의 '다시 만난 세계'가 그 중심이 되어 임을 위한 행진곡 이상의 위상을 가지게 되었다.

　응원봉을 든 젊은 여성들의 위력은 남태령 대첩에서 그 절정에 달했다. 동학농민항쟁 이래 우금치를 넘지 못했던 농민들이 마침내 남태령을 넘어 한남동 대통령 관저 앞까지 진출했고, 이는 100% 남태령에서 차가운 겨울밤의 골바람과 맞서며 밤을 지새운 청년 여성들, 그리고 그들에게 아낌없는 지원을 보낸 시민들, 그들이 들었던 응원봉 덕분이었다. 그리고 그들의 응원봉은 한남동에서 밤새 맞은 눈이 그들 온 몸에 하얗게 쌓인 우주전사단으로, 보온 은박지에 싸인 키세스단이란 애칭으로 불리며 온 국민들에게 뜨거운 감동을 선사했다. 보수 성향의 사람들이 서부지법에서 난동이나 부릴 때, 청년 여성들은 그들의 분신인 응원봉과 함께 온 몸을 던져서 내란 수괴의 체포에 핵심적인 역할을 수행했다.

그렇게 청년 여성들이 들고 나온 응원봉은 헌법을 지키고, 정작 헌법을 지켜야 할 헌법재판소가 본래의 사명에 소홀히하려할 때 다시 이들이 본연의 사명에 돌아가도록 만들었다. 윤석열이 최종적으로 파면되는 데에 응원봉은 결정적 역할을 했던 것이다.

제1부에서 그렇게 응원봉이 헌법을 지켜가는 과정을 살펴보고, 헌법을 파괴하려는 내란 지속 세력의 근거지가 되고 있는 극우 개신교의 유래에 대해서 간략하게 짚어 보았다. 여기서는 역사적 문제를 다루고 있어 헌법과 직접 연관은 없지만 헌법을 무너뜨리려는 세력들을 지원하는 세력의 역사적 과정도 살펴 볼 필요가 있다 생각했기 때문이다. 제2부에서는 대한민국 헌법이 어떤 과정을 거쳐 왔는지 살펴보았다. 헌법이 변해온 과정이 곧 우리사회가 걸어온 길이다. 본격적으로 헌법을 살펴보기 전에 세계 각국은 헌법 제1조를 통해 자신들이 헌법을 만든 사연과 그 헌법을 통해 지키려고 하는 가치가 무엇인지 엿보았다. 각 나라의 헌법 제1조는 그들이 헌법을 가지게 되는 과정에서 어떤 것이 가장 소중한 가치인지를 체험을 통해 배운

대로 녹아나 있기 때문이다.

  그리고 대한민국 헌법이 대한제국 말기로부터 시작해서 임시정부를 거쳐 지금까지 어떤 영욕의 세월을 보냈는지 살펴보았다. 깊이 있고 광범위하게 다루지는 못했지만, 우리 헌법이 어떤 변화를 거쳐 왔는지 전체적인 맥락을 파악하는 데는 충분한 내용이라 생각한다. 이상의 이슈들을 다룬 후 헌법과 관련한 당면 과제들, 개헌과 관련해서 논의할 문제들을 정리했는데, 이는 이번 조기 대선 후 필히 등장할 개헌 논의에 대한 기본적인 정보와 논의의 주제들을 제공하기 위함이다. 우리에게 필수적으로 주어진 정치 개혁, 검찰 개혁, 사법 개혁은 개헌을 필요로 하므로 이 점을 짚어보지 않을 수 없었다.

  마지막으로 하고 싶은 말은 내란의 완전한 종식과 개헌에 대해서다. 지금도 내란 잔재들은 내란을 지속시키고, 내란을 성공시키려고 온갖 잔꾀를 부리며 준동하고 있다. 사법부에서도 준동하고 검찰에서도 준동하며 정치권에서도 날뛰고 있다. 노골적으로 내란 세력임을 드러내면서 최후의 발악을 하고 있다. 저들이 생존할 수 있는 길은 내란을 성공시키는 것밖에 없다보니 그렇게 하고 있다. 그러나 이들을 최종적으로 심판할 세력과 주체도 역시 응원봉을 든 시민들이 될 것이다.

  그 최후의 결말은 개헌을 통한 개혁이다. 그리고 그 개헌의 주체는 반드시 응원봉을 든 시민들이 되어야 한다고 굳게 믿는다. 내란 진압에 국회도 큰일을 했지만, 가장 핵심적인 주체는 응원봉을 든 국민들이었고 깨어있는 시민들이었다. 정치인들은 정파적 이익과 개인적 이익을 위해 객관성을 담보하기 어렵다. 시민들과 국민들이라고 해서 완벽하지는 않겠지만 가장 객관성을 담보할 수 있는 주체는 역사의 주인공으로 스스로 등장한 응원봉을 들었던 국민들이고 시민들이다.

우리 역사에서 단 한 번도 시민들이 중심이 되어 헌법을 제정하거나 개정한 적이 없었다. 제헌헌법은 미군정하에 일제로부터 교육을 받은 세력이 만들었고, 그 후 헌법의 개정은 거의 전부 권력자가 자신의 이익을 관철하기 위해 누더기로 개정해왔다. 지금 우리가 가지고 있는 헌법도 민중이 중심이 되어 개정한 것이 아니라, 1987년 당시 노태우와 야당 사이의 타협의 산물이었다. 그래서 이 헌법으로 내란 세력을 제압하는 데 그렇게 힘들었던 것이다.

이제 모든 정파적 이익과 정치인 개인, 혹은 집단의 이익을 배제하고, 순수하게 국가적, 국민적, 시민적 이익에만 집중한 헌법을 만들 때이다. 그리고 그 주체는 이런 공동체적 이익을 가장 잘 대변할 응원봉을 들었던 시민들이 되어야 한다는 것은 너무나 자명하다.

21세기가 점점 깊어가는 지금, 우리 역사에서 응원봉을 들고 거리로 나온 시민들이 있었다는 것은 우리 역사에서 얼마나 큰 행운이고 축복인가! 2024년 겨울부터 2025년 봄까지 전국에서 빛났던 응원봉은, 대한민국이 사라지지 않는 한 영원히 기념되고 빛을 발할 것이다.

응원봉을 기념하며(In Memory of Light-stick)
2025년 5월
저자 이상성 그리고 권태영

아무튼 응원봉이 지킨 헌법, 그리고 미래

지은이 이상성 권태영 공저
기 획 (사)전국민주화운동동지회, 정무직공직자바로세우기운동본부, 길위의 인문학
발행처 충무로 정미소
발행인 송경자(art6502@hanmail.net)
편집인 송경자(art6502@hanmail.net)
발행일 제1쇄 2025년 5월 30일

주 소 서울특별시 중구 충무로2길 32-4 2층(충무로4가)
전자우편 art6502@daum.net
등록번호 제2024-000126호(2024년)

값 24,000원
ISBN 979-11-991030-2-3 03300

※ 잘못 만들어진 책은 구입한 곳에서 교환해 드립니다.
※ 이 도서에 국립중앙도서관 출판사 도서목록은
   e-CRP홈페이지(http://www.nl.go.kr/ecip)에서 이용하실 수 있습니다.